마을 유형과 민속문화

김미영	한국국학진흥원
이영진	경북과학대학
정연상	안동대학교
이건욱	국립민속박물관
강성복	공주대학교
조정현	안동대학교
김월덕	전북대학교
최명환	세명대학교

민속학연구소 학술총서 ③
마을 유형과 민속문화

초판1쇄 발행 ǀ 2011년 4월 30일

지은이 조정현 외   펴낸이 홍기원

총괄   홍종화
디자인 정춘경·하은실
편집   오경희·조정화·오성현·신나래·정고은
관리   박정대·최기엽

펴낸곳 민속원   출판등록 제18-1호
주소 서울 마포구 대흥동 337-25
전화 02) 804-3320, 805-3320, 806-3320(代)   팩스 02) 802-3346
이메일 minsok1@chollian.net   홈페이지 www.minsokwon.com

ISBN 978-89-285-0131-1   94380
ISBN 978-89-285-0017-8   Set

ⓒ 조정현 외, 2011
ⓒ 민속원, 2011, printed in Korea

※ 책 값은 뒤표지에 있습니다.
※ 잘못된 책은 바꾸어 드립니다.
※ 저자와의 협의하에 인지는 생략합니다.

민속학연구소 학술총서 3

마을 유형과 민속문화

조정현 외

민속원

머리글

마을 유형과 민속문화의 다양성

　민속문화가 살아 있는 현장이 마을공동체이다. 민속이 출렁거리는 내용물이라면 마을은 이것을 담는 그릇이다. 마을의 그릇에 따라 담겨 있는 민속문화가 일정한 모양을 이루게 마련이다. 그릇에 따라 액체가 제각기 다른 모양을 이루듯이, 마을에 따라 민속문화도 제각기 다른 유형을 이루고 있다. 마을의 유형이 민속문화를 결정하는가 하면, 민속문화가 마을의 유형을 결정하기도 하는 까닭이다.

　그렇다면 마을이라는 그릇도 일정하지 않다. 내용물과 상관없이 일정한 모양을 이루고 있는 그릇도 있는가 하면, 담아 놓은 내용물에 따라 그릇이 다르게 바뀌기도 한다. 다시 말하면 그릇도 내용물에 따라 가변적 수 있다는 말이다. 담은 것을 고스란히 보여주는 투명한 유리그릇이나, 넣는 물건에 따라 모양이 바뀌어지는 자루처럼 무엇을 담느냐에 따라 그릇도 다르게 보인다. 그러므로 마을을 유리그릇이나 자루처럼 포착해야 민속과 마을의 유기적 관련성을 온전하게 이해할 수 있다.

　농촌마을이어서 농촌민속이 존재하는 것처럼, 농촌민속이 존재하는 까닭에 농촌마을이기도 하다. 마을과 민속의 관계는 상호 귀속적이다. 벼농사를 주요 생업으로 하고 있는 마을은 어디에 어떤 유형으로 존재해도 농촌마을에 속한다. 벼농사가 곧 농촌의 생업을 결정하는 주요 변수이기 때문이다. 반대로 농촌에 속해 있는 마을은 중요한 생업이 농업이게 마련이다. 농촌이라는 귀속 자체가 농업을 생업으로 하는 마을을 전제로 한 까닭이다.

그런데 마을의 유형은 생업으로만 정해지지 않는다. 생업을 결정짓는 것이 지리적 위치이다. 도심에서 농사를 지을 수 없는 것처럼 농촌에서는 상업을 하기 어렵다. 그렇다고 농촌에 산다고 해서 다 농사를 짓거나, 도시에서 산다고 해서 다 장사를 하는 것도 아니다. 농민은 도시에 살아도 농사일을 하고, 장사꾼은 농촌에 살아도 농사일보다 장사일에 더 열중하게 마련이다. 사람의 생업은 환경이 결정하는 것이 아니라 사람이 결정하는 까닭이다. 그러므로 자연적인 조건이나 환경 못지않게 사람들과 그 모듬살이를 주목하지 않을 수 없다. 마을은 사람들로 구성되어 있기 때문이다.

마을의 유형은 여러 갈래로 나누어진다. 지리적 위치에 따라 산촌과 평야촌, 해안촌, 섬마을, 그리고 생업에 따라 농촌, 어촌, 장터마을 등으로 나눌 수 있다. 하지만 더 중요한 것은 마을을 구성하는 사람들이다. '어떤 사람들이 살고 있는가?' 하는 데 따라, 마을의 성격이 결정되는 까닭이다. 사람들의 사회적 지위와 혈연적 관계에 따라 마을이 결정된다. 전통적인 신분에 따라 반촌이 있는가 하면 민촌도 있고, 혈연적 관계에 따라 동성마을이 있는가 하면 각성마을도 있다.

마을을 결정하는 요소는 지리적 위치나 생업, 신분, 혈연, 규모 등 여러 가지이다. 이러한 여러 요소들의 상호관계가 구체적인 마을을 만들어낸다. 거기에는 마을민속 곧 마을문화도 중요한 구실을 한다. 그렇다고 하여 변수들이 제각기 짝을 이루는 것은 아니다. 동성반촌과 각성민촌처럼, 시골마을은 반촌인 경우에 같은 성씨들끼리 취락을 이루는 동성마을의 경향이 있고, 민촌인 경우에는 여러 성씨들로 모듬살이를 이루는 각성마을의 경향이 있다. 신분과 혈연 관계는 밀접한 연관성을 이루고 있는 까닭이다. 평야촌은 대규모 농촌이고 해안촌은 소규모 어촌인 경우가 많은 것도 마을의 지리적 입지와 생업, 규모 등은 긴밀한 연관성이 있기 때문이다. 그러므로 마을의 구성 요소와 입지, 민속문화 현상은 긴밀한 함수관계에 있는 것과 그렇지 않고 느슨한 관계에 있는 것들로 나뉘어진다.

  마을의 유형은 요소들의 관계에 따라 형성된다. 문제는 마을의 유형적 성격에 따라 민속이 구체적으로 어떻게 다른가 하는 점이다. 이 책은 마을의 성격에 따라 형성되는 마을민속의 특징을 여러 집필자들이 다각적으로 다룬 공동노작이다. 먼저 마을을 이루는 사람들의 혈연관계와 연대 문제를 다루었다. 마을공동체는 일정한 연대 속에서 모듬살이를 이루는데, 동성마을이 혈연에 입각한 연대를 한다면, 각성마을은 지연에 입각한 연대를 한다는 것이다. 동성마을은 지연을 넘어서 혈연원리가 마을을 좌우하는 경향이 있다는 점을 주목했다. 그러므로 마을 사람들의 성씨별 구성에 따라 혈연원리와 지연원리가 상대적 관계 속에서 공존한다고 할 수 있다.

  마을의 입지는 그 자체로 불완전하다. 풍수지리설에 따라 불완전한 부분을 보완하여 온전한 모듬살이를 이루고자 하는 희망이 비보풍수로 나타난다. 마을의 입지 유형에 따라 그것을 보완하는 비보풍수의 양식도 다르다. 허한 곳을 보하고 강한 것을 누르기 위해 조산을 만들거나 숲을 조성하고 연못을 파기도 한다. 산촌마을은 지리적 특수성에 따라 중심가로가 조성되고 산자락을 따라 모듬살이가 형성된다. 가옥은 겹집 형태를 띠기 일쑤이다. 산촌 생태계에 적응하기 쉬운 구조인 까닭이다.

  산촌의 반촌마을에는 동제로 산신제를 올리기 마련이다. 일반적으로 양반들은 산신제나 동제를 거부하지만, 유교식으로 올리는 제례인 경우에는 적극적으로 수용하기도 한다. 유교식 산신제는 19세기 후기에 뿌리를 내리기 시작했는데, 양반들은 이러한 제의를 주관함으로써 지배층

중심의 마을 통합을 강화하려고 했다. 결국 마을을 이루는 사람들의 의도가 중요하게 작용하여 마을신앙이 가변적으로 전승되는 것이다.

큰굿으로 하는 마을굿이 별신굿이다. 농촌별신굿은 어촌별신굿과 아주 대조를 이룬다. 무당 중심의 어촌별신굿이 전승력을 지닌 것은 어업이 가지고 있는 위험성이 지속되는 까닭에 여전히 별신굿이 필요할 뿐 아니라, 주민들이 별신굿을 직접 전승하지 않고 전문 무당패들에게 위촉하는 까닭에 상대적으로 조직을 갖추고 재정만 마련하면 별신굿이 가능하기 때문이다. 농촌별신굿도 전승력을 상실했지만 5일장이 서는 장터의 장별신굿은 진작 사라졌다. 어촌에 견주어 상대적으로 주술적 믿음이 약화되었을 뿐 아니라 시골장의 해체가 결정적인 구실을 했다고 할 수 있다.

전북지역에는 마을굿의 전승력이 특히 활발하다. 농촌형과 어촌형 마을굿이 주류를 이루지만 산촌형 마을굿도 있다. 농촌에서는 지모신 상징의 여신을 대상으로 정월 대보름굿이 주류를 이룬다. 어촌에서는 바다신 용왕을 대상으로 정월 10일 이전 또는 그믐날의 마을굿이 두드러진다. 산촌에서는 산신과 당산신을 함께 섬기는 경향이 있다. 산촌형의 사례로 마을기를 모시는 '깃고사'도 주목할 만하다.

설화의 전승양상도 마을 유형에 따라 특징을 이룬다. 여신설화의 경우 산촌에서는 산신인 다자구할미 설화가 전승되는 데 비하여, 어촌에서는 바다신인 개양할미 설화가 전승된다. 다자구할미는 인간의 형상을 하고 죽령산신으로 좌정하여 국가수호신 구실까지 담당하는데, 개양할미는 거인 여신으로서 어촌의 생활터전인 바다와 어업의 풍요를 보장하는 구실을 한다. 산촌과 어촌이 대조적인 것처럼 전승되는 여신설화도 아주 대조적임을 알 수 있다.

마을의 유형적 성격에 따라 공동체의 연대 방식, 비보풍수, 산신제의 유교화, 별신굿의 전승력, 마을굿의 양식, 여신설화의 유형 등이 일정한 경향성을 가지고 있다. 마을의 유형은 마을의 숫자만큼 많다고 해도 지나치지 않다. 마을 다양성이 곧 민속 다양성이자 문화 다양성을 이루고 있다. 문화 다양성은 문화를 건강하게 지속하고 창조적으로 발전하게 하는 문화생태계의 기본적인 조건이다. 마을마다 개성 있게 전승되는 민속 다양성이 민족문화의 정체성과 창조력을 길어 올리는 힘이다. 마을민속 유형론이 문화 다양성 가치 인식과 만날 때 마을공동체가 새로운 전망으로 읽힌다. 앞으로 민속 유형으로 마을 유형론이 새롭게 전개되길 바란다.

2011년 3월 30일
안동대학교 한국학연구원 민속학연구소장
임 재 해

목차

머리글 마을 유형과 민속문화의 다양성 5

동성마을과 각성마을의 '결속과 연대' 원리 ‖ 김미영 ·················· 13
   1. 머리말__ 15
   2. 동성마을, '조상과 우리'로 이어지는 혈연 중심적 결속__ 16
   3. 각성마을, '마을'에 기반 한 지연공동체적 결속__ 26
   4. 맺음말__ 38

마을의 입지유형별 비보풍수의 형태 ‖ 이영진 ····················· 43
   1. 풍수의 본질과 목적__ 45
   2. 연구목적과 방법__ 47
   3. 마을의 입지유형별 비보형태__ 50
   4. 결언__ 79

문경 산북면의 마을 공간구조와 전통가옥 평면에 대한 연구 ‖ 정연상 ········ 81
  ―산북면 대상리와 대하리를 중심으로―
   1. 서론__ 83
   2. 본론__ 85
   3. 맺음말__ 109

서울지역 도시화된 마을의 전통문화 ‖ 이건욱 ················· 111
1. 도시, 마을, 전통문화에 대한 간단한 개념 정리__ 113
2. 도시화된 마을의 전통문화__ 118
3. 도시를 조사한다는 것. 민속학에 대한 다른 접근__ 123

반촌마을 유교식 동제의 특징과 성격 ‖ 강성복 ················· 127
—19세기~20세기 초 충청지역의 산신제를 중심으로—
1. 머리말__ 129
2. 유교식 산신제의 성립과 확산배경__ 132
3. 반촌마을 산신제의 제관과 상하민의 역할__ 139
4. 반촌마을 산신제의 특징과 성격__ 144
5. 맺음말__ 152

마을 유형별 별신굿의 특성 ‖ 조정현 ················· 155
1. 마을 유형과 별신굿을 주목하는 이유__ 157
2. 농촌의 주민주도형 별신굿__ 159
3. 어촌의 무당주도형 별신굿__ 164
4. 장시마을의 세력주도형 장별신굿__ 170
5. 마을 유형별 특성과 현재적 의미__ 180

마을 유형과 민속문화

전북지역 마을 유형별 마을굿의 전승양상 ‖ 김월덕 ················· 183
   1. 머리말__ 185
   2. 자연환경에 따른 마을 유형과 생태적 조건__ 187
   3. 마을 유형에 따른 마을굿의 세 유형 __ 191
   4. 세 유형의 마을굿의 전승 양상__ 193
   5. 맺음말__ 207

마을 유형에 따른 여신설화女神說話 **전승 양상 ‖ 최명환** ················· 209
  -'다자구할미설화'와 '개양할미설화'를 중심으로-
   1. 머리말__ 211
   2. 산신형 여신설화~다자구할미설화__ 214
   3. 해신형 여신설화~개양할미설화__ 224
   4. 산신형・해신형 여신설화의 전승 양상__ 234
   5. 맺음말__ 236

   참고문헌   239

김미영 한국국학진흥원

동성마을과 각성마을의 '결속과 연대' 원리

1. 머리말
2. 동성마을, '조상과 우리'로 이어지는 혈연 중심적 결속
3. 각성마을, '마을'에 기반 한 지연공동체적 결속
4. 맺음말

동성마을과 각성마을의 '결속과 연대' 원리

1. 머리말

　마을은 지리적 위치에 따라 산촌, 해촌, 평지촌(혹은 농촌) 등으로 분류되는가 하면, 생업구조에 근거하여 농촌, 어촌 등으로 나누기도 한다. 동성마을과 각성마을은 혈통관계에 기준하여 분류된 마을유형으로, 특히 동성마을은 조선 중후기 유교의 부계친족이념이 강화·확산됨에 따라 형성된 것으로 전한다. 구체적으로 설명하면, 동성마을이란 마을구성원 가운데 동일한 성姓과 본本을 사용하는 혈족들이 주류를 이루고 있으며, 각성마을은 마을 내에 주류적 성씨가 존재하지 않은 경우를 말한다. 아울러 마을주민 대부분이 혈통관계로 연결되어 있는 동성마을은 혈통적 우위를 가리는 항렬 등의 요소에 의해 위계적(차별적) 성향을 드러내는 반면, 비혈연관계로 구성된 각성마을은 수평적(평등적) 성향이 우세하다는 것이 보편적 시각이다. 그런가 하면 혈족 중심으로 이루어진 동성마을의 결속력은 다수의 성씨로 형성된 각성마을에 비해 월등히 강한 것으로 지적되기도 한다.

　그런데 이들 논리에 중요한 점이 누락되어 있다. 즉, 동성마을에는 타성他姓들도 적지 않게 섞여있을 터, 그럼에도 불구하고 "대부분 혈족으로 구성되어 있는 까닭에 결속력이 강하다"라고 간주하는 것이다. 아울러 '동성(+)마을'이라는 명칭에는 '혈연성[同姓同本]'과 '지연성(마을)'이 함축되어 있음에도 불구하고 지금까지의 동성마을은 지연성에 바탕 한 마을공동체로서가 아니라 오직 혈연성에 입각한 혈통공동체로서의 속성만이 주목·강조되어왔다. 물론 동성마을의 경우 특정 성씨가 양적·질적으로 주류를 형성하고 있는 까닭에 이들 성씨가 전면 부각되고는 있지만, '마을'이란 어디까지나 지연을 기반으로 한 공동체이므로 성씨와 상관없이 지연적地緣的 구성원(마을주민)들을 포괄하는 것이 바람직하다.

이러한 문제점에 착안하여 본 논문에서는 동성마을과 각성마을의 마을공동체로서 결속력은 어떠한 형태와 내용으로 구현되고 있는지를 검토하고자 한다. 이를 위해 마을결속력의 양상을 가장 효과적으로 엿볼 수 있는 마을조직을 대상으로 삼기로 한다. 즉, 동성마을과 각성마을에는 어떤 유형의 마을조직이 결성되어 있으며, 아울러 이들 조직의 목적과 활동은 무엇인지 등을 살펴보는 것이다. 이를 통해 마을의 결속과 연대는 어떠한 기준(요소)에 의해 이루어지고 있으며, 또한 마을공동체로서의 지연성은 어떠한 양상으로 나타나는지 등이 밝혀질 것으로 기대한다.

2. 동성마을, '조상과 우리'로 이어지는 혈연 중심적 결속

앞서 언급했듯이 동성마을이란 '동일한 성姓과 본本을 사용하는 혈족들이 주류를 형성하고 있는 마을'로 규정되는데, 이와 더불어 동족부락, 씨족부락, 집성촌, 동성촌락, 종족마을 등 역시 동일한 맥락에서 사용되고 있다.[1] 그런가 하면 이들 모두 일정의 개념적인 한계를 갖고 있기도 하다. 즉, '주류를 형성한다'라는 문맥은 특정 성씨의 점유율을 일컫는 것인지, 아니면 토지소유나 마을운영 등에서 주도적 역할을 수행하는 경우를 뜻하는지 명확하지 않은 것이다. 그러나 대체로 성씨 점유율이라는 양적 측면보다는 주도적 세력이라는 질적 측면에서 사용되는 경향이 보다 일반적이다.[2]

『조선의 취락朝鮮の聚落』에 따르면 전국의 대표적인 동성마을 1,685개 중에서 5백년 이상 된 것이 207개, 3백년에서 5백년 미만이 646개, 1백년에서 3백년 사이가 351개이고, 나머지는 형성연대가 불분명한 것으로 분류되어 있다.[3] 아울러 이들 대부분 입향조의 정착을 형성 기점으로 삼고 있으나, 여기에는 적지 않은 문제점이 나타난다. 즉, 입향 이후 동성마을로서 온전한 형태를 갖추기까지는 상당 기간을 필요로 한다는 점을 간과하고 있는 것이다. 실제로 동성마을로서의 위상을 차지하기 위해서는 현조派祖를 비롯한 뚜렷한 인물을 배출하는 등 경제적·사회문화적 기반을 구축해야하는데, 이에 소요되는 기간은 적어도 약 2백년 정도로 알려져 있다.[4] 그리고 만약, 성씨의 숫자가 전체 과반수를 넘겨도 걸출한 인물을 배출하지 못하는 등 사회문화적 조건을 충족시키지 못하면 지역사회로부터 동성마을로 인정받지 못하는 경우도 적지 않다.

이처럼 혈족宗族들이 특정 지역에 모여 살더라도 동성마을로 인식되기 위해서는 이른바 사회적 공인을 받아야 하는데, 특히 신분제적 차별을 추구하던 조선사회에서는 서원에 출입하고 과거에 급제해 관직을 획득하거나 학문을 연마해나가는 생활을 지속해야 한다.[5] 이른바 상류계층

---

1 김일철 외, 『종족마을의 전통과 변화』(백산서당, 1998), 33쪽.
2 김미영, 「동성마을」, 『安東市史』 3(안동시사편찬위원회, 1999), 343쪽.
3 善生永助, 『朝鮮の聚落』 後篇(조선총독부, 1934), 461~492쪽.
4 김미영, 「동성마을 정착과정에 나타난 친족이념의 변천양상」, 『실천민속학』 11(2008), 169~170쪽.
5 문옥표 외, 『조선양반의 생활세계』(백산서당, 2004), 51쪽.

으로서의 신분을 다져나가는 것이다. 그리고 이때 가장 필요한 것이 현조의 등장이다. 그리하여 현조를 중심으로 독립적 혈연집단인 파派가 형성되면, 파조派祖로 거듭난 현조는 후손들의 결속을 위한 중추적 존재로 군림하게 된다. 이후 이들 집단은 자신들이 획득한 사회적 기회와 문화적 자본을 집단 차원에서 어떻게 재생산하며 경쟁과 선택, 경영과 관리를 어떻게 하느냐에 주력하게 되는데, 이로 인해 종족의 규모와 조직, 위상 등이 결정되기 때문이다.[6]

이런 까닭에 혈연집단[門中]은 마을공동체생활에서도 혈통 중심의 내적 결속력 강화에 보다 큰 관심을 기울이는 경향을 보인다. 이를 위한 대표적 방법이 각종 조직을 결성하는 일이다. 예를 들어 풍산류씨 하회마을의 경우 화수회와 족회族會所, 양로소養老所, 종당계宗堂契 등의 문중조직을 두고 있는데, 주된 목적은 선조의 유물관리, 조상제사 및 묘사의 봉행, 위토 및 문중재산의 관리 등과 같은 조상선양사업으로,[7] 이는 대부분X등의 문중에서 나타나는 일반적 경향이라 할 수 있다. 그런데 흥미로운 점은 혈연집단의 결속 양상은 마을공동체생활에도 그대로 반영된다는 사실이다.

1964년 실시된 조사에 따르면,[8] 하회마을의 역대 동장 모두 풍산류씨 출신인 것으로 밝혀졌다. 이러한 경향은 오늘날까지 지속되고 있는데, 예를 들어 현재 하회마을에서 마을공동체를 위한 조직 가운데 두드러진 활동을 펼치고 있는 것은 1992년에 인가를 받은 '(사단법인)안동하회마을보존회'이다. 역대이사장을 살펴보니 모두 풍산류씨이고, 지금도 그러하다. 이사장은 마을에서 한 가구당 1명씩 참여하여 투표로 선출하는데,

---

6 위의 책, 52쪽.
7 임재해, 『민속마을 하회여행』(밀알, 1994), 111쪽.
8 김택규, 『씨족부락의 구조연구』(일조각, 1979), 53~54쪽.

지금까지 타성他姓이 입후보 한 경우는 전혀 없다. 그러다보니 타성들은 마을주민의 자격으로 투표에 참여한다 하더라도, 풍산류씨 외에는 입후보 자체를 하지 않으니 이사장으로 선출될 길이 근원적으로 막혀있는 것이다. 그런가 하면 이사(6명)와 감사(2명) 선출방식은 더욱 주목된다. 이를 위해 '전형위원회'가 구성되어 있는데, 위원은 양진당 종손, 충효당 종손, 이장, 노인회장, 부녀회장, 전임이사장 등으로, 이들 모두 풍산류씨 집안이다. 그리하여 이들 위원들의 협의에 의해 이사와 감사가 선정되며, 현재 8명의 이사와 감사 모두 풍산류씨이다.[9]

하회마을보존회가 표방하고 있는 조직의 성격은 "문화재로 지정된 하회마을을 어떻게 보존하며 주민들의 불편을 어떻게 해소해갈 것인가를 의논하고 결정하여 추진하는 주민운영 자치체"이다. '주민운영자치제'적 성격을 갖는 조직에 혈족 외의 타성들이 참여할 여지가 전혀 없다는 것은, 과연 하회마을이 '마을공동체'인가 아니면 '혈족공동체'인가를 의심케 한다. 이처럼 전체 166가구 중에서 타성이 69가구(42%)를 차지하고 있음에도 불구하고 마을공동체에서의 주도적 세력은 풍산류씨가 장악하고 있는 것이다. 그런데 중요한 것은 이들 타성 대부분이 과거에 풍산류씨와 주종관계에 놓여 있던 사람들이라는 점이다.[10] 따라서 이를 통해서도 봉건적 신분제의 폐지와 상관없이 동성마을의 주도적 세력 양상은 과거로부터 벗어나지 못하고 있음을 엿볼 수 있다. 아울러 이는 또한 마을공동체생활을 혈연 중심적으로 운용하는 주된 계기가 되기도 하는데, 조사 당시 하회마을에는 재건청년회, 부녀회, 4H클럽 등과 같이 마을공동체를 위한 지연조직이 결성되어 있었지만, 집회나 구체적인 활동

---

9 다만 전임이사장 시절(2010년 3월까지)에는 타성 1명이 이사로 재직하고 있었는데, 이를 풍산류씨 측에서는 '안배 차원'에서 넣었다고 설명한다.
10 구체적으로는 69가구 중에서 풍산류씨와 인척관계에 있는 경우가 2가구, 한국전쟁 당시 피난 온 2가구, 비교적 근래에 이주해온 11가구를 제외한 54가구가 주종관계에 있던 사람들이다(김택규, 앞의 책, 47쪽).

을 전혀 한 적이 없는 것으로 보고되어 있다.[11] 특히 여타 마을에서 흔히 볼 수 있는 경로회는 문중성원들을 대상으로 한 양로소가 대체하고 있는 점도 주목된다. 당연히 타성들의 입회는 허용되지 않는다.

비공식적 조직[契]도 마찬가지다. 혼상계婚喪契와 동갑계 등이 조직되어 있으나 가입회원은 극소수에 이르며, 또 풍산류씨와 타성들이 함께 어울리는 경우도 전혀 없다. 그런가 하면 1950년대까지만 하더라도 풍산류씨들은 상여를 메지 않았는데, 이후 신분과 상관없이 마을주민 모두가 동참하기로 결의한 적이 있었다. 그럼에도 불구하고 풍산류씨들은 경험이 없다는 이유로 상여 메기를 거절했고, 이로써 타성들의 몫으로 다시 되돌아왔다. 다만 예전과 달리 이를 노동력으로 환산하여 일정 품값을 지불하고 있다.[12] 이와 관련하여 김택규는 하회마을과 각성마을인 청도 차산리車山里에서 결성된 계의 실태를 비교한 바 있는데, 상세 내용은 〈표 1〉과 같다.[13]

〈표 1〉을 보듯이 각성마을에서 수집된 계는 동성마을의 3배 가까이에 이른다. 이에 대해 김택규는 "대소가大小家가 별로 없는 외로운 사람에게는 계가 많은 도움이 된다"라는 제보자의 진술을 인용하면서, 마을 내에 친족이 없는 관계로 도움을 주고받을 수 있는 계가 활성화되어 있다고 설명한다.[14] 아울러 동성마을에 비해 친목계가 두드러지는 이유로 "인간관계가 항렬이나 지위 등과는 무관하게 수평적 근린관계에 바탕하고 있기 때문"이라는 견해를 덧붙이고 있다. 이는 곧 "동성마을의 경우 수직적 위계질서로 인해 친목계가 거의 나타나지 않는다"라는 의미로도 해석되는데, 이와 더불어 또 다른 추측이 가능하다. 대개 마을공동체에

---

11 김택규, 『씨족부락의 구조연구』(1979), 55쪽.
12 위의 책, 68~69쪽.
13 김택규, 「사회구조·관혼상제」, 『한국민속대관』(고려대학교 민족문화연구소, 1982), 392쪽.
14 위의 책, 392쪽.

서 수집되는 친목계는 혈연 중심의 친목계와 비혈연[地緣]들이 결성하는 것으로 대별되는데, 혈족들의 친목계는 전국을 단위로 삼는 경우가 보편적이다. 사실 마을 내에 거주하는 혈족들은 굳이 계를 조직하지 않더라도 집안(혹은 문중) 행사에 드나들면서 친목을 도모할 기회가 충분히 있으며, 또 평소에도 잦은 왕래가 이루어지는 까닭에 친목을 위한 조직의 필요성을 거의 느끼지 않는다. 다만 혈족이더라도 동일 지역에 거주하지 않고 분산되어 있을 경우에는 결속과 연대를 위한 별도의 조직이 필요한 것이다.

〈표 1〉 하회동과 차산리의 계 비교

목적\지역	동성마을	각성마을
공공사업	동기계1, 그릇계1	
상호부조	상포계2, 술계1, 독자계1, 반지계1, 혼인계2	쌀계1, 구호계1, 학혼계1, 갑청동청계1, 상포계2, 동계1, 위친계1, 돼지계1, 사오계1, 희망계1
산업생산	송계(松契)1	
금융이식	돈계 다수	
친목·오락	일심계1, 여행계1	친목계1, 남부친목계1, 부청계1, 낙수산계1, 색동회계1, 상목계1, 동신계1, 일심계1, 유람계1, 오갑계1, 오개동계1, 검둥계1, 여행계1, 동갑계3, 갑장계1, 갑인계1, 경운기계1, 동회장친목계1, 수호계1, 동남계1, 농악계1
합계	14종	35종

반면 혈연관계가 없는 각성마을주민들이 상호 간에 동질감을 느끼는 관계적 요소는 오직 '지연'뿐이다. 그런데 사실, 지연은 혈연에 비해 영구적 결속을 기대하기 힘든 요소이다. 즉, 혈연관계는 인위적 단절이 가능하지 않지만, 지연관계는 터전을 벗어나면 언제든지 단절이 가능하다.

실제로 각성마을에서는 언제 떠날지 모르는 이웃에 대한 신뢰가 부족했던 까닭에 보증인이 필요한 경우 서로 간에 보증을 서주는 '엇보증' 관행이 나타나기도 한다.[15] 이런 배경에서 각성마을에서는 다양한 조직을 결성하여 서로 간에 친목을 도모하고 유대관계를 지속해나간 것으로 생각한다. 따라서 차산리에서 친목계가 두드러지는 이유 역시 이런 맥락에서 찾아볼 수 있을 것 같다.

여주이씨와 월성손씨의 동성마을인 경주 양동마을의 공동체생활도 하회마을과 크게 다르지 않다. 양동마을의 경우, 1976년의 조사에 따르면[16] 전체 134가구 중에서 여강이씨 73가구, 월성손씨 20가구, 타성 41가구(33%)로 이루어져 있다. 1945년 이후 역대 이장 가운데 월성손씨가 1명이고 나머지는 여강이씨인데, 타성은 전혀 없다. 그런가 하면, 이장은 상부기관에서 위임한 단순 행정업무만 처리할 뿐 마을운영에서 중추적 역할을 수행하지는 않는다. 대신 각 문중을 대표하는 인물(문중 장로)들이 주민의 의견을 수렴하거나 중요사항을 결정하는 권한을 갖고 있다. 아울러 이장이 위원장을 겸임하고 있는 개발위원회의 경우에도 8명의 위원 모두 여강이씨(5명)와 월성손씨(3명)로 구성되어 있다. 그 외 여타 마을에서 흔히 나타나는 청년회, 4H클럽, 새마을지도자회 등은 아예 결성조차 되지 않았으며, 부녀회만이 소규모 활동을 펼치고 있는 실정이다. 그러나 부녀회 역시 회원 대부분이 여강이씨와 월성손씨 부녀자로만 구성되어 있을 뿐, 타성들은 전혀 가입되어 있지 않다.

비공식적 조직[契]도 마찬가지다. 예를 들어 마을공동체의 대표적 협력조직이라 할 수 있는 상조계喪助契만 하더라도 여강이씨와 월성손씨, 그

---

15 배영동 외, 「인생의 터미널 : 4대문이 열린 형국의 신사2리」, 『영양사람들의 삶과 문화』[『민속학연구』 제7집 (안동대학교 국학부 민속학전공, 2002)], 246쪽.
16 영남대학교 인문과학연구소, 『양좌동연구』(영남대학교출판부, 1976), 138~140쪽.

리고 여타 성씨들이 각각 조직하고 있는 것이다.[17] 월성손씨와 여강이씨는 신분제가 해체된 직후 1946년과 1947년에 각각 결성했으며, 그로부터 20년이 지난 1964년에 타성들의 상조계가 조직되었다. 실제로 신분제가 해체되기 이전에는 상조계가 없었으며 또 필요성도 느끼지 못했다고 한다. 두 성씨들 모두 머슴이나 소작인을 두고 있었으므로 필요시에는 언제든지 동원이 가능했기 때문이다. 그러나 신분제가 해체됨에 따라 노동력 동원이 수월하지 않게 되자 서둘러 결성했으며, 뒤이어 타성들 역시 자신들만의 상조계를 조직하였다.

상조계는 여타 계契와 달리 마을주민이라면 가입이 권장되는 마을공동체의 대표적 비공식 협력조직으로, 혈연(성씨)과 상관없이 철저히 지연에 기반하여 운용된다. 그럼에도 불구하고 양동마을에서는 신분 차별적·혈연 중심적으로 운영하고 있는 점이 주목되는데, 이는 앞서 살펴본 하회마을의 양상과 크게 다르지 않다. 더욱 흥미로운 것은 양동마을에서 수집된 극히 개인적 조직인 친목계, 학자금계, 물건계 등 역시 성씨별·신분별로 조직되어 있다는 사실이다.[18]

이처럼 하회마을과 양동마을은 마을공동체의 공동이익이나 공동관심을 충족시키기 위한 활동이 매우 저조한 편이라 할 수 있는데, 그 배경에는 신분 차별적·혈연 중심적 관념이 자리하고 있다. 앞서 살펴봤듯이 하회마을의 마을공동체생활에서 나타나는 '풍산류씨 ↔ 타성'과 같은 대립적 양상 역시 지연성보다는 혈연성을 강조한 결과이면서 동시에 마을공동체에 기반 한 대동성大同性보다는 신분적 위계질서에 바탕 한 차별성을 앞세우는 대표적 사례라고 할 수 있다. 이러한 경향은 양동마을에서도 확인할 수 있는데, 다만 하회마을에 비해 다소 복잡한 양상을 드

---

17 위의 책, 141~145쪽.
18 위의 책, 142쪽.

러내고 있을 뿐이다. 즉, 하회마을과 달리 양동마을은 두 개의 유력 성씨와 그 외의 타성들로 구성되어 있는 까닭에 마을공동체생활에서도 '유력 성씨↔타성'이라는 신분 차별적 속성을 보이는가 하면, 세부적으로는 '여강이씨↔월성손씨'라는 혈연성에 기반 한 대립양상이 나타나는 것이다.

  결국 이로 볼 때 유력 성씨가 점유하고 있는 동성마을의 결속과 연대는 '신분 차별적 관념' 및 '혈연 중심적 관념'에 의해 이루어지고 있음을 알 수 있는데, 이는 하회마을과 양동마을뿐만 아니라 대부분의 동성마을에서 나타나는 보편적 경향이다. 더욱 흥미로운 것은, 이들 결속과 대립이 단순히 '혈연↔비혈연'의 구도로만 전개되지 않는다는 사실이다. 물론 하회마을의 경우처럼 표면적으로는 '풍산류씨↔타성'의 양상을 보이고 있지만, 혈연집단 내부에는 또 다른 대립관계가 존재한다. 예를 들어 하회마을의 풍산류씨는 입암立巖 류중영柳仲郢(1515~1573)의 장남 겸암謙巖 류운룡柳雲龍(1539~1601)의 겸암파와 차남 서애西厓 류성룡柳成龍(1542~1607)의 서애파로 갈라지는데, 이는 곧 하회마을 내에 두 개의 혈연집단이 존재하고 있음을 뜻한다. 즉, 이들은 류중영을 기점으로 삼을 때는 동일한 혈연집단에 해당하지만, 겸암파와 서애파의 차원에서는 파조派祖를 달리하는 상호 이질적 집단으로 인식하는 것이다. 그리하여 겸암파에서는 양진당을, 서애파는 충효당을 구심점으로 각각의 결속을 도모한다. 그런데 사실, 혈통적으로 겸암파가 우위에 놓여있으므로 서열적 질서에 입각하여 내적 결속력에 문제가 발생할 여지가 없는 듯하지만, 이는 어디까지나 이상적 모델에 불과할 뿐 실제로는 적지 않은 대립과 갈등이 초래되고 있다.

  조사 당시 겸암파가 33가구이고 서애파가 59가구로 집계되어 있다. 그런가 하면 후손 가운데 정계, 관계, 실업계 등에서 입지를 굳힌 인물도 서애파가 앞서고 있으며, 토지소유 등을 비롯한 경제적 측면에서도 우위를 차지하고 있다.[19] 아울러 류운룡과 류성룡이라는 현조[派祖]의 위상도 두 집단 간의 긴장을 고조시키는 주된 요소로 작용한다. 즉, 류운룡에 비해 류성룡의 대외적 인지도가 높은 까닭에 서애파의 충효당은 외부방문객들의 최우선적 방문지가 되는가 하면, 각종 매스컴 등에서도 주목받고 있는 것이다. 물론 이들 집단의 대립이 노골적으로 드러나는 경우는 매우 드물지만, 상호 긴장을 늦추지 않는 일종의 위세 겨룸은 여러 측면에서 확인된다.

이처럼 하회마을과 양동마을에서 나타난 일련의 양상들은 동성마을의 결속과 연대는 지연성이 아닌 혈연성에 의해 이루어지고 있음을 입증하는 사례라고 생각한다. 나아가 이들 결속과 연대에서 타성들이 철저히 배제되어 있다는 사실을 통해 동성마을은 '마을공동체'로서가 아니라 '혈연공동체'로 존재·기능하고 있음을 확인할 수 있다. 즉, 동성마을에서는 지연에 바탕 한 마을공동체의 대표적 속성으로 알려진 이웃 중심의 협력관행이나 상호부조 등의 지연적 유대는 거의 나타나지 않고, 대부분의 공동체생활이 혈연적 유대를 중심으로 전개되고 있는 것이다. 이는 대부분의 동성마을에서 나타나는 보편적 현상이기도 한데, 이로써 마을공동체로서 동성마을의 위상을 재고해야할 필요성마저 대두된다.

그런가 하면 혈연집단 내부에서는 현조[派祖]를 중심으로 또 다른 분열과 대립 양상을 보이고 있는데, 그 중심에는 '조상과 우리[同宗意識]'로 엮어지는 동성마을의 결속 원리가 자리하고 있다. 예를 들어 하회마을의 경우 지연에 바탕 한 마을공동체[他姓]을공대치했예를 들어한 마을공동체 [他姓]구분없이 풍산류씨의 후손이라는 혈통적 동질성을 앞세워 내적 결속력을 보이는가 하면, 혈연집단 내부에서는 예를 들어한 마중심으로

---

[19] 김택규, 앞의 책(1979), 64쪽.
예를 들어 일제강점기 당시 하회마을에서 1천석의 지대(地代)를 거둬들이는 두 집 모두 서애파이다.

지파별支派別 결속을 도모하는 경향을 드러내는 것이다.

3. 각성마을, '마을'에 기반 한 지연공동체적 결속

각성마을에는 신분을 자랑할 만한 드러난 조상顯祖을 갖지 못한 집들이 대부분이다. 아울러 혈족들이 모둠살이를 이루고 있지 않은 까닭에 혈연집단도 나타나지 않는다.[20] 그러다 보니 마을공동체에서 특정 성씨(혈연집단)가 주도적 세력을 장악하는 경우도 전혀 없다. 따라서 이들 일련의 요소들에 의해 수평적이고 평등적인 각성마을의 속성이 형성될 수 있었을 것으로 생각한다. 그런가 하면, 동성마을에서 회자되고 있는 "옛날에는 ○○까지 남의 땅을 밟지 않았다"라는 언설에 반해, 각성마을에서는 "해방 전에는 찢어지도록 가난했다"라는 말을 자주 듣게 되는데,[21] 실제로 각성마을의 경제적 기반이나 수준은 동성마을에 훨씬 못 미치는 것으로 알려져 있다.

이처럼 마을공동체의 경제적 기반이 미약하고 또 평등적 구조를 취하고 있을 경우, 시연에 바탕 한 상호부조관행이 보나 활발할 것이라는 추측이 가능하다. 이를 확인하기 위해 경상남도 사천군 서포면에 위치하고 있는 선창仙倉마을의 사례를 살펴보기로 한다.[22] 구전에 의하면 선창마을에 최초로 정착한 인물은 김해김씨 할머니로 알려져 있다. 즉, 김해김씨 11세인 '풍동楓東'이라는 분이 서포면에 근접해있는 곤명면에 살고 있었는데, 그가 세상을 뜨고 나서 부인이 아들 '탁문卓文'(선창마을 개척조)

---

20 김택규, 앞의 논문(1982), 384쪽.
21 위의 논문, 384쪽.
22 김미영, 『日本・韓國における村落社會研究 ~特に, 非同族村落を中心に』(東洋大學 박사학위논문, 1994).

을 데리고 선창마을로 옮겨와서 비로소 마을이 형성되었다는 것이다. 이를 김해김씨의 족보에서 추적해보니 약 3백년 전으로 드러났다.

선창마을은 1993년 3월 현재, 인구 288명(남:117명, 여:171명)에 88가구로 구성되어 있다. 마을주민 대다수가 농업과 어업에 종사하고 있으나 농업의 비중이 다소 높은 편이다. 성씨 구성에서 김해김씨 31가구, 수원백씨 16가구, 밀양박씨 13가구, 창원황씨 7가구, 하동정씨 5가구, 진양정씨 5가구, 진양강씨 4가구, 기타 7가구 등과 같이 전형적인 각성마을의 유형을 취하고 있다. 아울러 마을공동체에서 주도적 세력을 장악하고 있는 성씨는 나타나지 않고 대체로 평등적 구조를 취하고 있다. 예를 들어 역대이장 등에서 고른 성씨 분포를 보이는가 하면, 토지소유에서도 편중된 경향이 드러나지 않는다. 이로 볼 때 선창마을은 성씨 구성만이 아니라 마을공동체 운영에서도 권력의 독점현상이 나타나지 않는 전형적인 각성마을로 간주할 수 있다.

1) 마을공동체 운영을 위한 공식적 조직

마을운영의 책임자는 이장이다. 마을주민들이 직접 선출하며 임기는 2년이고, 재임이 가능하다. 이장은 매년 2월과 8월에 개최되는 마을총회를 통해 마을운영에 관한 전반적 내용을 보고하면서 주민들의 의견을 수렴·반영한다. 그 외 중대 사안이 발생하면 임시총회를 열기도 한다. 선창마을주민들에게 있어 이장이란 '상부기관과 마을사람들의 중간자적 역할을 수행하는 사람' 정도이다. 실제로 이장이라고 해서 마을공동체에서 절대적 발언권이나 결정권을 장악하는 경우는 거의 드물다.

그럼에도 불구하고 마을사람들 대부분 이장 역임을 명예롭게 여기고 있다. 이는 아마도 부여되는 권한과 상관없이 '마을 대표'라는 자긍심 때문인 것 같다. 아무튼 이런 연유로 선거 때마다 복수의 후보자를 중심으로 각축전이 벌어지곤 하는데, 어느 때부터인가 낙선된 후보자들이 마을운영에 비협조적이라는 소문이 돌면서 마을단합을 위해 선출방식을 바꾸자는 의견이 제시되었다. 그리하여 현재는 복수의 후보자가 나올 경우 사전에 후보 단일화를 이룬 다음 선출하는 방식으로 진행되고 있다. 입후보를 위한 특별한 자격요건은 없지만, 대체로 마을토박이를 선호하는 경향이 강하다.

새마을지도자의 주된 역할은 영농작업지도 및 마을회계 등의 업무이다. 이장이 마을을 대표하는 역할을 수행한다면, 새마을지도자는 실제적인 마을일꾼이라 할 수 있다. 이런 연유로 대개 중년층에서 선출되는 편이다. 아울러 거주 지역을 중심으로 5개의 반班으로 구분되어 있으며, 반별로 반장과 개발위원을 각각 1명씩 두고 있다. 반장은 이장과 마을주민들의 매개자 역할을 담당하며, 반장을 역임한 사람들이 맡게 되는 개발위원은 이장, 새마을지도자와 함께 마을운영의 핵심적인 역할을 수행한다.

선창마을은 바다와 인접해있지만, 만灣으로 둘러싸여 있는 탓에 소규모의 고기잡이업과 여성들의 갯벌 채취 등을 주로 일삼고 있다. 서포면 수산협동조합의 관할 아래 어촌계가 결성되어 있으며 현재 83가구가 가입해있다. 회원에게는 어업권, 갯벌 이용권, 수산협동조합의 대출 등의 자격이 부여된다. 그러나 어업이 크게 성행하지 않은 탓에 일반적 어촌에 비해 어촌계의 권한이 두드러지지 않는 편이다.

부녀회는 1968년 결성된 '쟁반계'에 뿌리를 두고 있다. 1968년 3월에 작성된 쟁반계 회칙에 나타난 운영목적을 간략하게 정리하면 다음과 같다.

> 매월 10원의 회비를 거두어 쟁반을 구입해서 회원에게 무료로 대여한다. 다만 파손 시에는 변상을 해야 한다. 비회원이 대여할 경우 개당 2원의 사용료를 받는다. 회원 중에 상喪을 당한 이가 있으면 막걸리 1말을 부조하고, 그 횟수

를 1번으로 제한한다.

　사실 60년대만 하더라도 살림이 넉넉한 경우가 아니면 최소한의 부엌살림만 갖추고 있었던 시절이라 큰일을 치를 때마다 그릇을 빌리러 가는 광경을 쉽게 볼 수 있었다. 그래서 마을 부녀자들이 생각해낸 것이 마을 공동 쟁반을 확보해두는 일이었는데, 이는 마을 공동 상여를 구비해두는 것과 유사하다. 기록에 따르면 당시의 쟁반계는 모심기 등에서 일손이 부족할 경우 품앗이 방식으로 협력행위도 한 것으로 나타난다. 또한 '둘만 낳기 운동'과 같이 가족계획을 위한 홍보활동이나 의식개혁 운동 등도 담당하기도 했다. 1993년 현재, 부녀회에는 63명의 회원이 가입되어 있으며 매년 4월에 거행되는 '경로잔치'를 보조하는 일이 유일한 활동이다. 한편 노인회는 1993년 경로회관의 건립과 함께 발족된 탓에 뚜렷한 활동이 없는 실정이다. 회원 역시 65세 이상의 남녀노인을 대상으로 하고 있지만, 남성 12명에 그치고 있다.
　지연성을 중시하고 두드러진 성씨가 존재하지 않는 각성마을의 경우, 모든 마을주민이 구분(혈연과 비혈연)과 차별(신분) 없이 대등하게 어울리고 교류한다는 것이 보편적 시각이다. 이에 따르면 마을조직 역시 동성마을에 비해 활발히 운영되고 있을 것이라는 예측이 가능한데, 선창마을의 사례를 보듯이 이장을 중심으로 한 마을운영조직 외에는 거의 활동이 미비한 실정이다. 즉, 마을조직의 가입에서 구분과 차별적 성향만 나타나지 않을 뿐, 활동양상에서는 동성마을과 크게 다르지 않는 것이다. 그렇다면, 지금까지 알려진 각성마을주민들의 지연적地緣的 결속관계는 어떤 국면에서 드러나고 있는가? 이에 대한 궁금증을 해결하기 위해 비공식적 조직을 살펴보기로 하자.

2) 각성마을의 대표적 협력조직, 계契

계는 마을주민들의 필요에 의해 자생적으로 결성한 것으로, 소규모인 까닭에 여타 협력조직보다 활동이 왕성하고 마을주민들의 참여도 또한 높은 편이다.[23] 특히 이런 경향은 혈족 중심적 관념 및 신분 차등적 관념이 팽배한 동성마을보다도 각성마을에서 더욱 두드러지는데, 〈표 2〉를 보듯이 선창마을에서 수집된 계는 총 20종류, 70개이다. 앞서 김택규가 조사한 청도 차산리(31종 35개)에 비해 종류는 적지만, 개수에서는 2배를 넘는다. 아울러 가입 실태에서는 가구당 평균 6.9개의 계에 가입해있으며, 가장 많은 경우는 한 가구에서 14개의 계에 가입하고 있는 사례였다. 그리고 상여계와 조기弔旗계 등과 같이 상례와 관련된 계는 69가구가 가입해있을 정도로, 그야말로 마을공동체의 대표적 협력조직이라 할 수 있다. 그 외 마을 단위로 조직된 계는 6종 13개인데, 여행계를 제외한 모든 계들이 상호부조의 목적을 띠고 있는 점이 주목된다. 특히 친목을 목적으로 결성된 계의 경우, 면이나 전국을 단위로 할 때는 순수친목을 지향하고 있지만 마을 단위에서는 상호부조를 겸하고 있는 점도 흥미롭다. 전체적으로 볼 때 상호부조를 목적으로 삼고 있는 계가 전체 60%로 가장 높은 비율을 나타내고 있다. 이는 김택규가 〈표 1〉에서 제시한 차산리의 사례와 대조되는 현상이라 할 수 있는데, 다만 추측할 수 있는 것은 차산리의 친목계 역시 상호부조의 목적을 겸하고 있을 가능성이 높다는 점이다.[24]

---

[23] 최재석, 『한국농촌사회연구』(일지사, 1976), 325쪽.
[24] 김택규, 앞의 논문(1982), 392쪽.

〈표 2〉 선창마을의 계(契)

지역	명칭	개수	목적	가입대상
마을	상여계	2	상여와 노동력(상두꾼) 제공	마을사람(가구별)
	조기(弔旗)계	1	상례 때 조기(弔旗) 제공	마을사람(가구별)
	조관(弔棺)계	1	상례 때 관(棺) 제공	마을사람(가구별)
	쌀계	1	상례 때 쌀 제공	마을사람(가구별)
	막걸리계	1	상례 때 막걸리 제공	마을사람(가구별)
	소주계	1	상례 때 소주 제공	마을사람(가구별)
	마포(麻布)계	1	상례 때 수의 감 제공	마을사람(가구별)
	장구계	2	잔치 때 장구 무료 대여	부녀자
	반지계	1	금반지 마련 및 상호부조	부녀자
	班계	3	친목도모 및 상호부조	같은 班員
	장년계	1	친목도모 및 상호부조	35~55세의 남성
	친목계	3	친목도모 및 상호부조	부녀자
	여행계	1	연 1회 관광여행	기혼 남성
	동서계	2	친목도모 및 상호부조	집안 며느리
면내	문중계	3	조상제사 및 묘소 정비 등	부계친족
	동갑계	21	친목도모	동갑(남성 및 여성)
	경로계	1	친목도모	70세 이상 남성
전국	형제계	9	친목도모	형제자매
	재종계	1	친목도모 및 묘소 정비	6촌 형제
	사위계	14	친목도모	친자매, 4촌자매의 사위

실제로 앞서 인용한 "대소가大小家가 별로 없는 외로운 사람에게는 계가 많은 도움이 된다"라는 제보자의 진술처럼, 큰일을 앞두고 비교적 손쉽게 도움을 요청할 수 있는 혈족이 없을 때 계를 통해 필요한 일손이나 물품을 제공받는 경향이 강하다. 즉, 동성마을의 경우에는 별도의 조직이 아니더라도 혈족이라는 강력한 유대관계를 통해 노동력 등을 쉽게 동원할 수 있지만, 지연 이외에 이렇다 할 관계적 요소를 갖고 있지 않

는 각성마을에서는 인위적인 유대(협력)관계를 조성할 필요가 있는 것이다. 따라서 각성마을에서 나타나는 계의 두드러진 활동 양상 역시 이런 맥락에서 이해할 수 있을 듯하다.

그런가 하면, 이러한 경향은 '혈연'에 비해 '지연'은 다소 불안정한 관계적 요소임을 드러내는 것이라 할 수 있다. 사실 혈연과 달리 지연은 터전을 벗어남으로써 유대관계를 지속시키는 요소를 상실한다. 간혹 타지역으로 전출해간 이웃들과 교류를 주고받는 경우도 드물게 나타나지만, 결속의 강도와 지속기간은 혈연 및 마을사람들의 그것에 훨씬 못 미친다. 반면 혈연은 터전과 상관없이 유대관계를 지속시킬 수 있는 관계적 요소이다. 물론 혈연관계에 놓이면서 모둠살이를 이루고 있는 경우에는 분산되어 있을 때보다 결속력이 더욱 강화되는 속성을 보이지만, 터전을 달리한다고 해서 유대관계가 단절되지는 않는 것이다. 이런 연유로 혈연은 지역을 뛰어넘어 관계망의 형태로 존재하는 경향이 나타나는데, 대표적인 사례로 '문중(화수회)'을 들 수 있다.

3) '이웃'들의 자발적 협력관행, 품앗이

기왕의 연구에 따르면 한국의 마을은 "마을 자체가 하나의 근린집단으로서 기능을 담당하고 있다"라고 한다.[25] 아울러 수에나리 미치오末成道男는 "한국의 이웃(근린)관계는 일본에 비해 미약하며, 일상생활을 비롯하여 관혼상제에서의 협력은 의무적·공식화되어 있지 않다"라고 지적한 바 있다.[26] 이들 지적은 마을공동체 내에 독자적인 근린조직이 형성

---

[25] 鈴木榮太郞, 『朝鮮農村社會の硏究』[『鈴木榮太郞著作集』 5(東京: 未來社, 1973)], 59面; 양회수, 『한국농촌의 촌락구조』(고려대학교출판부, 1967), 405쪽.
[26] 末成道男, 「東浦の村と祭 ~韓國漁村調査報告~」, 『聖心女子大學論叢』 59(1982), 197面.

되어 있지 않음을 일컫는데, 사실 일본에 비하면 한국의 근린조직은 의무적이 아니라 자율적 의사에 입각하여 결성·운영되는 경향이 강하다. 실제로 앞서 예로든 계 역시 의무적 조직이 아니라 개별적 차원에서 행해지는 자율적 조직이라 할 수 있는데, 이와 유사한 것으로 '품앗이' 관행을 들 수 있다.

품앗이는 '품[勞]+앗이[受]'에 대한 '품갚음(報)', 곧 증답贈答의 대표적 사례로 알려져 있다.[27] 아울러 품앗이는 노동능력에 대한 타산적 평가를 토대로 체결되는 두레나 고지雇只 등과 달리 인간의 노동력은 대등하다는 전제 하에 이루어지는가 하면, 되갚음의 행위가 의무화·강제화 되지 않은 그야말로 신뢰에 바탕 한 교환관행이라 할 수 있다. 그런가 하면 동성마을의 경우에는 주로 혈족 중심으로 품앗이를 행하는 경향이 인정되는 반면, 각성마을에서는 이웃 간에 이루어지는 것으로 알려져 있다.[28]

따라서 이로 미루어볼 때 각성마을의 대인관계 및 상호부조관행 등은 기본적으로는 마을공동체성원(마을사람) 전체를 대상으로 삼고 있지만, 세부적 교류에서는 '이웃'으로 좁혀지고 있음을 알 수 있다. 즉, 동성마을에서는 마을공동체성원 중에서도 혈족 중심적 교류 양상을 보이고 있다면, 각성마을에서는 '이웃' 중심적 교류관계가 나타나는 것이다. 그런데 문제는, 혈족과 달리 이웃의 범주는 명확히 설정하기 힘들다는 점이다. 다만 정면으로 마주보거나 옆으로 나란히 놓여 있는 집을 이웃으로 간주하고 뒷담을 맞대고 있는 집은 이웃이라 하지 않는다는 지적이 있기는 하다.[29] 그런데 과연, 실제로 이웃의 범주를 계량적으로 설정할 수 있

---

[27] 鈴木榮太郎,「朝鮮のブラシに就いて」, 앞의 책(1973), 59面.
[28] 김택규, 앞의 논문(1982), 398쪽.
[29] 김주희, 『품앗이와 정의 인간관계』(집문당, 1992), 167쪽.

는지 다소 의문스럽다. 물론 마을 내에서 집들이 인접해있을 경우 왕래가 수월하여 보다 친밀한 관계를 유지할 가능성은 있지만, 그렇다고 해서 반드시 지역적 근접성만이 이웃형성의 유일한 요소가 된다고는 간주하기 힘들다. 따라서 선창마을에 전승하고 있는 '이웃돕기'(품앗이)에서 노동력을 제공받은 집과 이웃의 자격으로 참여한 이들의 관계적 요소를 살펴보기로 하자.

(1) 강씨네 혼인잔치 품앗이

1992년 8월 15일은 선창마을 강씨네 둘째 딸 혼인잔치가 열렸던 날이다. 마을에는 강씨네 외에도 진양강씨가 2가구 있지만, 혈족으로서의 연결고리(촌수 등)를 인지할 수 없는 탓에 마을사람 이상의 관계를 형성하고 있지 않다. 56세의 강씨는 농업에 종사하고 있으며 반장을 역임하기도 했다. 3녀 1남 가운데 맏딸은 부산으로 출가했고 아들 역시 학업을 위해 부산에 살고 있다.

① 혼례 전날 품앗이

혼례식은 8월 15일 신랑의 출신지인 부산에서 치러졌다. 강씨네는 혼례 당일 하객들에게 대접할 음식을 장만하기 위해 14일부터 분주하게 움직였다. 이날 품앗이에 참여한 사람은 모두 33명이었으며, 남성이 7명이고 여성이 26명이다. 대부분의 잔치가 그러하듯이, 이날의 주된 임무도 음식을 장만하는 일이다 보니 남성보다는 부녀자들의 참여가 두드러졌다.

33명의 참여인원 가운데 마을사람이 31명(남성:6명, 여성:25명)이고, 나머지 2명은 타지에 살고 있는 강씨 남동생과 누나이다. 이날 일손을 거들어준 마을부녀자 25명과 강씨네의 관계적 요소는 같은 반원(2班), 계원 契員, 친족 등이었다. 이들 중첩된 요소까지 모두 포함하여 제시하면, 2

반 반원 전체 16가구 중에서 13가구가 참여했으며, 강씨 부인이 가입해 있는 친목계원 21명 가운데 10명이 왔고, 역시 강씨 부인의 반지계원 11명 중에서 5명, 강씨의 동갑계에서 1명, 강씨 부인의 동갑계원 1명을 비롯하여 친족 6명이다. 주목되는 점은 전체 25명 중에서 24명이 복수의 관계적 요소를 지니고 있다는 사실이다. 예를 들어 9명의 부녀자가 같은 반원이면서 같은 계원이라는 관계에 놓여있는데, 나머지 여성들 역시 대부분 2개 이상의 중첩된 관계적 요소를 갖고 있었다.

남성들에게 주어진 임무는 돼지를 잡아 고기를 마련하는 일이었다. 이들 6명과 강씨네의 관계는, 2반 반원 2명, 강씨 부인이 가입해있는 친목계원의 남편 2명, 강씨 부인의 반지계원 남편 2명, 강씨의 동갑계원 1명, 강씨 부인의 동갑계원 남편 1명, 친족 2명 등이다. 이들 역시 평균 2개 이상의 관계적 요소를 갖고 있는 것으로 나타났으며, 1명을 제외한 나머지 5명은 강씨와 직접적인 관계에 놓여있는 사람들이다.

② 혼례 당일 품앗이

혼례가 치러지는 8월 15일 새벽, 강씨네가 예약해둔 관광버스가 마을 공터에서 기다리고 있었다. 잠시 후 마을사람들이 하나둘 모이기 시작하더니 강씨가 인원을 세고 승차를 안내하자 버스는 부산으로 향했다. 이날 참여한 마을사람은 총 28명으로, 남성이 15명이고 여성이 13명이었다.

그런가 하면 혼례식에 참석하지 못한 마을주민은 강씨네로 직접 와서 축의금을 전하고 그곳에서 음식 대접을 받았는데, 이러한 역할을 마을 부녀자 10명이 수행했다. 그리고 남성 1명은 축의금을 기록하는 임무를 맡았다. 흥미로운 점은 이들 11명 모두 14일의 품앗이에도 참여했다는 사실인데, 이들의 관계적 요소는 2반 반원(10명), 강씨 부인의 친목계원(2명), 강씨 부인의 반지계원(2명), 친족(2명) 등이다. 이처럼 2반 반원들이

다수 참여한 것에 대해 강씨 부인은 "이날 우리 집에서 나 대신에 손님을 대접하려면 우리 집 사정을 잘 아는 사람이라야 하는데, 2반 사람들은 평소 왕래를 자주 해서 집 구조를 훤히 알고 있다"라고 설명한다.

부산의 식당에서 음식을 담고 나르는 일을 도와준 마을사람은 총 10명으로, 전원 여성이다. 그리고 이들 가운데 7명이 혼인 전날에도 일손을 거들어주었다. 이들과 강씨네의 관계적 요소는 2반 반원(1명), 친목계원(7명), 강씨 부인의 반지계원(4명), 강씨 부인의 동갑계원(2명), 친족(4명) 등이다. 흥미로운 점은 혼례 당일 강씨네 집에서 이루어진 손님 접대에서는 반원들이 대부분이었음에 반해, 부산에서는 주로 계원과 친족 등이라는 사실이다.

(2) 품앗이보다 더 정(情)스러운 '이웃돕기'

강씨네 혼인잔치 품앗이에 참여한 인원은 총 36명이다. 이 가운데 타지에 살고 있는 강씨 형제자매 2명을 제외하면 모두 마을사람들이다. 강씨 부인은 "마을사람들에게 도움을 요청한 적은 없고 모두가 소문을 듣고 와주었다"라고 진술한다. 이에 조사자는 품앗이가 행해지는 현장에서 다음의 질문을 던져보았다.

조 사 자 : 강씨네와 친척도 아닌데 어떤 인연으로 도우러 오셨습니까?
마을사람 : 이웃이니까……
조 사 자 : 그럼 품앗이네요…
마을사람 : 품앗이가 아니고 그냥 '이웃돕기'야.

내용을 보듯이 이들 모두 마을사람 중에서도 '이웃'의 자격으로 일손을 거들어주러 왔는가 하면, 자신들의 도움행위를 품앗이가 아니라 '이웃돕기'라고 강조하고 있다. 그렇다면 이들이 말하는 품앗이와 '이웃돕기'에는 어떤 차이가 있을까? 사실 품앗이는 '정情'과 '믿음'이 바탕 되어야만 비로소 이루어지는 전통사회의 대표적 호혜互惠 행위이다. 앞서 언급했듯이 두레와 고지의 경우 노동능력을 철저히 타산적으로 계산하여 이른바 '베푼 만큼 되돌려 받는다'는 원칙에 입각한 노동교환행위임에 반해, 품앗이는 모든 사람들의 노동능력은 대등하다는 전제 아래 행해지는 그야말로 두루뭉술한 교환행위이다. 그리고 이러한 두루뭉술한 주고받기 행위는 '정'과 '믿음'으로 결속된 관계에서만 가능한 일이다.

그럼에도 불구하고 마을사람들이 자신들의 행위를 품앗이로 간주하지 않는 까닭은 아마도 '되갚음의 행위'에 있는 것 같다. 즉, 두레 등과 달리 품앗이의 되갚음 행위에는 의무적·계약적 사항은 없지만, 제공한 노동력이나 물품에 버금가는 것이 되돌아오기를 기대하는 심리가 깔려 있다. 그리고 이것이야말로 마을공동체생활을 유지하기 위해 준수해야 할 최소한의 '도리道理'라고 간주하기도 한다. 이런 연유로 대부분의 품앗이는 사전 요청에 의해 이루어지는 경향이 인정되는데, 이는 '구두口頭계약'과 유사한 성격을 갖는다. 반면 '이웃돕기'는 사전 요청의 과정을 거치지 않고 행해진다는 점이 다르다. 이러한 사실은 앞서 언급한 강씨 부인의 "마을사람들에게 도움을 요청한 적은 없고 모두가 소문을 듣고 와주었다"라는 진술을 통해서도 확인되는데, 이로써 '되갚음'에 대한 부담감(제공받는 쪽)과 기대감(제공하는 쪽)이 사라지면서 그야말로 품앗이보다 더 정情스러운 도움행위가 이루어지게 되는 것이다. 실제로 강씨네 혼인잔치에 일손을 거들어준 마을부녀자 역시 "이걸 품앗이라고 하면 왠지 정이 없어지는 것 같다"라고 설명한다.

기왕의 연구에 따르면 "이웃관계란 사적私的 생활에서 상호부조적인 기능을 행하는 비공식적(informal) 결합관계"라고 한다.[30] 그런데 고정성·지속성을 갖는 혈족관계와 달리 이웃관계는 유동적·비지속적 속성을 지니고 있다. 아울러 이웃관계는 마을공동체 내부에서 뚜렷한 범주를 설정하기 힘든가 하면, 사망 등으로 가족구성원이 교체되거나 혹은 전출입으로 인해 거주자가 바뀔 경우 '이웃'의 구성원도 달라진다.

따라서 비록 일시적 국면이기는 하지만, 강씨네 혼인잔치에서 '이웃'의 자격으로 일손을 거들어준 마을사람들의 관계적 요소를 살펴봄으로써 '이웃관계'의 형성계기를 파악할 수 있을 것으로 생각한다. 8월 14일과 15일, 강씨네 혼인잔치 '이웃돕기'에 참여한 사람은 총 36명이다. 이 가운데 마을사람은 34명이고, 나머지 2명은 타지에 살고 있는 강씨의 형제자매들이다. 아울러 34명의 마을사람 중에서 부부 3쌍이 함께 참여한 까닭에, 결국 31가구가 '이웃돕기'를 행한 것으로 집계된다. 이들과 강씨네의 관계적 요소를 정리한 〈표 3〉을 보면, 친족, 반원(2반), 친목계원(강씨 부인), 동갑계원(강씨), 동갑계원(강씨 부인), 반지계원(강씨 부인) 등과 같이 사람은 6개 요소를 갖고 있는 것으로 나타났다. 아울러 31가구 중에서 13가구가 2개 및 3개의 중첩된 요소를 지니고 있음이 드러났다. 따라서 이로 볼 때 각성 촌의 '이웃관계'는 혈연성(친족), 지역적 근접성(행정구역 班), 개인적 친밀성(계원) 등의 요소에 의해 형성되는 경향이 인정된다. 이와 더불어 '이웃돕기'에서 보여준 반원들의 높은 참여도와 두드러진 활약상은 '이웃'의 범주는 거주지역의 근접성을 토대로 설정된다는 전통적 관념을 일정 반영하는 것이라 할 수 있다.

4. 맺음말

"동성마을은 구성원 대부분이 혈연관계에 놓여있는 까닭에 각성마을

---

30 양회수, 앞의 책(1967), 418쪽.

에 비해 강한 결속력을 드러낸다"라는 것이 보편적 시각이다. 그러나 이는 동성마을에 가서 그야말로 '동성同姓'만을 조사하고 주목한 탓에 초래된 오류라고 할 수 있다. 물론 동성마을이라는 명칭 자체가 특정 성씨를 겨냥하여 붙여진 것이고 또 이들이 마을에서 주도적 세력을 장악·행사하고는 있지만, 이는 동성마을의 개념 규정에서만 유의미할 뿐 마을공동체로서 동성마을의 성격을 논할 경우에는 통용되기 힘든 관점이다.

즉, 동성마을에는 혈족同姓뿐만 아니라 적지 않은 타성他姓들이 더불어 살고 있음에도 불구하고 이들을 철저히 배제한 채 동성마을을 주목해온 것이다. 실제로 앞서 소개했듯이 1964년 당시 하회마을 전체 166가구 중에서 타성이 69가구(42%)로 절반에 가까운 비율을 차지하고 있지만, 지금까지 이들과 풍산류씨의 결속 양상에 주목한 경우는 거의 찾아보기 힘들다. 아울러 하회마을에는 혈족 중심의 다양한 조직이 결성되어 있음에 반해 마을공동체생활을 위한 공식적 (지연)조직의 활동은 매우 미약한 실정으로 드러났으며, 비공식적 협력조직인 계契 역시 극소수에 이르는가 하면, 풍산류씨와 타성들이 함께 조직하는 계도 나타나지 않았다. 이러한 경향은 혈연 중심적 관념에 따른 '혈연↔비혈연'이라는 대립과 더불어 신분 차별적 관념에 바탕 한 '유력 성씨↔타성'이라는 대립으로 인해 초래된 것으로 생각된다. 사실 하회마을에 거주하고 있는 대부분의 타성들은 과거에 풍산류씨와 주종관계에 놓여 있던 사람들로서, 신분제가 해체된 이후에도 여전히 풍산류씨와 대등한 교류를 할 수 없는 '집단'으로 인식되고 있는 것이다. 이는 특히 공식적 조직이 여타 마을에 비해 활성화되지 않은 주된 이유로 작용하기도 하는데, 즉, 공식적 조직은 가입회원의 선별 여지가 없는 그야말로 마을주민 모두에게 열려 있으므로 여기에 참여한다는 것은 곧 타성과의 어울림을 의미하기에 가입자체를 회피하는 것이다.

이런 경향은 여주이씨와 월성손씨의 동성마을인 경주 양동마을에서도 마찬가지다. 1976년 조사 당시 양동마을에는 전체 134가구 중에서 여강이씨 73가구와 월성손씨 20가구를 제외한 나머지 41가구(33%)가 타성들로 구성되어 있음에도 불구하고 양성씨와 타성과의 교류는 전혀 나타나지 않는가 하면, 마을의 공식적 조직은 아예 결성 자체를 하지 않거나 활동이 거의 없는 것으로 드러났다. 심지어 마을공동체의 대표적 협력조직인 상조계의 경우 여강이씨와 월성손씨, 여타 성씨별로 각각 결성되어 있는 실정이다.

이처럼 하회마을과 양동마을에서 나타나는 일련의 양상들은 혈연 중심적 관념 및 신분 차별적 관념에 의해 초래된 것으로, 지연성보다는 혈연성을 강조하고 또 마을공동체생활에서 요구되는 대동성大同性보다는 신분적 위계질서에 바탕 한 차별성을 앞세우는 대표적 사례라고 할 수 있다. 그런데 사실, '동성(+)마을'이라는 명칭에는 혈연성[同姓同本]과 지연성(마을)이 함축되어 있다. 즉, 마을은 어디까지나 지연을 기반으로 형성된 공동체이므로 성씨 및 신분과 상관없이 지연적地緣的 구성원(마을사람) 모두가 마을공동체성원이 되는 셈이다. 그럼에도 불구하고 하회마을과 양동마을에서 나타난 일련의 양상들은 동성마을의 결속과 연대는 지연성이 아니라 혈연성에 의해 이루어지고 있음을 여실히 보여준다. 나아가 이들 결속과 연대에서 타성들이 철저히 배제되고 있다는 점을 통해 동성마을은 '마을공동체'로서가 아니라 '혈연공동체'로 존재·기능하고 있다는 사실도 새삼 확인할 수 있다. 따라서 '동성마을의 강한 결속력'이라는 기왕의 지적은 엄밀히 말해 '마을공동체의 결속력'이 아니라 '혈족간의 결속력'에 해당하며, 이는 곧 동성마을을 '마을공동체'로서가 아니라 특정 성씨들로 이루어진 '혈연공동체'로 간주하는 것과 다름없다.

더욱 흥미로운 점은 동성마을의 혈통 중심적 관념은 마을공동체에서는 '동성↔타성'의 형태로 나타나는가 하면, 혈연공동체 내부에서는 또 다른 갈등과 대립을 촉발시키는 원인으로 작용한다는 사실이다. 대표적 사례로 하회마을 풍산류씨의 겸암파와 서애파를 들 수 있다. 이들 양파는 마을공동체에서는 혈연관계로 응집된 강한 결속력을 드러내지만, 집단 내부에서는 각각의 현조[派祖]를 중심으로 대립하는 속성을 나타낸다. 즉, 동성마을의 결속과 연대는 '조상과 우리'라는 동종의식同宗意識에 기반하고 있는 까닭에 지연성(마을공동체)과 대치했을 때는 혈연집단의 중시조 아래 결속된 모습을 보이는 반면, 혈연집단 내부에서는 하부의 지파支派 조상을 중심으로 대립 양상을 드러내는 것이다.

반면 각성마을의 경우에는 이렇다 할 걸출한 인물[顯祖]을 갖지 못한 집들이 대부분이고, 또 혈족들이 모둠살이를 이루고 있지 않은 까닭에 혈연조직도 결성되어 있지 않다. 그리하여 마을공동체에서 특정 성씨가 주도적 세력을 장악하고 있는 현상도 나타나지 않는데, 이는 각성마을의 수평적이고 평등적인 속성을 형성하는 데에 주요 계기로 작용한다. 그런가 하면 "대소가大小家가 별로 없는 외로운 사람에게는 계가 많은 도움이 된다"라는 제보자의 진술처럼, 각성마을에는 상호부조를 목적으로 한 계가 활성화되어 있는 편인데, 이는 선창마을의 사례 특정 동일한 양상을 보이고 있다.

그런가 하면 각성마을의 수평적·평등적 관계는 '지연地緣'을 토대로 형성되는 것이 보편적 경향인데, 이는 곧 마을사람이라면 누구나 결속과 교류의 대상이 된다는 것과 다름없다. 그런데 사실, 각성마을이라고 해서 모든 마을사람과 농밀한 관계를 유지할 수는 없는 노릇이다. 즉, 기본적으로는 마을공동체성원(마을사람) 전체를 대상으로 삼고 있지만, 세부적 국면에서는 '이웃'으로 좁혀지는 것이다. 그런데 문제는, 혈족과 달리 이웃의 범주는 명확히 설정하기 힘들다는 점이다. 따라서 비록 일시적 국면이기는 하지만 선창마을의 '이웃돕기' 관행을 살펴본 결과 '이웃'은 혈연성(친족), 지역적 근접성(班), 개인적 친밀성(계원) 등의 요소에 의해 형성되고 있음이 확인되었다. 특히 '이웃'의 범주는 거주지역의 근접성을 토대로 설정된다는 전통적 관념을 입증이라도 하듯이, '이웃돕기'에서도 같은 반원들의 높은 참여도와 두드러진 활약상이 나타났다.

이영진 경북과학대학

마을의 입지유형별 비보풍수의 형태

1. 풍수의 본질과 목적
2. 연구목적과 방법
3. 마을의 입지유형별 비보형태
4. 결언

마을의 입지유형별 비보풍수의 형태

1. 풍수의 본질과 목적

　풍수지리설의 본질은 토지가 만물을 생육하는 생명력, 또는 생활력을 가지고 있다는 생기론에 기인한다.[1] 생기론은 음양오행설에서 출발한다. 음양오행설에 의하면 음양지기陰陽之氣 즉, 음양오행의 원기는 바람도 되고 비도 되고 구름도 되는 것이나 지중에 유행하여 곧 생기가 된다는 것이다. 다른 만상萬象과 마찬가지로 인생도 이와 같은 음양오행의 원기인 생기에 따라 태어나고 삶을 누리며, 그 후박厚薄에 따라 운명을 달리한다고 본다. 따라서 우주의 조화력을 지닌 생기는 인생과 만물의 운명을 지배하고 있다는 것이 풍수의 본질이다.

　풍수의 목적은 생기를 감응받으면 부귀영화를 누릴 수 있다고 믿고, 생기를 감응받을 수 있는 좋은 땅을 찾는데 있다. 풍수의 목적에 대하여 최창조는 땅속에 흘러 다니는 생기에 감응 받음으로서 피흉발복避凶

---

[1] 이종항, 「풍수지리설의 성행원인과 그것이 우리 민족성에 미친 악영향에 관한 고찰」, 『경대논문집(인문 사회)』 (경북대학교, 1971), 6쪽.

發福할 수 있는 진혈眞穴을 찾는데 있다고 하였으며, 무라야마 지준村山智順은 지력에 의하여 인생의 발달과 행복을 구하는데 있다고 하였다.[2]

풍수사상을 믿는 전통사회성원들은 생기를 감응받는 방법으로 생기충만한 조상의 묘터, 즉 음택을 통하는 방법과 생기충만 한 삶터, 즉 양택을 통하는 방법이 있다고 믿고 있다. 전자를 음택풍수 혹은 음기풍수라 하고, 후자를 양택풍수 혹은 양기풍수라고 한다. 음택풍수는 좋은 묘터에 조상의 묘를 쓰면 자손에 생기가 감응되어 추길피흉追吉避凶할 수 있다는 믿음이다. 이는 인간의 뼈는 원래 생기로서 죽으면 생기로 돌아가 지중에 흐르는 또 다른 생기를 타고 자손에게 음덕陰德을 끼치게 된다는 풍수의 생기감응론에 입각한 믿음이다. 다른 한편으로는 부모와 자손은 본체本體와 유체遺體의 관계로서 본체가 지하에서 생기를 입으면 친자간의 밀접한 인정관계에 따라 친자감응이 일어난다는 친자감응론에 입각한 믿음이다.

이와는 달리 양택풍수는 인간의 생기와 땅속의 생기가 일치·조화될 수 있는 곳에 개인의 주택을 지어야 생기에 감응받을 수 있다는 믿음(개인양기감응론)과 생기충만하고 보맥保脈이 완전한 지세에 정주를 해야 집락이 생기에 감응받을 수 있다는 믿음(집단양기감응론)이다.

풍수지리설은 생기의 유무와 다소를 분별하는 방법, 즉 좋은 묘터와 삶터를 분별하는 방법을 제시해 주고 있다. 풍수법술이라 불리는 간룡법과 장풍법, 득수법, 정혈법, 좌향론, 형국론이 그것이다.[3] 간룡법이란 풍수에 내포되어 있는 모든 원리가 가시적 일체로서 표출되는 사상事象이 산 즉, 풍수용어로 용인데, 그 용맥의 흐름이 좋고 나쁨을 조산祖山으

---

2 최길성 역, 『조선의 풍수』(민음사, 1990), 26쪽.
3 간용법과 장풍법, 득수법, 좌향론 등에 관한 구체적인 추구와 해석은 村山智順의 『朝鮮의 風水』(최길성 역, 1990), 최창조의 『韓國의 風水思想』(1984)에 구체적으로 다루고 있다.

로부터 혈장穴場까지 살피는 일을 말한다. 장풍법은 명당주변의 지세에 관한 풍수이론을 말하며,[4] 득수법이란 물 흐름의 길흉을 살피는 방법을 말한다. 정혈법은 어느 지점이 생기가 가장 왕성하게 집결되어 있는가를 판단하는 방법이며, 좌향론은 천간지지天干地支를 방향으로 하여 길좌향吉坐向을 찾는 방법을 말한다. 형국론은 주로 지세의 외관에 의하여 그 감응여부를 판단하는 법을 말하는 것으로, 흔히 사성砂城의 형세를 여러 가지 삼라만상의 모양에 비추어 발복의 종류를 설명하는 것이 보편적이다.

풍수지리설에 의하면 6가지 풍수법술이 체계적으로 나타나는 곳이 좋은 묘터요 좋은 삶터이다. 어느 하나라도 모자라거나 넘치지 아니하고 조화로운 곳이라야 한다. 전통사회성원들은 이상적인 묘터와 삶터를 원하지만 모자라거나 넘쳐 조화가 깨어진 곳은 비보나 압승으로 입지를 보완하여 피흉발복避凶發福할 땅으로 창조하기도 하였다.

2. 연구목적과 방법

이 연구는 양택풍수 중에서도 마을풍수에 한정된 논의이다. 논의의 초점은 첫째, 마을의 입지유형에 따라 마을사람들의 풍수지리적 설명이 어떻게 다르며, 둘째, 마을의 입지유형에 따라 풍수사상적 입지를 어떻게 구현하고 실천하였는지 비보풍수를 통해 살펴보려는 것이다.

수많은 마을조사 경험에 의하면 어느 정도 역사가 있는 마을들은 마을의 입지환경을 풍수지리적으로 설명하였다. 그만큼 풍수가 택리擇里와

---

[4] 위의 책, 33~34쪽.

마을공동체 사람들의 삶에 지대한 영향을 미친 결과이다.

그러나 마을사람들의 설명을 들어보면 정도의 차이는 있지만 마을의 자연적 입지유형이 풍수적으로 이상적이라는 경우는 극히 드물다.[5] 대부분의 마을들은 자연적 입지유형상 풍수적으로 기의 감응이 모자라거나 과하며, 흉한 조건들을 조금씩은 설명하고 있다. 뿐만 아니라 같은 마을에 살면서도 상이한 설명을 하는 경우도 있었다.

풍수지리적으로 이상적이지 않거나 흉한 마을들은 인위적으로 보완한 경우가 많았다. 이것을 넓은 의미에서 비보풍수라고 규정할 수 있다. 비보풍수에는 풍수지리적으로 부족한 자연조건을 더하고 북돋는 인위적 풍수비법 혹은 원리인 비보법과, 풍수지리적으로 과하거나 흉한 조건을 인위적으로 빼고 누르는 원리 혹은 풍수비법인 압승법이 모두 포함된다.[6] 비보풍수는 비이상적 풍수지리 국면을 보정하려는 인위적이면서 문화적인 장치이기 때문에 최근 많은 연구거리가 되어 왔다.[7]

비보풍수는 풍수사상을 적극적으로 도입하려는 문화적 전통의 하나이다. 비보풍수는 보정해야할 입지유형에 따라 용맥비보와 장풍비보, 득수비보, 형국비보, 흉상 차폐압승, 화기방어압승 등으로 세분되어 진다.[8] 용맥비보는 풍수사상의 법술 중 간룡법에 따른 입지 보정방법이고, 장풍비보는 장풍법, 득수비보는 득수법, 흉상차폐압승과 화기방어압승은 형국론에 따른 입지보정방법이다. 마을의 입지유형에 따라서는 여러 법술의 비보법을 중복적으로 도입한 사례도 많다.[9]

---

5 최길성 역, 앞의 책(1990), 236쪽 참조.
6 최원석, 『한국의 풍수와 비보』(서울 : 민속원, 2004), 43~44쪽; 위의 책; 이영진, 『공간과 문화』(서울 : 민속원, 2007) 참조.
7 이 분야는 민속학 보다는 지리학이나 조경학 분야에서 선행연구를 하였는데, 최원석, 위의 책; 김학범 외, 『마을숲』(열화당, 1994)이 대표적인 연구업적이다.
8 최원석, 위의 책, 50쪽.
9 이영진, 앞의 책(2007) 참조.

비보법은 풍수법술에 따라 보정방법이 다르게 나타나며, 같은 풍수법술에 따라 비보하더라도 보정방법이 다르게 나타나기도 한다. 비보법의 보정방법은 크게 유형적 보정법과 무형적 보정법으로 나누어볼 수 있다. 유형적 보정법은 조산造山과 숲, 연못, 솟대나 장승, 입석, 돌미륵, 코키리상, 돼지석상, 탑 등이 많이 보이며, 무형적 보정법은 지명법, 놀이형이 많다.[10]

비보를 풍수와 동일시하거나 풍수사상에 포함시킬 수 있는지에 대해서는 논란거리가 될 수 있다. 최원석은 비보사상의 시원을 무속의 양재초복禳災招福의 관념에서 비롯하여 산천숭배로 표현된 비보적인 자연신앙을 거쳐 왔음을 주장함으로서 풍수사상이 전래되어 보편화되기 전부터 민속신앙문화로 자리잡고 있었음을 지적하고 비보와 풍수를 분리시키고 있다.[11] 그러나 무라야마 지준村山智順은 깊이있는 논의를 하지 않았지만 비보와 압승을 풍수사상에 포함시키고 있다.[12] 이런 주장을 뒷받침하듯 마을 사람들의 동제장이 동시에 비보물이 되거나 민간신앙물인 솟대나 장승, 입석, 탑 등이 비보물로 상징화되어 있는 사례가 대단히 많다. 이런 현상은 이론이 있을 수 있으나 풍수사상이 우리나라에 전래되면서 처음에는 삶의 터전을 성역화하려는 민속신앙의 비보적 속성과 수구비보를 핵심으로 하는 풍수사상의 비보적 속성이 습합되고, 불교가 우리나라에 전래하면서 불국정토의 비보적 속성까지 습합되어 오늘날의 비보풍수로 발전 전승되어 온 것이 아닌가 한다. 이 문제는 또 다른 연구과제로 남겨둔다.

여기서는 비보풍수를 민속신앙 및 불교의 습합문화로 보고 마을 사람

---

10 위의 책 참조.
11 최원석, 앞의 책(2004) 참조.
12 최길성 역, 앞의 책(1990) 참조.

들의 적극적 풍수사상 도입방식의 하나인 비보풍수가 마을의 입지유형별로 풍수법술에 따라 어떤 형태로 나타나는지 살펴보고자 한다. 자료는 마을의 입지유형과 경관을 조사할 때 풍수지리적인 설명을 사례별로 수집한 것과 선행연구 및 조사결과들을 분석하였다. 마을의 입지유형은 조사사례를 분석한 결과를 토대로 조작한 것임을 밝혀 둔다.

3. 마을의 입지유형별 비보형태

1) 마을입지형국 유형별 비보형태

마을의 입지는 풍수법술의 형국론에 영향을 받아 여러 유형으로 나누어진다. 유형은 주로 물건이나 물체, 동물, 신, 세상에 존재하지 않는 성스러운 동물 등의 형태로 표현된다.[13] 형국 유형은 그 속성과 유감주술적 민속신앙에 근거하여 마을사람들의 길흉에 영향을 준다고 믿는다. 그래서 흉한 속성을 가진 유형에 입지한 마을은 그 속성상 살기殺氣가 되어 해로움을 준다고 믿고 그것을 차폐하거나 누르기위한 비보법을 도입하며, 길한 속성을 가진 유형에 입지한 마을은 길한 기운을 돋우거나 머물게 하기위한 비보법을 도입하였다. 이와같은 비보법을 형국비보라고 한다.[14] 가장 많이 분포하는 마을입지의 형국 유형별 비보 및 압승풍수형태를 보면 다음과 같다.

---

13 다양한 형국유형은 村山智順, 최길성 역, 앞의 책(1990), 199~235쪽에 소개되어 있다.
14 이영진, 앞의 책(2007), 84쪽.

(1) 화산입지형 마을

입지유형 중 마을을 바라보고 있는 산이 뽀족하고 산 능선 부위의 암석이 침식에 강하게 돌출하고 험준한 형세를 이룬 경우를 말하는데,[15] 산꼭대기가 얼굴을 내밀어 마치 마을을 넘나보듯이 하면 더욱 화기가 많다고 한다. 화산입지형 마을은 대단히 많다. 우리나라 산 중 예천의 학가산, 창령의 영축산 주변마을이 화산입지형으로 널리 알려져 있다.

화산입지형 마을은 화산의 화기에 영향을 받아 화재가 잦다고 믿고 화기방어압승 장치를 한다. 그 방법은 ① 산과 화암에 간물단지, 즉 소금단지를 묻어 화기를 방어하는 간물압승법과 ② 화기를 차단하기위하여 마을 앞에 연못을 파는 방법, ③ 화봉이 비추는 곳에 집을 짓지 않고 마을입구에 민간신앙 상징물, 즉 장승이나 솟대, 돌거북 등을 설치하는 방법, ④ 조산造山숲을 조성하는 방법, ⑤ 횃불싸움을 벌여 화기를 진압

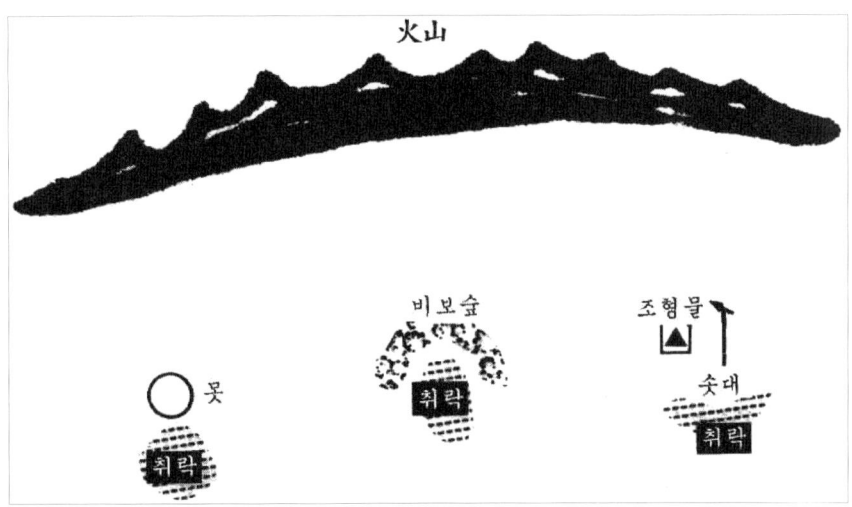

화기방어개념도[18]

---

15 최원석, 앞의 책(2004), 246쪽.
16 위의 책, 290쪽.

마을 앞 화봉전경 화봉정상에 소금단지를 묻는 탑이 조성되어 있음

하는 방법 등이 전해지고 있다.

간물압승법은 소금이 갖는 유감주술성 내지는 민속 관념상 화기, 즉 부정을 없애준다는 믿음에서 비롯된 것으로 판단된다. 간물압승법은 간수를 묻는 방법과 소금을 묻는 방법으로 나누어진다. 사례를 보면 경북 칠곡군 가산면 석우리[17]와 경남 합천군 봉산면 권빈리의 경우는 내륙에 위치하는 마을로서 화산에 소금을 묻는다. 마을에서 동제나 산신제를 지내는 날 제관을 선정하여 일정하게 정해진 장소에 소금단지를 묻고 고사를 지낸다.

---

[17] 석우마을 앞에는 화봉이라는 뾰족한 산이 정면으로 솟아 있다. 옛날 한 도사가 나타나 화봉이 마을에 비춰 화재를 일으키니 꼭대기에 소금을 묻고 빌면 화재를 막을 수 있다고 처방하였다고 한다. 마을에서는 잦은 화재를 예방하기 위하여 3년 마다 매월 정월 대보름날 달이 뜨기 직전에 화봉 정상에 소금을 넣은 단지를 묻고 고유를 지냈다고 한다. 아들 못낳은 사람들이 고유를 지내면 아들을 낳을 수 있다고 전해지면서 아들 낳기를 원하는 사람들이 제관이 되어 소금을 묻고 소원을 빌기도 하였다고 한다(조사자 : 이영진, 조사일 : 2007년 2월 20일 제보자 : 칠곡군 가산면 석우리 장진수, 64세, 남).

소금단지묻기 고사 모습

경북 울진읍[18]과 울진읍 북면 하당리 중단마을,[19] 영덕군 남정면 남정리 등 동해안 임해마을이나 내륙인 안동군 남후면 고상리 상리마을에서는 화산에 간수를 묻는다.[20] 대개 화산에 간수를 담을 항아리를 마련해 놓고 음력 정월달 동제를 지낼 때 고사와 함께 간수를 붓는다. 경우에 따라서는 간수가 마르면 언제든지 간수를 보충하기도 한다.

화기를 막기위해 연못 혹은 샘을 파는 방법도 널리 행해지고 있다. 하나의 연못을 파거나 더욱 적극적으로 2개 이상의 연못이나 샘을 파는 경우 등이 있다. 경북 봉화군 봉화읍 황전마을은 화산인 예천 학가산의 화기를 막기위해 보다 적극적으로 화기방어압승법을 도입하였다.[21] 이

---

18 울진읍의 경우 남쪽에 진화봉이라는 화산이 솟아 있다. 진화산은 관아의 정오방에 있어서 화재가 잦았다고 한다. 진화봉 정상에는 옛날부터 토기병을 묻고 넓은 돌판지를 덮어 놓은 곳이 있었다. 1894년 고종 31년까지만 해도 고을 군수가 엽전 3잎으로 염수(바다물) 한 병을 사서 산정상의 토병에 담아 놓으면 울진읍치의 화재를 막을 수 있다고 하여 매년 10월중에 택일하여 연중행사로 행하였다고 전한다.
19 울진군 북면 하당리 중단마을에는 화산인 '간물단지 산'이 우뚝 솟아 있다. 주민들에 의하면 화산이 마을을 쳐다보고 있기 때문에 화재가 잦다고 한다. 이에 마을 사람들은 화재를 없애기 위해 화산 정상에 질그릇 단지를 파묻어 놓고 해마다 마을 부녀자들이 동해의 바닷물을 길러다 부었다고 한다.
20 이영진, 『울진전자대전』(한국학중앙연구원, 2010); 최원석, 앞의 책(2004), 146쪽.

황전리 화기방어 연못 현장조사때 연못 정비사업이 한창이었음

마을은 마을 앞에 2개의 연못을 파고 동구에 숲을 조성하였다. 현재는 하나의 연못만 남아 있다. 합천군 가야 매화리 정동마을은 가야산 암괴의 화기를 막기 위해 마을앞에 3개의 샘을 팠다. 지금은 없어졌다. 이밖에 합천 가야 가천리 더내와 안동 일직면 광원리, 상주 남장동 지단뜸, 창령군 영산읍 등은 하나의 연못을 파 화기를 방어하였다.

특이하게 곡수로를 끌어들여 화기를 제압하는 방법도 보인다. 아산 외암마을은 연못과 더불어 설화산의 계류를 마을 안으로 끌어들이고 여러 집을 관류하도록 곡수로와 연못을 조성하였다. 이는 생활의 필요성

21 현재 마을의 도암정 앞에만 연못이 남아 있다. 예전에는 도암정 뒤편의 마을회관 자리에도 있었는데, 앞쪽의 연못에는 섬이 하나 있는데 반하여 뒤편 연못에는 섬이 세 개나 있었다고 한다[김학범 외, 앞의 책(1994), 118~120쪽].

과 함께 설화산의 화기를 상극하는 물로 제압하려 한 것이다.

화기를 막기 위해 민속신앙 상징물을 설치하는 방법은 전통적이긴 하나 지금은 거의 없어졌다. 추적한 결과 돌거북이나 돌자라, 솟대와 장승이 화기방어압승물로 사용되었다. 예컨대, 경북 예천읍은 화기를 방어하기위해 남산에 돌거북을 세웠고, 의성읍에서는 장천변에 돌자라를 세웠다. 경북 금릉군 부항면 어전2리는 특이하게 화산과 마주보는 마을 중앙에는 집을 짓지 않고 마을 입구에 솟대와 장승을 세웠다.[22] 이밖에도 군위 의흥 신덕리는 솟대를 세워 화기를 방어하려 하였다.

화기를 막기위해 조산造山숲이라 불리는 숲을 조성한 곳도 있다. 전술한 봉화 황전리는 2개의 연못 외에도 마을 입구에 조산造山숲을 조성하여 적극적으로 화기를 방어하려 하였다.[23] 밀양 부북 오례마을은 마을 아래와 위 2곳에 숲을 조성하였다.

특이하게도 화기를 방어하기위해 회싸움 혹은 횃불싸움을 하는 곳도 있다. 칠곡 가산면의 석우리에서는 정월보름날 화기를 방어하기위해 화산 중턱에 소금단지를 묻은 후 아랫마을과 윗마을로 패를 나누어 횃불싸움을 벌여 화기를 진압하였다.[24] 청송 현서면의 구산동과 천전동에서

---

[22] 이 마을은 화산이 비취기 때문에 형국상 티가 되며, 그래서 화재가 잦았다고 한다. 마을의 남동쪽에 있는 구릉 넘어 '밤의산'이라 부르는 뾰족한 산이 마을을 넘겨다보고 있는데 이 산이 바로 화산이다. 더구나 이 마을은 가마솥 형국인데, 화산이 가마솥을 비추는 탓에 이 마을의 중앙, 즉 가마솥의 중심에 해당하는 곳은 서너 채의 집을 지을만한 빈터를 남겨놓고 있다. 여기에 집을 지으면 화산이 바로 비취 불씨가 되므로 화재가 일어난다고 믿기 때문이다. 마을의 아궁이 부분인 마을 입구에는 화기를 막기 위해 솟대와 장승을 세웠으나 지금은 없어졌다.

[23] 황전리의 의성(義城) 김씨(金氏) 종중이 마을에서 학가산 방향으로 200미터 지점에 조성한 숲이다. 이 숲은 오리나무, 소나무, 느티나무로 구성된 숲으로 조그만 개울이 숲 내를 관통하며 흐르고 있다. 이 숲은 황전 마을의 동구에 위치하고 있는데, "화산(火山)인 안동(安東)의 '학가산(鶴駕山)'의 봉우리가 마을에 비쳐 화재가 잦다"하여 이 화산의 기운을 막아 마을의 안녕을 기하려고 속성수인 오리나무로 숲을 조성한 것은 조기(早期)에 압승의 효과를 보고자 한 의도로, 주변 지형상 트인 곳을 막은 듯이 숲이 위치하고 있다.

[24] 석우리 아랫마을과 윗마을에서 각각 하나씩의 달집을 만들어 놓고, 풍물패와 짚불 횃대를 준비한다. 달이 솟아오르면 화산에 소금을 묻고 횃대에 불을 붙여 높이 쳐들면서 '회봉에 불이요'하고 외치면, 마을에서도 횃대에 불을 붙여 높이 쳐들면서 화답한다. 이렇게 하기를 세 번 반복한 뒤 회봉의 제관은 하산하고, 마을에서는 횃불로 달집에 불을 붙여 달집을 태운다. 그 다음에는 풍물패의 장단에 맞추어 아랫마을과 윗마을 사람들끼

소금고사를 지낸 후 훼싸움을 하는 광경   화기를 진압하는 의례형 놀이

무근열 마을 앞에 뱀형국을
마주보고 세워진 돌미륵

도 화기를 누르기 위해 양 마을이 패를 나누어 회싸움을 하였다. 두 마을은 화산을 중심으로 마주보고 있다.[25]

(2) 흉물형국 입지 마을

흉물스러운 지형지세에 입지한 마을은 흉물이 살기를 품고 있어 마을사람들에게 나쁜 영향을 미친다고 믿고 위호압승법을 도입하였다. 풍수지리상 흉한 국면이나 방위를 차폐물이나

리 패를 나누어 횃불싸움, 혹은 훼싸움을 한다.
25 최원석, 앞의 책(2004), 332쪽.

행위를 통하여 방어하거나 제압하는 것을 말한다. 이를테면 뱀이나 지네의 형상에 조산造山이나 숲, 조형물 등을 세워 차폐하여 압승하거나, 남녀의 성기 형태의 지형에 문인석이나 미륵 등을 세워 음양의 조화를 막는 압승, 국면에 상극의 압승물을 장치하여 완화하는 경우 등이 있다.

① 뱀형국 입지형 마을

흉물인 뱀이 마을을 침범하지 못하도록 방어하기위해 압승법을 도입한다. 그 방법은 조산造山숲을 조성하거나 미륵, 돼지상 등의 민간신앙 상징물을 세우는 것이다.

조산造山숲은 영덕군 남정면 도천리 사례가 있다. 마을 앞산이 뱀머리 모양이라 그 사이에 숲을 조성하여 차폐하였다. 미륵은 예천 무근열 마을에 있다. 마을 맞은편에 뱀이 또아리를 틀고 그 머리가 마을을 침입하

뱀이 또아리를 틀고 마을로 내려 오는 지형지세

려는 형국이라서 마을 앞에 돌미륵을 세워 살기를 막았고,[26] 돼지상은 포항 중리에 세웠는데, 뱀형국의 상극물인 돼지상을 세워 살기를 막았다.[27]

② 지네형국 입지마을

독을 품고 있는 지네를 흉한 동물로 보고 이런 지형지세에 입지한 마을은 밤나무 조산造山숲을 조성하여 살기를 막거나 차폐하였다. 이런 사례의 마을은 상주읍과 상주 원흥리,[28] 밤원, 의성 구천면 올밤실 등의 마을에서 보인다. 이 마을들은 지네형, 지네혈에 자리잡고 있어서 지네독을 없애기위하여 밤나무 숲으로 차폐하거나 압승하였다. 밤원이나 올밤실 등의 자연촌락명도 지네살을 막기위해 붙여진 것이다. 칠곡 북삼 인평리는 지네혈의 독을 막기위해 마을에 있는 연못이름에 지네의 상극인 '닭'자를 넣어 '닭못'이라 이름붙였다.

③ 활 형국 입지 마을

활형국 입지마을은 활의 표적이 되어 해를 입지 않기 위해 화살이 날아 들어오는 위치에 숲을 조성한다. 함안 산인 입곡리와 함평 안영마을

---

26 이 마을에는 비보기능을 담당하는 높이 105cm 의 돌미륵이 뱀 혹은 구렁이 S형국의 산을 마주보며 마을 앞 천변에 위치하고 있다. 마을에서 마주보이는 강건너의 앞산이 뱀이 또아리를 튼 모양(마을에서는 뱀혈이라 함)이고 마을 뒷산은 개구리가 너부죽이 엎드려 있는 형상으로서 뱀이 물을 건너서 개구리를 해하는 것을 막기 위해 마을 앞에 돌미륵을 안치하였다. 이 돌미륵은 마을이 생겼을 때부터 만들어졌다고 전한다. 예전에는 마을에서 돌미륵에 제사를 지냈다고 한다. 마을 뒤산에 있는 산신제당에 먼저 제사지내고 다음에 돌미륵에 와서 제사를 지냈다. 아들낳기는 원하는 개인들도 미륵에 치성을 드리면 아들을 낳는다고 하여 많은 사람들이 치성을 드린다. 마을에 살던 무당이 미륵을 정성스럽게 모셔서 용하다는 소문이 나 전국에서 이 무당을 찾은 일도 있었는데, 지금은 예천으로 이사 가고 없다고 한다. 마을 주민들은 마을이 좋은 명당인데 마을 뒤로 기차길을 냄으로서 용맥이 끊어졌기 때문에 지금은 마을이 좋지 않다고 한다(제보자 : 상모댁, 여, 84세).
27 최원석, 앞의 책(2004), 322쪽.
28 이 마을은 평야지대에 집촌을 이루고 있다. 마을 동편으로는 동천이 흐르고 있으며, 그 사이로 방죽이 있다. 마을 앞 큰 길을 따라 왕버들 숲과 밤나무 3그루(고목 2그루, 새로심은 1그루)가 있는데 이 숲이 비보숲이다. 숲의 유래를 보면 원흥리가 지네혈이어서 지네가 나가지 못하도록 눈을 가리는 왕버들과 가지 못하게 하는 밤나무를 심었다는 설도 있고, 원흥리 마을 앞으로 펼쳐져 보이는 산이 지네형국이어서 그 재액을 차폐하기 위하여 숲을 조성했다는 설도 있다. 즉 왕버들은 지네산의 눈을 가리고, 밤나무 숲은 지네가 들어오지 못하도록 막는 상징기능을 하는 것이다(위의 책, 404쪽 참조).

이 대표적이다. 입곡마을은 마을 주변 지세가 마을 쪽으로 활을 쏘는 형상이라서 중간에 숲을 조성하여 살기를 막았다. 안영마을은 이웃하는 사산마을의 사산숲이 활 형국의 화살을 닮았는데 이 화살이 안영마을을 향하고 있다. 안영마을의 형국은 기러기 모양인데, 이 화살이 기러기의 목을 겨누고 있는 꼴이다. 그래서 기러기 목 부분에 느티나무 숲을 조성해 화살을 방어하였다. 안영마을 숲은 마을 입구도 아닌 언덕에 특이하게 조성되어 있으며, 그 가운데 정자를 세웠다.[29]

④ 칼 형국 입지 마을

칼 모양의 지형지세가 품어내는 살기를 막기 위해 조산造山을 조성하였다. 그 대표적인 사례가 안동 일직면 조탑마을이다. 조탑마을은 칼산 형국이 마을을 사이에 두고 서로 마주보는 입지이다. 상극의 살을 방지하기 위해 조산造山을 조성한 것이다.

조산造山은 마을입구에 있다. 둘레 110cm, 높이 3~5m의 봉토형태이다. 조산造山 위에 느티나무(수령 290년, 수고 9m, 둘레 5m)숲이 조성되어 있다. 마을 주민들에 의하면 조산造山은 본래 고려장, 즉 고분이었다고 하나, 현재 그 자취는 보이지 않는다. 지금은 봉토 위에 숲과 조산造山정이라는 정자가 서 있다. 옛날 마을에 싸움이 빈번했고 급기야 살인 사건이 일어났는데, 그 원인이 칼산(원호리 원호초등학교 뒤, 조산造山 너머 서쪽)이 서로 견주고 있기 때문이라고 하여, 상극의 살을 막는 방지책으로 조산造山을 지었다고 한다.[30]

---

[29] 김학범 외, 앞의 책(1994), 115~116쪽.
[30] 최원석, 앞의 책(2004), 300쪽, 이영진 조사.

조탑리 측경　마을 앞에 느티나무 숲과 함께 흙무덤이 있음

⑤ 호랑이 형국 입지 마을

굶주린 호랑이 형상은 나쁜 입지이므로 흉상을 차폐하거나 압승하기 위해 이른바 조산造山숲을 조성하거나 코끼리상을 세우는 예가 보인다. 안동고을과 밀양고을에서는 옻나무숲을 조성하였다. 안동의 경우 호랑이 모양의 산이 고을을 내려다보고 있어서 옻나무 숲으로 차폐하였고, 밀양은 범 모양의 바위가 고을을 엿보아 옻나무 숲을 조성하였다는 기록이 있다. 이와는 달리 진주 대곡면 중촌마을은 최근에 흉물스러운 호랑이의 살기를 막기위해 코키리상을 세웠다. 채석장 개발로 얼굴 부위가 깎여나가 흉물이 된 마을 앞 호랑이 바위가 마을을 정면으로 바라보기 때문에 젊은 청년이 자주 변고를 당한다고 믿고 코끼리상을 세웠다고 한다.

⑥ 흉상입지환경의 차폐비보

흉상차폐비보에 도입된 장치는 대부분 조산造山숲이다. 말하자면 마을에서 흉상이 보이면 좋지 않다는 믿음에서 흉상이 보이지 않도록 숲으로 가리는 것이다. 이를테면 군위 대율동은 천변송림을 조성하여 마을의 내백호內白虎등이라고 할 수 있는 활밤들(마을 동편에 있는 들)의 암반 언덕이 보기에 좋지 않다고 하여 차폐하였다.

(3) 음양지세 입지형 마을

남녀의 성기나 성기의 부분을 닮은 형국에 입지하고 있는 마을의 경우, 기가 과하거나 문란한 형세를 하고 있으면 풍기문란 등 마을에 나쁜 영향을 미친다고 믿고 차폐하거나 압승하였다. 그 방법으로는 조산造山숲이나 조산造山(돌탑)을 조성하고, 민간신앙 상징물을 세우는 방법이 보인다. 조산造山숲은 경남 울주군 차리마을과 경북 성주 문명마을[32]에 보인다.

남성의 성기와 여성의 성기가 합궁하는 지세인 석우리

---

31 마을의 동쪽 1km² 지점에 음핵모양의 바위가 있는데, 이 바위로부터 음기가 발동하여 풍기가 문란해진다는 도승의 말을 듣고 압승하기위해 마을 앞에 숲을 조성하였다.

조산造山숲을 조성하여 음풍을 방어하였다. 안동시 운흥동과 칠곡군 가산면 석우리, 제천시 금성면 황석리는 입석을 세워 음풍을 눌렀고, 경남 삼랑진의 구남마을은 조산造山(돌탑)을 세워 음풍을 눌렀다.

사례를 보면, 칠곡군 가산면 석우마을은 지사들이 꼽는 대표적인 음양지기이다. 이 마을의 지형지세를 보면 여성 성기의 입구모양을 한 산이 버텨 서 있는 가운데로 남성 성기를 닮은 산줄기 하나가 들판을 가로질러 그 음문을 향해 돌진하고 있는 형상을 하고 있다. 간단히 말해서 남녀가 성교를 하기 직전의 모습을 하고 있다. 여근지맥은 가장자리 몇 군데에 보기흉한 바위가 튀어나와 그리 좋은 모양은 아니나, 남성지맥은 좌우로 하천을 끼고 있어서 양기가 세어나갈 틈이 전혀 보이지 않는다. 오직 여성의 음문을 향해 모든 힘을 모으고 있는 형상이다. 한천이라는 셋강을 사이에 두고 정면으로 마주보고 있는 음양의 지세는 교접을 위한 준비를 끝낸 형국이다.

마을 사람들은 이러한 지형지세를 두고 2가지 해석을 하고 있다. 하나는 남성이 강한 반면 여성이 문란하여 음풍이 드세므로 남성 성기 끝자락에 입석을 세워 음양을 조화롭게 하였다는 설명과, 본디 건강하고 걸출한 인물이 나올 명당인데 대구와 안동을 잇는 국도 직선화 공사로 남성맥을 잘라 기를 잃게 되었다는 설이 그것이다.

(4) 행주형 입지 마을

마을의 입지형국을 행주형으로 인식하고 설명하는 사례는 대단히 많다. 행주형은 사람과 물건을 가득 싣고 떠나가려고 하는 배의 형상을 의미한다. 이러한 형국에 정주하면 융성과 발달을 의심할 필요가 없으며, 형국 안으로 들어올수록 잘 살수 있다고 믿는다.

행주형 입지마을에서는 키나 돛대, 배말뚝, 뱃사공, 뱃머리 등을 갖추면 길하다고 믿는다. 그래서 마을 주변에 이에 해당될 수 있는 산이나

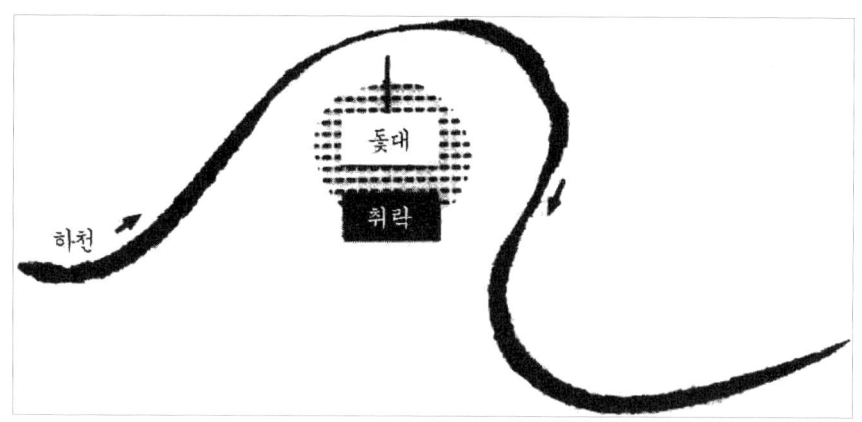
형국비보개념도[33]

나무, 언덕 등이 있으면 그것으로 대신하나 그렇지 못할 경우 적극적으로 비보장치를 마련한다. 비보장치의 예로는 실제의 닻을 내리거나 배 말뚝을 세우며, 돛대에 해당하는 당간이나 솟대를 세우기도 하였다. 또 배의 파손을 막기 위한 소극적인 대응책으로 마을 복판에 우물을 파지 않거나 보洑를 내지 않으며, 무거운 물건이나 건축물을 두지 않는다.[33]

행주형 입지마을의 비보법으로 솟대를 세우는 사례는 우리나라 곳곳에 분포되어 있다. 솟대는 보통 배의 돛대처럼 마을 앞이나 중앙에 세운다.

경북 군위군 부계면 대율동은 마을이 떠내려가는 배 모양이라서 본디 마을 입구 비보숲 안에 나무장대 위에 오리를 깎아 올린 솟대를 세워 돛대로 삼았으나 지금은 다듬은 장대석 위에 돌로 만든 오리를 올려놓고 진동단이라 부르고 있다. 김천시 하대리 뱃들마을은 마을 이름대로 배형국의 마을이다. 이 마을은 돌무더기(造山) 위에 소나무 장대를 세우

---
32 최원석, 앞의 책(2004), 54쪽.
33 이필영, 「행주형지세와 솟대」, 『서의필선생 회갑기념논문집』(1988), 126~154쪽 참조.

대율동 진동단

한밤마을형국도[35]

고 장대끝에 오리를 깎아 얹은 전형적인 솟대를 돛대로 삼고 있다. 매년 정월대보름에는 이곳에서 동제를 지낸다. 하동군 외신마을도 하대리와 같은 모양이나 봉토위에 솟대를 세운 점이 다르다.

　행주형 입지마을의 비보법으로 조산造山(돌탑)비보도 많이 분포되어 있다. 조산造山은 배를 접안하는 섬과 배를 묶어두는 배말뚝, 풍랑으로부터 배의 동요를 막는 배짐을 상징하는 비보물이다. 안동의 존당조산造山은 배를 접안시키는 섬의 사례이고, 함안 용정과 유원마을 조산造山은 배말뚝의 사례이며, 영덕 남정 회3리의 돌무지는 뱃짐의 사례이다.

　행주형 입지마을의 비보법으로 입석을 세우는 방법도 보인다. 입석의

---

34 김학범 외, 앞의 책(1994), 147쪽.

경우, 배의 돛대나 배말뚝을 상징하는 비보물로 세워진다. 입석은 다듬은 돌과 자연석으로 나누어지고 세우는 위치는 돛대를 상징하는 경우는 마을 앞이나 중앙, 배말뚝을 상징하는 경우는 마을 옆이나 앞에 위치하고 있다.

입석비보의 사례 또한 우리나라 곳곳에 보인다. 그 대표적인 사례로 칠곡 지천 창평리가 있다. 이 마을 앞에는 돛대를 상징하는 두 개의 입석이 있다. 하나는 마을에서 볼 때 왼편 산언덕에 자리 잡고 있으며, 다른 하나는 오른편 도로변에 서 있다. 왼편 입석은 4.5미터의 높이로 경상북도 민속자료로 지정되어 잘 보존되고 있다. 입석에는 남무아미타불南無阿彌陀佛이라는 글씨가 새겨져 있고 배례석과 제단까지 갖추어져 있어 민간신앙의 대상임을 알 수 있다. 오른편 입석은 약 1미터의 높이로 비교적 작은 편이다. 이 입석은 왼편 입석에서 떨어져 나온 부분이라 전해지며, 입석 바로 옆에는 청동기시대의 지석묘로 추정되는 암석이 하나 자리하고 있다.

뱃들마을 조산(造山)솟대

행주형 입지마을의 비보법으로 연못을 파는 마을과 조산造山숲을 조성한 마을, 석불을 세운 사례도 있다. 연못비보로는 비록 읍치이긴 하지만 배가 뜨려면 물이 있어야 한다는 의미로 창녕의 경우 이들못을, 진주의 경우 대사지를 팠다.[35] 조산造山숲 비보로는 포항시 하송마을의 경우 행주형이라 배가 바다쪽으로 떠내려가지 못하도록 숲을 조성하고 더불어 돛대를 상징하는 솟대를 세운 사례이다. 석불비보는 산청 단계마을

창평리 왼편 입석   창평리 오른편 입석

에서 보인다. 이 마을은 2개의 돛대와 함께 강변에 뱃사공을 상징하는 석불을 하나 세웠다.

행주형 입지마을은 위의 비보법과 더불어 마을 안에 우물을 파지 않는 보정법을 도입한 경우도 많다.

마을 주거지에 우물을 파는 행위는 마치 배 바닥을 뚫는 것과 같아 배가 침몰하듯 마을이 망한다는 유감주술적 믿음이 작용한 것이다.[36]

(5) 서수형(길한 짐승) 입지마을

민간전승 풍수에서 거북과 소, 개, 오리, 말, 물고기, 용 등은 길한 동물이다. 그러므로 이와같은 서수형 입지마을은 길한 기운을 더욱 돋우기 위하여 연못이나 숲, 조산造山, 줄당기기 등의 유감주술적 비보장치를 도입하였다.

거북과 관련된 비보는 대구 동구 옻골마을에서 보인다. 이 마을 뒷산

---

[35] 최원석, 앞의 책(2004), 208쪽.
[36] 군위 대율동과 하회마을이 대표적이다. 하회마을은 행주형 혹은 다리미형으로 인식하여 마을 안에 우물을 파지 않았는데, 일제 때 일본인들이 이 사실을 알고 마을 입구에 있던 주재소와 양진당과 충효당 사이에 있었던 풍남면 사무소와 삼신당 북쪽에 있는 초등학교 등과 마을 동쪽과 남쪽 거주지역에 각 하나씩 5개의 우물을 팠다고 한다.

정상에는 생구바위[生龜巖]로 불리는 큰 바위가 있다. 주민들은 이 바위를 마을을 지키는 정신적인 지주로 생각하였고, 마을을 일굴 당시 이곳을 기점으로 마을의 좌향을 정했다고 한다. 그렇듯이 이 바위가 중심축이 되어 주택의 좌향 및 공간구성이 이루어지고 있다. 당시 지관의 조언에 따라 거북은 물이 있어야 한다고 하여 마을 입구에 물을 가두어 못을 만들었다(최진돈, 남, 60세).

와형입지마을의 비보는 곳곳에 분포되어 있다. 함안 소실마을과 봉화 사동마을, 칠곡 학하리 소복이마을, 상주 낙동 구잠리마을, 고성군 대가 우산리마을, 창녕 영산은 대표적인 와형 입지마을이다. 이 마을들은 기를 돋우기 위하여 소먹이와 관련되는 비보를 하거나 민속놀이 비보를 도입하였다. 소실마을과 사동마을은 소먹이가 풍부하지 않으면 마을이 망한다는 믿음에서 소먹이를 상징하는 숲을 조성하였고 소복이마을은

마을 입구 숲과 인접하여 인공못이 조성되어 있음 나뭇가지 사이로 생구바위가 솟아 있음.

소머리 부분에 소꼴을 상징하는 조산造山을 쌓았다. 구잠리마을과 우산리마을은 소의 구유를 상징하는 연못을 팠다. 특히 소실마을과 우산리마을은 죽통을 상징하는 연못과 먹이, 즉 소꼴을 상징하는 숲을 동시에 조성하여 보다 적극적으로 비보하였다.

와형입지마을의 민속놀이 비보는 창녕 영산이 대표적이다. 영산쇠머리대기는 영산의 진산인 영축산과 조산造山인 작약산이 황소 두 마리가 겨누는 양상이라 그 사이의 살기를 진압하기위해 고안된 놀이형 비보이다.

이밖에도 오리모양의 입지마을은 물이 있어야 오리가 오래 머문다는 믿음에서 마을 앞에 연못을 팠으며,[37] 갈마형국 입지마을[38]과 물고기형 입지마을 또한 연못을 파 비보하였다. 비룡형 입지마을에서는 용을 영

오리형국인 합천 압곡 새터마을 앞의 연못

[37] 대표적 사례로 경남 합천군 봉산면 압실마을이 있다.
[38] 대표적 사례로 경남 함안군 대산면 부목리 마산마을이 있다.

구히 머물게 하기위하여 여의주를 상징하는 조산造山(돌탑)을 조성하였다. 밀양과 영산에는 용의 여의주를 상징하는 조산造山을 설치하였다.[39]

주구형 입지마을로서 개와 관련되는 비보는 청도 하양읍이 대표적인 사례이다. 청도 하양에서는 마을 앞의 조산造山인 주구산이 달리는 개 모양의 지세라고 믿는다. 개가 멈추는 것은 좋으나 달려 나가는 것은 기가 빠져 나가는 것을 의미하므로 달리는 개를 멈추게 하기위해 비보를 하였다. 그 방법으로 개는 떡을 좋아하므로 떡 모양의 숲 3개를 개가 달려 나가는 쪽에 조성하였다.[40]

(6) 길조형국 입지마을

마을의 지형지세가 길조를 닮았으면 길기에 감응되며, 피흉발복避凶發福할 수 있다고 믿는다. 민속사회에서 봉황과 학, 나비는 길한 동물로 분류한다. 길조입지마을들은 길기를 머물게 하거나 돋우기 위한 비보장치를 도입하고 있다. 대표적이고 보편적인 길조형국으로는 봉황과 학이 많으며, 가끔 나비도 등장한다.

봉황형국 입지마을이 도입한 비보장치는 조산造山숲과 조산造山, 지명보정법 등이 많으며, 이들 보정법이 복합적으로 도입되기도 하였다. 조산造山숲은 봉황의 서식처로 알려진 오동나무와 봉황의 먹이로 알려진 대나무로 조성하였다. 고을취락의 사례로 진주 죽림과 함안 죽수 및 대동수, 순흥 오동숲 등이 있고,[41] 마을의 사례로는 예천 지보 대죽마을과 칠곡 기산 죽전마을, 거창읍 죽전마을 등의 대밭숲이 있다.

---

39 최원석, 앞의 책(2004), 258쪽.
40 [경상도읍지(慶尙道邑誌)] 청도현(淸道縣) 고적조(古蹟條)에는 개가 떡을 좋아하므로 떡절을 의미하는 덕사(德寺)라는 절을 지었다는 기록도 있다.
41 최원석, 앞의 책(2004), 279쪽.

선산 비봉산에서 내려다 본 선산읍과 선산들. 선산들에 봉황의 알을 상징하는 오란산이 있었음.

    비봉형국 입지마을에서는 봉황의 알을 상징하는 조산造山을 설치하는 곳이 많다. 봉황이 날아가는 형국이라 봉황을 머물게 하는 상징적인 장치이다. 예천의 봉란산, 선산의 오란산, 함안 봉성리의 조산造山 등이 대표적이다.
    선산읍은 진산이 비봉산인데, 봉황이 날아가려는 형세[42]라 봉황을 머물게 하기위해 화조리 앞 들판(선산들)에 봉황의 알을 상징하는 다섯 개의

---

[42] '조선 인재의 반은 영남에서 나고 영남인재의 반은 선산에서 난다'는 말과 같이 선산에서 인재가 많이 나온 이유는 선산읍을 둘러싸고 있는 비봉산의 정기 때문이라고 전한다. 비봉산은 풍수지리적으로 봉황이 두 날개를 활짝 펴고 하늘로 날려는 형국으로, 동쪽의 교리 뒷산과 서쪽의 노상리 뒷산이 봉황의 양 날개이며, 옛 군청 뒷산 봉우리가 몸통과 목이다. 봉황이 날개를 편 채 입으로 군청을 물고 있는 형국을 하고 있다. 봉황의 알에는 하늘에서 갑자기 천둥번개가 치고 무지개가 깔리면서 아기천사들이 내려다 놓았다는 전설이 전해지기도 한다. 임진왜란 때 명나라의 장수 이여송이 선산에서 인물이 배출되지 못하도록 비봉산에 쇠못을 박아 맥을 끊었다는 기록도 보인다(이영진 조사).

조산造山을 쌓고 이를 오란산이라고 불렀다. 봉황은 본래 다섯 개의 알을 낳으므로, 이 알을 품고 영원히 선산 땅에 깃들라는 의미이다. 현재 다섯 개의 알 중에서 4개는 경지정리로 없어지고 하나만 남아 있다.[43]

비봉형 입지마을에서는 봉황을 머물게 하기위해 지명으로 봉황과 관련되는 이름을 붙이기도 하였다. 예컨대 봉황을 새장과 그물에 가두어 놓는다는 의미의 망진산(진주)이나 망장(선산), 봉황은 까치가 울면 날아가지 못한다 하여 작산(진주), 수컷인 봉의 짝을 지어주면 머문다고 암컷을 상징하는 황산(선산) 혹은 황둑재(예천 지보), 봉황을 기쁘게 하기위해 화조리 혹은 영봉리(선산), 봉황의 먹이를 상징하는 죽장(선산),[44] 봉황이 날아 들어오라는 뜻의 '무래'(선산) 등의 지명을 붙이고 있다.

학 형국 입지마을은 조산造山을 비보장치로 도입한 사례가 많다. 학이 알을 품고 날아가지 못하도록 하기 위함이다.[45] 나비형국 입지마을은 연못을 파 비보하였다. 나비는 물이 있어야 하므로 연못을 조성하여 날아가지 못하도록 한 것이다.[46]

2) 용맥허술지세 입지마을의 비보형태

풍수에서 마을의 진산과 좌우의 산을 용맥이라고 부른다. 풍수의 간룡법이 일러주는 입지유형이 아닐 때 비보를 하여 용맥의 기운을 조정하거나 적정상태로 맞춘다. 경우에 따라서는 비보와 함께 산신제당이나 동신제당을 위치시켜 신성화하기도 한다. 용맥비보법으로는 조산造山과 조산

---

[43] 이영진, 앞의 책(2010).
[44] 선산읍 주변에는 봉황이 대나무열매를 먹고 날아가지 못하도록 죽장리, 죽장사 등의 지명을 붙여 놓았음.
[45] 밀양 감몰리 용소마을의 경우 주산이 학 형국이라 학의 알을 상징하는 조산(造山)를 쌓은 마을이다[최원석, 앞의 책(2004), 394쪽].
[46] 대구시 달성군 현풍면 지동은 마을앞 정중앙에 연못을 파 지기를 모으려 하였다(위의 책, 301쪽).

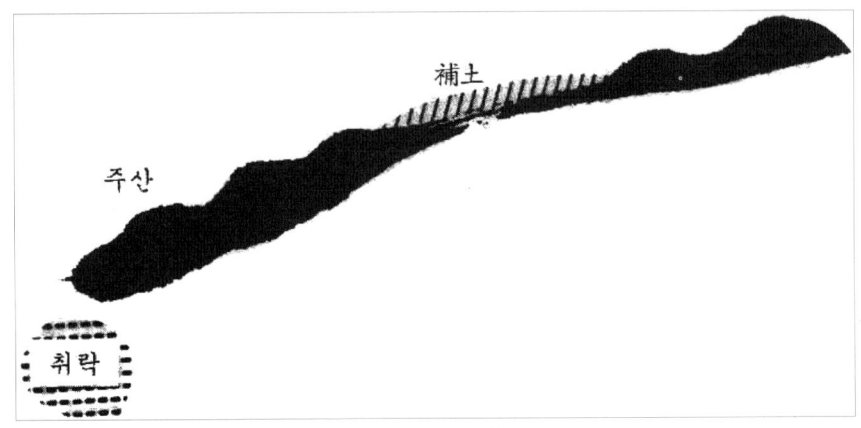
용맥비보개념도[48]

造山숲이 일반적이나 보토와 민간신앙물을 묻어 보정하는 경우도 있다.

조산造山비보는 좌청룡이나 우백호, 혹은 주산의 지맥을 보완하기위해 산을 상징하는 조산造山을 쌓는 것이다. 조산造山은 돌을 쌓아 무더기를 만드는 방법도 있지만 흙으로 쌓는 경우도 있다. 예컨대 봉화 물야 창록마을은 좌청룡의 등이 마을입구까지 뻗어야 삼정승을 얻는 형국을 이룬다는 말이 있어, 좌청룡 지맥 끝에 석축을 쌓아 비보하였다.[48] 양산 석계 구소석마을은 우백호 등이 없어서 조산造山과 더불어 숲을 조성하여 대신하였고, 매년 이곳에서 동제를 지낸다. 군위 소보 화실마을은 서편 우백호 등에 둑과 더불어 숲을 조성하여 보맥하였다.

조산造山숲 비보는 용맥의 보맥을 위해 숲을 조성하는 것으로, 예컨대 봉화 해저마을은 우백호 산자락이 좌청룡을 감싸지 못하여 산기슭에 숲을 조성하였고, 오록마을은 좌청룡 끝에 숲을 조성하여 보맥하였다. 보토비보는 용맥에 흙을 쌓아 물리적으로 돋우는 방법이다. 예천군 유천

47 위의 책, 51쪽 참조.
48 위의 책, 398쪽.

면 율현리 교동의 경우 마을 앞과 좌청룡 맥에 보토를 하였다.[49] 대구는 진산에 돌거북을 묻어 보맥한 것으로 유명하다. 연귀산은 대구의 진산인데, 이 산이 남쪽으로 멀어져 있어서 머리를 고을로 향하게 돌거북을 묻어 산의 맥을 고을 쪽으로 이끌어 내는 비보를 하였다.

3) 동구개활 및 급경사 입지 마을의 비보형태

풍수지리적으로 좌청룡과 우백호맥이 서로 끌어안지를 못하고 밖으로 밀려 입구가 넓은 마을이나 지형지세상 급경사여서 용맥이 급하게 쓸려 내려가는 곳에 입지한 마을은 보허 및 장풍비보를 한다. 이런 지형은 용맥으로부터 발생하는 기가 마을내에 머물지 못하고 밖으로 나가거나 밖으로부터 부정한 살이 들어오기 십상이라고 믿는다.

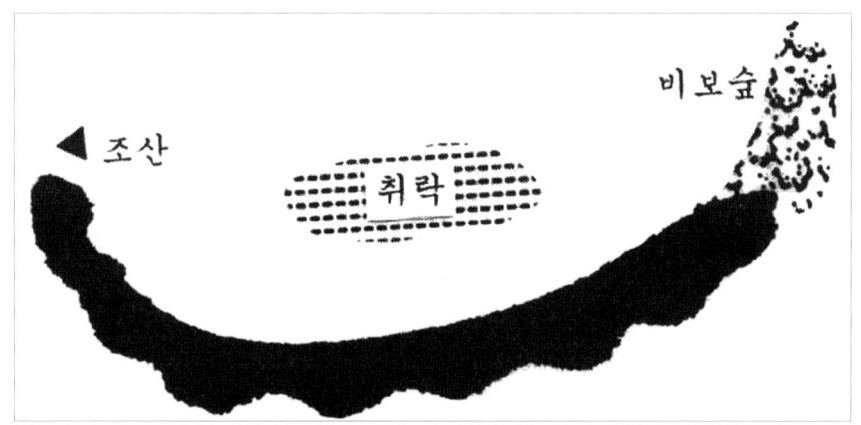

보허장풍비보개념도

---

[49] 옛날 이 마을에 사는 조씨들이 풍수설에 의하여 마을 앞이 허하면 재산이 없어진다 하여 흙으로 둑을 쌓는 한편, 왼편 언덕 내용산맥의 어깨부위에서 마을 앞에 이르기까지 보토하였다. 마을터의 오른쪽 맥인 내백호맥에 비하여 내청룡맥이 낮으므로 좌우균형 효과를 얻고, 또한 내청룡맥 너머로 보이는 낮은 지형을 시각적으로 보완하여 보맥과 보허를 시도한 것이다.

이런 마을에서 많이 보이는 비보형태로는 조산造山과 조산造山숲, 솟대와 장승, 장군신상 등이 있다. 이들 비보형태는 각기 하나만 도입한 경우도 있지만 중복적으로 도입한 경우가 많고, 동제를 지내는 장소가 되기도 한다. 일반적으로 이들 비보형태를 수구막이 혹은 수구맥이, 보허장풍 수구막이라고 부르는데, 득수 수구막이와는 구별된다.[50]

조산造山은 인공적으로 만든 상징적 산이다. 마을에 따라 조산造山이 하나인 마을도 있지만 좌우 2개인 마을과 3개인 마을도 있다. 하나인 경우 마을에서 바라 볼 때 시계상 마을의 경계지점이나 출입길목에 세우는 경우가 많고, 2개인 경우는 좌청룡맥의 끝지점과 우백호맥의 끝지점에 세우는 경우가 많다. 3개 이상인 경우는 배산하였으나 마을의 3면이 개활되어 있는 경우 방위비보 기능을 복합하여 세운 것이다. 조산造山은 보통 자연석을 봉우리지게 쌓아 올렸으나 흙으로 봉토를 만든 경우도 있다. 어떤 마을에는 조산造山에 솥이나 곡식단지 등을 묻은 곳도 있으며, 더불어 제단과 솟대, 장승, 조산造山숲을 조성한 마을도 많다.

사례를 들어보면, 김천시 부항면 하대리 조산造山마을은 하나의 거대한 조산造山를 조성한 마을이다. 이 마을은 산기슭 경사지에 자리잡고 있으며, 마을 앞에는 많은 계곡물이 급하게 흐르고 있다. 마을과 계류 사이에 조산造山이 있는데, 급경사지의 급류가 기를 쓸어가기 때문에 방어하기위해 쌓았다고 한다(제보자 : 김용길, 74세, 남).

경남 합천군 김봉마을은 3개의 조산造山을 쌓았다. 이 마을은 청용이 백호를 감싸고 있는 형국이 되어야 좋은데 마을 앞 강물의 흐름에 밀려 백호가 떠내려가는 모양을 하고 있기 때문에 '수구가 허虛하다'고 본다. 이를 보완하기위하여 마을 앞 들판길 양쪽에 한 쌍의 돌무덤을 쌓아 놓

---

[50] 최원석, 앞의 책(2004), 284쪽 참조.

았다. 그리고 강물이 흘러 들어오는 마을 서북쪽 출입구에도 하나의 조산造山을 쌓았다. 서북쪽의 바람을 막고 虛한 수구를 보완하여 기가 빠져 나가는 것을 막기 위한 수단으로 만들었다. 매년 산제, 즉 동제를 지낼 때는 조산造山 앞에도 제물을 차리고 고사를 올린다고 한다.

김봉리 마을 앞 조산(造山)

보허 장풍을 위한 조산造山숲은 마을에서 바라볼 때 개활지나 마을 입구, 좌청룡맥의 끝자락, 우백호맥의 끝자락 등에 조성한 곳이 많다. 소위 마을숲이라 불리는 대부분의 숲이 기능상 복합적이긴 하지만 상징적으로는 보허 장풍비보장치로 조성된 경우가 많다.

조산造山숲은 조선시대 사림이나 유학자들의 수기공간 구성법과도 일치한다. 그래서 사림과 유학자들의 은거지로 택리擇里된 마을을 보면, 조산造山숲을 조성하고 이곳에 정자와 서원, 서당 등을 위치시키고 있다. 외부와 격리하여 안온한 수기공간을 조성할 목적으로 숲을 조성한 마을도 있으므로 조산造山숲과 구분되어야 한다. 조산造山과 마찬가지로 조산造山숲에도 마을공동체 신앙과 관련되는 신수나 제당, 제단, 장승, 솟대 등을 장치하여 보허와 제액을 동시에 추구하기도 한다.

솟대와 장승을 보허 장풍비보장치로 도입한 마을도 있다. 김천 연명동과 어전2리는 장승과 솟대를, 통영시 문화동은 석장승을 세웠다.

김천 연명동은 보허 장풍을 위해 조산造山와 솟대, 장승을 함께 세웠다. 마을이 경사진 비탈에 위치하고 마을 앞이 넓게 개활되어 있다. 마을 옆에는 계류가 급하게 흐른다. 예전에는 마을의 주거지와 경지를 가르는 내를 사이에 두고 '조산造山걸'이라는 곳에 천하대장군이, 산 밑에

하대리 조산마을 조산(造山)

지하여장군이 있었지만 지금은 한 곳에만 있다. 장승을 지나 마을입구에 당목과 함께 조산造山이 있고 바로 옆에 솟대가 있었으나 지금은 소실되었다. 장승과 조산造山을 수구맥이라고 부른다. 동네로 들어오는 잡귀와 재액으로부터 마을을 지킨다고 믿는다. 매년 정월 초이틀날 조산造山에서 산제를, 장승에서 수구맥이제를 지낸다(하영석, 57세, 남).

달성 인흥리 장풍보허조산

군위 부계 춘산마을의 장풍보허보산

연명리 造山

연명리 장승

김천 부항면 어전2리는 산중턱의 깎아 지르는 듯한 넓은 산비탈에 입지하고 있다. 뒷산을 제외하고는 3면이 틔어 있다. 보허 장풍을 위해 지금은 없어졌지만 1970년까지만 해도 조산造山을 지나 마을에 진입하는 입구 양 쪽에 솟대와 목장승을 세웠다. 이곳을 지나 수구에는 2개의 조산造山을 길 양옆에 위치시키고, 그 주변에 울창한 수구맥이숲을 조성하였다.

통영 문화동은 동남방이 허하여 보허장치로 마을 옆에 석장승(돌벅수)을 세웠다. 하동 화개 목통마을은 살기를 제압하기위하여 연못 및 조산造山과 더불어 장군신상을 깎아 세웠다. 칠곡 창평동은 돛대를 상징하는 입석 2개를 마을 입구 양쪽에 세워 개활된 수구를 보허하기도 하였다.

4) 임수직류 입지 마을의 비보형태

풍수법술의 득수법에서 마을 주변의 물은 서서히 흐르고 굽이쳐 돌아 흘러야 길하다고 하며, 특히 마을 앞의 물은 매번 굴절할 때 고였다가 빠져나가야 하며, 나를 돌아보면서 머물고자 하여야 하나 반대로 물이 급하게 흘러가거나 곧게 바로 흐르면 흉하다고 하였다고 한다.[51]

물이 직류하거나 급하게 흐르고, 흘러가는 물길이 보이는 마을에서는 득수비보 장치를 고안하였다. 그 방법으로 물길을 둥글게 파서 물이 마을을 감돌아 흘러나가도록 한다든지, 못을 파서 물이 고였다가 흐르도록 하며, 숲을 조성하여 물길을 우회시키거나, 들어오거나 빠져나가는 물길을 차단하였다. 지형적 조건에 따라 물길이 마을과 주산 사이를 가르면서 흐르는 경우, 물길을 변경하여 마을을 둘러 흐르도록 하였다.

---

51 이영진, 앞의 책(2007), 82쪽.

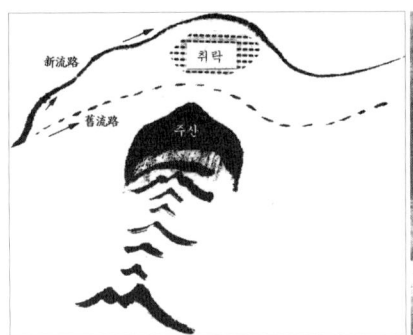
득수비보개념도[53]

합천 계동마을 득수비보조산. 강 건너편에 하나의 조산이 있고 그 맞은 편 산 모퉁이에 하나의 조산이 있음.

비보형태별 사례를 보면, 득수 숲은 군위 대율동과 영천 월지마을, 화순 연둔리 등에서 볼 수 있다. 대율동은 마을에 불어 들어오는 바람을 막고 급하게 흘러가는 하천물이 마을에서 보이지 않도록 하기위해 동구 숲을 조성하였다. 월지마을은 마을에서 볼 때 흘러나가는 물이 보이지 않아야 잘 살 수 있다고 하여 나가는 물길 쪽에 숲을 조성하였으며, 연둔리는 동북천의 물살이 심하고 주변지역 곡풍이 심해 바람과 물의 피해를 막기 위해 숲을 조성하였다. 숲 안에는 수세를 약하게 하고 토사의 침식을 막기 위해 설치한 보시설도 있다.

득수조산造山의 경우는 경남 합천 계동마을과 청도 각북 쇠실마을에서 볼 수 있는데, 마을에서 물이 곧장 빠져 나가는 것을 막기 위해 조산造山을 조성하였다. 물길을 변경하기도 하는데, 밀양 산외 다원마을은 마을 앞에 수로를 파서 명당수가 마을 앞을 감돌아 나갈 수 있도록 수로를 개수하여 지기의 누설을 방지하였다.[53] 마을 중앙을 직류하는 계류의 기운을 누르기 위한 지명을 붙이고 대신 곡류를 끌여들인 경우도 있

---

52 최원석, 앞의 책(2004), 304쪽.
53 최원석, 앞의 책(2004), 305쪽.

성주 명곡 홈실마을

다. 성주 홈실마을은 마을 중앙을 직류하는 계류 때문에 지명을 홈통을 의미하는 명榆자로 고치고, 홈통으로 마을 뒷산에서 물을 끌어당겨 곡류를 만들었다.[54]

4. 결언

이상의 논의는 마을의 입지유형에 따라 풍수, 특히 비보풍수가 어떤 형태로 적용되었는지 살펴 본 것이다. 형태별 비보풍수의 발생배경이나 의미 등을 논의하지는 않았다. 다만 많은 사례들을 통하여 풍수가 마을 입지선택[擇里]과 문화경관 구성에 다양한 영향을 미쳐 왔다는 사실을 알

---

[54] 이 마을은 고려초기 벽진 이씨의 연원지이다. 홈실이라는 이름은 고려 충숙왕때 11대손인 이와공이 원나라 사신으로 갔을 때 원의 순제가 그 총명함에 감탄하고 출생지의 지세를 물어보았는데 물의 기운이 약함을 지적하여 마을 뒷산에서 물을 끌어당기는 홈통을 설치하면 수명이 길어질 것이라 하면서 지어준 것이라 전한다.

수 있었다. 택리擇里가 풍수지리적 고려대상이었음은 선행연구와 마을조사경험을 통하여 이미 알고 있는 사실이지만, 풍수는 택리擇里 후에도 끊임없는 영향을 미쳐 마을의 입지환경을 풍수지리에 부합되도록 인위적이고 상징적으로 보정한 것을 알 수 있었다.

마을의 입지유형별 비보법은 대단히 다양하였다. 또 입지유형별로 비보법의 종류가 한정되는 것이 아니라 하나의 비보법이 상징성을 달리한 채 다양한 입지유형에 널리 적용되기도 하였다. 그러나 전체적으로 볼 때 전통사회 성원들이 고안하고 도입한 비보법은 조산造山과 조산造山숲, 연못, 민간신앙물 등으로 한정되어 있었다. 전통사회성원들에게 비보풍수가 공유되어 있다는 반증이다.

전통마을이 풍수를 믿고, 비보법을 장치하는 이유는 마을을 물리적・상징적으로 체계화・질서화・영역화하려는 의도이다. 풍수를 통하여 마을 안內과 밖外을 경계짓고, 마을 안을 풍수의 술법이 일러주는 공간구성요소를 체계적으로 구비하여 질서화시켜 종국적으로 피흉발복避凶發福할 수 있는 신성공간(코스모스)으로 영역화하려는 것이다.

풍수는 마을의 영역화 내지는 신성공간화 장치의 한 유형에 지나지 않는다. 이 연구에서도 엿보았듯이 풍수와 민속신앙은 습합되어 공존하고 있다. 비보개념을 공유하기 때문이기도 하지만 신성공간으로서의 영역화에 대한 욕구에서 중층화 시킨 것이 아닌가 생각한다.

이런 점에서 마을풍수는 조경학이나 지리학이 추구해 온 시각적・물리적 경관구성이나 그 기능적 측면의 연구와 더불어, 마을의 공동체적 삶의 목적을 추구하기위한 상징적・문화적 장치라는 차원에서 민속학적 연구가 절실히 요구된다.

정연상 안동대학교

문경 산북면의 마을 공간구조와 전통가옥 평면에 대한 연구
-산북면 대상리와 대하리를 중심으로-

1. 서론
2. 본론
3. 맺음말

문경 산북면의 마을 공간구조와 전통가옥 평면에 대한 연구
― 산북면 대상리와 대하리를 중심으로 ―

1. 서론

1) 연구의 배경 및 목적

주거공간은 인간의 의식주 생활문화를 담고 구성원들의 삶과 가치관 및 조형의식이 녹아 있기 때문에 인간의 삶과 문화를 이해하는데 중요하다. 이런 이유로 다양한 분야의 많은 연구자들은 주거공간에 대한 연구를 해왔으며, 앞으로도 이에 관한 연구가 끊임없이 진행될 것으로 본다. 그런데 주거공간에 대한 기존 연구는 큰 틀 속에서 연구가 진행되어 주거공간을 구성하는 지역별 조사 연구가 간과되었다. 특히 농촌지역의 주거공간 연구는 특정지역과 특정계층 관련 주거에 집중되어 민가와 같은 전통가옥에 대한 연구가 미흡했다.

우리나라는 아직도 많은 사람들이 농촌에서 생활하고 있으며, 농촌지역 가옥은 자연 지리 환경과 사회 변화에 적응하면서 생성 소멸의 과정을 겪으면서 오늘에 이르고 있다. 현재 농촌지역은 산업화와 도시화로 새로운 상황에 직면하고 있다. 특히 농촌지역은 새마을 운동의 마을 및 가옥 개량사업을 겪으면서 마을의 공간구조 및 가옥 평면 및 실 구성, 외관 형태에 이르기까지 많은 변화가 있었다.

최근 농촌지역은 농촌주거환경개선 사업 이후 기존의 새마을운동 당시와 전혀 다른 양상을 만들어내고 있다. 이와 같은 일련의 과정을 겪으면서 농촌의 전통가옥은 본래 모습이 빠른 속도로 사라지고 있기 때문에 이들에 대한 조사 연구가 시급하다. 또한 경제적 여유가 없는 농촌지역 전통가옥은 현대화와 경제성 우선 시로 무분별하게 바뀌고 있기 때문에 지역 문화에 대한 정리 없이 사라지고 있다. 즉 현대화에 처한 농촌지역 마을 및 가옥은 본래 지닌 성격을 잃어버리고 지역적 정체성을 상실한 채 변화를 겪게 될 것이다. 따라서 본 연구는 이와 같은 배경하에 농촌지역의 주거공간을 살펴보았다.

2) 연구의 범위 및 방법

본 연구는 문경시 산북면의 중심지역인 대하리와 대상리를 중심으로 살펴보고, 이외에 주변 마을 김룡리, 서중리 등을 살펴보았다. 이들 마을과 가옥은 오랜 기간 간직한 전통문화가 다른 지역보다 빠른 속도로 사라지는 것을 확인하였다. 문화유산으로 지정된 문화재는 그나마 거주자나 관리자가 세심히 보존 관리하기 때문에 존립에 큰 문제가 없다. 그렇지 않은 전통가옥은 존립의 위험에 처해 있거나 철거되고 있는 것이 오늘의 현실이다. 따라서 본 연구는 이런 점을 고려하여 농촌지역 전통가옥을 대상으로 삼아 진행하였다. 대상마을은 새마을운동과 농촌주거환경 개선 사업이후 전통가옥이 현대가옥으로 급속도로 바뀌고 있지만 전통가옥의 특성을 가직한 가옥들이 많아 본 연구의 대상으로 삼았다.

본 연구는 대상지역의 자연 환경을 고찰하여 마을을 지리적 특성을 고찰하고, 마을의 공간구조와 가옥의 평면 및 실 구성으로 나뉘어 주거공간을 살펴보았다. 이들을 바탕으로 산북면 및 주변 지역의 주거공간의 특성을 정리하였다. 마을의 공간구조는 지형 및 가로구조와의 관계를 살펴보았고, 이외에 마을을 구성하는 주생활영역과 생산활동영역, 경관 및 의식영역을 살펴보았다. 가옥은 본채를 중심으로 살펴보았는데, 실 구성과 기능 및 성격에 대하여 정리하였다. 특히 본채는 중심공간인 안방, 상방(사랑방), 마루, 부엌 및 정지(정지방)의 실 구성 방식과 기능을 정리하였다. 본 연구 대상인 농촌지역의 전통가옥은 새마을운동 이전 건립한 것으로 전통민가의 구조 및 기법으로 조영된 것들이다. 그리고 본 연구는 새마을 운동 지붕개량 사업으로 지붕재료 및 지붕 형태가 바뀐 것 중 이전 모습을 확인할 수 있는 건물도 살펴보았다. 이상을 바탕으로 본 연구는 경북 문경 산북면 대상리와 대하리를 중심으로 주변 지역의 주거공간 특성을 고찰하였다.

2. 본론

1) 문경 산북면 연혁

문경은 경상북도 북서쪽에 위치하여 1414년 조령길(새재길)이 열리면서 교통·군사상의 중요한 요충지의 역할하기 시작하였다. 현재 문경시의 영역은 일제강점기 초기에 제 모습을 갖추었다. 1906년(광무 10)에 예천군의 동로소면과 화장면이, 그리고 상주군尙州郡의 산서山西, 산남山南, 산동山東, 산북山北, 영순永順의 5개면이 문경군에 편입되고, 1914년에 부·군·면의 폐합에 따라 용궁군의 서면(왕태리, 오룡리, 말응리)과 함창군의 동면 일부(전촌리·율곡리~현재의 영순면 율곡리)가 편입되어 지금에 이르고 있다.

문경 산북면 모습

문경의 현아縣衙는 문경읍에 있었으며, 광복 후 1949년에 문경군청을 호서남면 점촌리에 이전하였다. 1956년에 호서남면은 점촌읍으로 승격되었다. 1963년에 농암면의 삼송리三松里가 충북 괴산군에 편입되었고, 1973년에 상주군 이안면利安面 저음리猪音里가 가은읍에 편입되었고 1986년에는 점촌읍이 점촌시로 승격되었다. 1989년에 상주시 함창읍 윤직리允直里의 일부가 점촌시에 각각 편입 되었다. 점촌시와 문경군은 1995년 문경시로 통합하였다.[1]

문경의 산북면은 신라 전기에 근품현(近品縣:현 산양면)에 속하였으며 통일신라 이후 경덕왕(750년)때까지 가유현이라 하였다. 고려 현종(1018년)때에는 산양현이라 불린 후 상주군에 속하였다가 1914년 지방행정구역 개편 시에 예천군 화장면 일부를 병합하여 문경군 산북면으로 개칭하였다.

산북면은 지리적으로 문경시청의 북동쪽에 있으며, 동쪽과 남쪽에 예천군이 위치하고, 북쪽과 서쪽에 문경의 다른 면이 있다. 현재 산북면은 농촌지역과 산간지역으로 되어 있는데, 주요 공공시설 및 산간육시설이 대상리에 분포하고 있으며,[2] 대상리[3]를 중심으로 북쪽에 대하리가 있고

---

1 문경시, 『문경시』 상권(2002). 연혁을 정리함. 문경현은 1892년(고종 29)에 문경도호부로 승격되었다가, 1895년 23부(府) 331군(郡)로 지방 관제를 개편하면서 문경이 사라졌고, 1896의의 지방제도 개정 때에 문경군(聞慶郡)이 되었다.
2 대상리에는 산북면사무소, 산북우체국, 산북 중고교, 산북보건소, 농협산북지소 등이 있다. 또한 산북의 다른

남쪽에 서중리가 있다. 이들 마을 맞은편 금천 너머에는 산북면 약석리와 내화리, 예천 산양면 현리가 서로 마주보고 있다.

대상리는 자연부락 한두리와 오미기, 지보실로 구성되어 있으며 앞에서 언급한 산북면의 주요 시설들은 대상리 아랫한두리에 있다. 현재 마을은 산북면 및 인근 지역의 인구 감소로 축소되었다. 대하리는 자연마을 웃한두리와 광천, 막골, 신평, 영각으로 구성되어 있다.[4] 이상으로 본 연구는 산북면 대하리, 대상리를 중심으로 이웃한 서중리[5] 및 기타 지역 마을과 전통가옥의 예를 통하여 주거공간의 특성을 파악하였다.

곳보다 인구가 집중적으로 분포하고 있다.

3 문경시, 앞의 책(2002), 산북면 연혁의 일부를 정리함. 한두리는 장수인(長水人) 황사웅이란 선비가 이곳에 이주 정착하면서 도(道)와 덕(德)으로 마을을 개척함에 도덕군자가 사는 마을이라 하여 도촌(道村)이라 하다가 다시 대도촌(大道村)이라 하였으며 우리말로 한두리가 하였는데 이곳을 흐르는 개울을 중심으로 위쪽을 대하리, 아래쪽을 대상리라 하였다 한다. 또 상하 두 개의 마을이 한들에서 농사를 지었다 하여 한두리라 하였다는 이야기도 있으나 1914년 행정구역 개편 때 대상이라 개칭하였다. 오미기(烏木))는 신라시대 때 임씨란 선비가 마을을 개척하였고 그의 후손인 임학선(林學先)이라는 선비가 이 마을이 까마귀 혈(穴)이고 까마귀는 나무 위에 둥지를 틀어 서식하므로 마을 이름을 오미기 또는 오목이라 한다. 지보실은(지보(知保) 임학선의 후손이 오미기에서 분가하여 이곳에 새로 터전을 잡고 정착한 후 자손들이 번성하고 부귀영화를 누리면서 마을을 잘 보존한다는 뜻에서 지보실 또는 지보라 부르게 되었다 한다. 대상리 웃한두리 고려 말엽 단양우씨가 막골에 터전을 잡고 마을을 개척하였다고 전해지고 있으며, 그 후 조선 성종 때 명신(名臣)인 황희정승의 후손인 황정(黃珽)이 이곳에 정착하면서 한두리의 위쪽에 위치하였다 하여 웃한두리라 칭하게 되었고, 광천, 막골, 신평, 영각 등 5개의 자연부락을 대하(大下)라 칭하였다 하며 조선조 때에는 도촌이라고도 불렀다고 한다. 광천(廣川)은 웃한두리 북쪽에 있으며 김룡에서 흐르는 아천(雅川)과 동로(東魯)에서 내려오는 금천(錦川)이 합류하여 강폭이 넓어졌으므로 너부내 또는 광천이라 부르며 강 건너편에 넓은 들이 펼쳐져 있다. 막골(막곡) 조선 초기에 단양인(丹陽人) 우순복이 광천에서 1km 떨어진 이곳 계곡에서 무성했던 칡넝쿨을 제거하면서 마을을 개척하였고 당시 사방이 산으로 둘러 싸여져 흡사 막을 친 것과 같다 하여 막골이라 부르게 되었다고 한다. 신평(新坪) 광천에서 북동쪽으로 500m 지점에 있는 아천교(雅川橋)를 지나면 10여 가구의 마을이 있다. 이 마을은 조선 말기에 인근 동민들이 이곳으로 이주하여 새 터전을 마련하여 생활하였다 하여 신평이라 부르게 되었다. 영각(影閣) 웃한두리에서 북쪽으로 삼거리 분기점을 거쳐 영각교를 건너면 황희정승의 영정을 모셨던 영각(현재는 대하로 옮겼음)이 있었던 곳의 마을이라 하여 영각이라 불렀다 한다.

4 아랫한두리의 윤정자 할머니 증언.

5 서중리(書中里)는 자연마을 서중과 웅창으로 구성되어 있다. 서중(근암(近巖) · 보가리(保家里) · 서원(書院)은 1330년경 밀양박씨를 선두로 안동김씨, 안동권씨 등 3성이 집단적으로 이 마을을 개척한 후 권씨문중에서는 마을 맞은편 가까운 산인 근품산(近品山)의 品자와 山자를 합하면 암(嵒)자가 되므로 마을이름을 근암이라 하였고, 박씨문중에서 서원이 있는 마을이므로 서원이라 불렀으며, 김씨문중에서 집을 보존한다는 뜻에서 보가리(保家里)라 호칭하다가 1914년 행정구역 개편 때 서(書)자와 중(中)자를 따서 서중(書中)이라 하여 현재에 이르고 있다. 이 마을에 특기할 만한 것은 다른 마을 사람들과 친선을 도모하기 위하여 추석절에는 석전(石戰)놀이, 정월 대보름날에는 화전(火戰)놀이가 연례행사로 이어져 왔으나 지금은 놀이의 위험성으로 옛 풍속으로 사라지고 말았다. 웅창(熊倉)은 서중의 남동쪽에 위치한 마을로서 조선시대에 백성들이 납세한 양곡을 보관했던 곰과 같이 큰 창고가 있었던 마을이라 하여 곰우쟁이 또는 웅창이라 칭하였다 한다.

2) 마을 공간구조

(1) 대하리의 자연마을

산북면 대상리와 대하리, 주변 지역 지형도

산북면의 자연마을은 운달산, 단산, 공덕산과 나지막한 야산을 배경으로 하고 있으며, 이들 산의 계곡물이 산북면 마을 앞 들녘을 적신 후 하천으로 흐르는 지형 구조를 하고 있다. 산북면 중심에는 59번 도로가 북동방향으로 지나고 있고, 도로 주변에 산북면 마을과 주요 공공시설 및 가옥들이 있다. 도로 동측에는 금천錦川이 산북면의 이웃 마을과 예천 사이를 흐른다. 따라서 금천[6]은 마을의 경계를 긋는 중요한 역할을 한다.

대하리의 자연마을은 대하 1리 윗한두리, 대하2리 영각, 광천, 막골, 신평으로 구성되어 있다. 윗한두리는 59번 도로 서측 산자락에 있고, 광천과 막골은 59번 도로에서 북측으로 난 923번 지방도로 서측 골자기에 있으며, 북서쪽 방향으로 경사진 마을안길을 따라 진입한다. 광천은 북서쪽으로 경사진 마을안길 초입에 있으며, 가옥들이 동남쪽의 넓은 들녘과 한천을 굽어보고 있다. 막골은 마을안길의 막다른 곳에 있으며, 가옥은 북

---

[6] 금천은 총연장 32㎞이며 황장산에서 발원한 동로천과 운달산과 사불산에서 시작되는 대하천이 산북면 대하리에서 합류하여 산북·산양 양면을 관류하여 영순면 달지리를 거쳐 삼강(三江)에서 낙동강에 합류한다. 금천은 상류에 경천댐을 건설하면서 수량이 많이 작아졌다고 한다.

쪽 산자락에서 남향을 하고 있다. 광천과 막골 또한 다른 마을처럼 지붕을 개량하거나 전통가옥을 헐어내고 신축하여 전통가옥이 사라지고 있다.

신평은 923번 도로 아천교 너머 산자락에 위치하여 서남쪽의 양지들과 대하리천을 굽어보고 있다. 마을의 진입방법은 도로에서 북쪽 방향으로 난 마을안길을 이용하며, 가옥들은 기존 민가를 증축하거나 신축한 상태다. 영각은 단양·제천방향 59번 도로 남쪽아래에서 동남쪽 하천을 향하고 있다. 마을의 진입은 도로에서 남쪽으로 난 마을길을 이용한다. 영각의 가옥은 대부분 슬레이트와 함석으로 개량하였지만 다른 곳에 비해 건립 당시의 모습을 많이 간직하고 있다. 영각에는 장수 황씨 관련 흔적과 마을을 지키는 보호수 소나무가 있다.

마을은 규모와 성격에 따라 차이가 있지만 거주공간은 가옥이 있는 주생활영역, 의례 및 민속, 자연경관 관련 경관 및 의식영역, 농경지의 생산활동영역 등으로 구분된다.

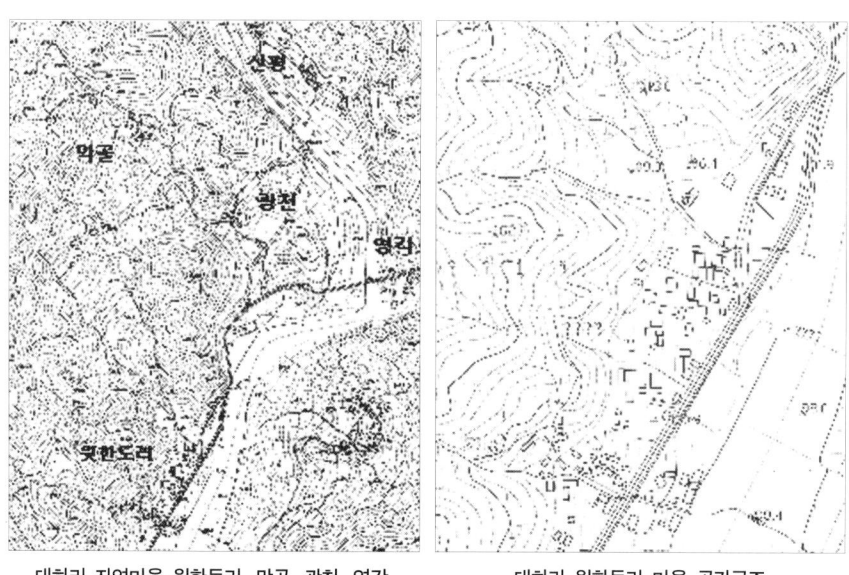

대하리 자연마을 윗한두리, 막골, 광천, 영각, 신평의 지형도

대하리 윗한두리 마을 공간구조

윗한두리의 주생활영역은 59번 도로 서측 산자락에 가옥들이 일렬로 늘어서 있으며, 그 중심에 장수황씨 종택이 있다. 장수황씨의 문경 산북면 입향은 방촌 황희의 증손자인 승의부위 부사정 황정이 이곳에 정착하면서 시작된 것으로 추정한다.[7] 따라서 대하리 윗한두리의 주생활영역은 장수황씨 종택을 중심으로 전후로 배치하지 않고 길게 늘어선 산자락의 지형을 고려하여 좌우에 길게 늘어선 공간 구조를 하였다. 이와 같은 입조 조건 때문에 마을의 길은 남북으로 난 도로에서 서측 산자락을 향하여 경사진 가로 구조를 하고 있다. 따라서 가옥은 대부분 동향을 하고 있다. 마을의 전통가옥은 1973년 새마을운동을 거치면서 초가를 걷어내고 슬레이트와 함석지붕으로 바뀌었다. 이후 가옥들은 1980년대 후반을 지나면서 벽돌 구조의 현대식 가옥으로 바뀌었다. 이후 전통 가옥은 사라지면서 농촌주거환경개선사업으로 마을에는 샌드위치 패널의 조립식 가옥들이 등장했다.

생산활동영역인 농경지는 남북으로 길게 늘어선 주거지를 중심으로 동측과 남측에 있다. 동쪽 농경지는 남북으로 흐르는 경관요소인 금천이 양분을 하고 있으며, 주거지와 금천사이에는 현재 농경지가 조성되어 있는데, 1981년 하천정비공사하기 전 촬영한 사진을 보면 주생활영역 가까이까지 하천물이 흐르고 있었다는 것을 알 수 있다.[8]

경북 문경 산북면 대하리 금천 제방정비사업 전 모습(1981년 전)

[7] 안동대학교 안동문화연구소, 『문경 산북의 마을들』(예문서원, 2009), 68쪽.
[8] 이는 제방공사를 하면서 원래 위치보다 바깥으로 조성한 것을 알 수 있다.

따라서 윗한두리의 생산활동영역인 농경지는 금천 남쪽의 한두리골들이 가깝다. 한두리골들은 윗한두리 남쪽의 위치하여 대상리의 아랫한두리를 연결하고 있다. 즉 남측 농경지 한두리골들은 대하리 윗한두리와 대상리 아랫한두리 마을이 공유한다. 장수황씨 종가가 번성할 때는 금천을 중심으로 한 인근 지역의 농경지 전체를 소유하였다고 한다.

경관 및 의식영역으로 윗한두리 앞 농경지를 가로지르는 금천과 초입에 보호수 느티나무가 있다. 농경지 중앙을 흐르는 금천은 북쪽에서 남으로 흐르는데, 상류 대하리천과 경천댐9에서 시작한 하천이 영각 앞에서 합수한다. 금천은 1981년 제방공사를 한 후 하천물이 주거지로부터 멀어졌고, 그리고 10여 년 전 다시 제방을 축조하면서 기존보다 높게 쌓았다. 따라서 제방이 높아지면서 마을

대하리 윗한두리 수령 300년 느티나무

---

9 http://tour.gbmg.go.kr 이하 경천댐 관련 내용은 경북 문경시청 사이트 내용이다. 경천댐은 경상북도 문경시에 위치하며 낙동강 지류인 금천을 막아서 만든 전형적인 계곡형 저수지인 경천호로 물이 맑고 수심이 깊은 광활한 호수다. 1983년 6월에 착공하여 3년 6개월간의 공사 기간과 602억 원을 들여 1986년 12월에 준공하였으며 제방길이 368m, 높이 63.5m, 최대수심 57m0이며 총 저수량 2,822만 톤으로 문경, 예천 2개시군 9개 읍면에 76개 리동의 몽리면적 3,400ha에 농업용수를 공급하여 준다. 적성리 황장산에서 발원한 수원이 골짜기마다 흐르던 개울과 함께 경천호를 가득채운 경천댐은 무엇보다 공해가 없는 맑은 물 수려한 경관 갖고 있다. 경천호의 물은 비단같이 맑은 물인 흐른 곳으로 금천이라 하였다.

은 정면의 경관이 바뀌었다.[10] 특히 금천은 1986년 6월 경천댐을 준공하면서 주변 경관이 많이 바뀌었다. 금천 주변지역은 경천댐 건립로 수량을 조절할 수 있기 때문에 홍수 피해가 줄어들었지만 수량이 줄어들었다. 따라서 금천 주변은 경관요소라고 할 수 있는 하천 돌들이 퇴적층과 잡풀 속으로 묻혀 다른 모습으로 바뀌었다.

윗한두리 초입에는 공공시설인 마을회관이 있고, 마을회관 뒤에 300년 된 보호수 느티나무가 있는 의식영역이 있다. 이 느티나무는 마을 입구에 있으며 사람들에게 넓은 그늘을 제공하는 휴식공간의 역할을 하는 동시에 마을의 풍요와 안녕을 기원하는 곳으로 삼았다. 지금도 이 느티나무는 금줄을 둘렀고 마을길을 향한 자그마한 입석을 세워 놓았다. 따라서 의식영역인 느티나무는 마을 초입부에 위치하여 상징적으로 중요한 역할을 하고 있다.

(2) 대상리의 자연마을

대상리는 대상 1리 아랫한두리, 대상 2리 지보실과 오미기의 자연마을로 구성되어 있다. 아랫한두리는 남북으로 난 59번 지방도로를 중심으로 동측에 농경지와 금천이 있다. 지보실과 오미기는 아랫한두리 남쪽에 있는데, 59번 도로 서측 산락에서 동측의 넓은 들

대상리 자연마을 아랫한두리, 지보실과 오미기 지형도

---

[10] 1981년 전 상황을 알아 볼 수 있는 사진은 2009년 현 이장님이 마을회관에 보관하고 있는 자료를 제공 받았음.

녘을 바라보고 있다.

　대상 2리의 지보실과 오미기는 아랫한두리와는 달리 59번 지방도로 서측 농경지 넘어 서측 경사면에 동향을 하고 있다. 마을의 진입은 도로에서 서쪽 산자락으로 난 길을 이용하는데, 이 길은 정자나무 앞에서 북측 지보실 마을길과 남측 오미기 마을길로 갈라진다. 이런 모습은 산과 주거지, 농경지가 같은 축으로 된 일반적인 전통마을의 구조를 하고 있다. 이 두 마을은 기존의 열악한 주거환경 개선하기 위해서 빠른 속도로 주거공간이 현대식으로 바뀌고 있기 때문에 전통가옥의 모습은 파악할 수 있는 상황이 아니다.

　대상1리 아랫한두리는 마을 중심 가로 59번 도로 주변에 산북면의 공공시설과 교육시설, 경제활동 및 문화교류의 기능을 담당하던 5일 장터가 있었다.[11] 1980년대 이후 도로 주변에는 상업시설과 공공시설이 점진적으로 들어서면서 공공성이 강한 영역으로 바뀌었다. 행정중심의 기능을 하던 아랫한두리는 해방이후 교육의 중심지로 성장을 하였

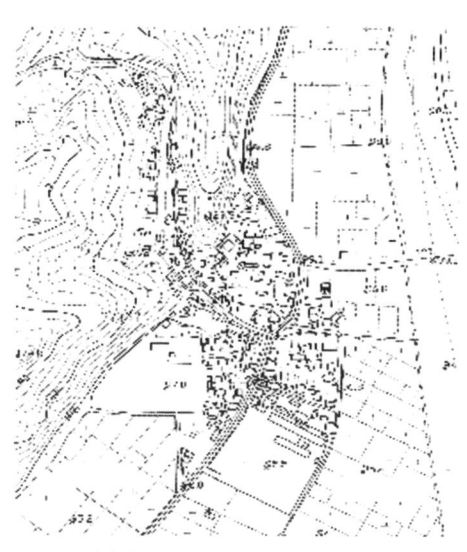

대상리 아랫한두리 마을 구조 및 가로

---

[11] 안동대학교 안동문화연구소, 『문경 산북의 마을들』(2009), 334~335쪽. 아랫한두리의 5일장은 1920년대 처음 열렸다고 한다. 1926년 당시 대상시장은 3일장, 8일장이었으며, 1938년에는 2일장과 7일장으로 바뀌었다고 한다. 이 장시는 읍내시장, 점촌시장, 농암시장, 산양시장에 비해 거래물량이 적은 조그마한 시장이었다. 한국전쟁이 이후 대상시장은 활기를 띠었으며, 1980년대 상설시장 점촌시장과 남부시장, 농협 연쇄점이 그 자리를 대신하였다. 특히 도로의 확장과 교통의 발달로 장시는 폐쇄되면서 확장된 도로변에는 상업시설들이 들어서기 시작하였다.

대상리 지보실에서 본 마을 어귀 모습

는데, 대표적인 예가 산북중학(1954년)과 산북고등학교(1976년)의 설립이다. 그러나 대상리는 대상리와 인근 지역의 인구 감소로 교육 중심지의 역할이 축소되었다.

아랫한두리도 마을 구조 및 전통가옥의 개량 및 신축으로 옛 모습을 파악하기 어려울 정도로 바뀌었지만 중심도로 안쪽에는 옛 모습을 파악할 수 있는 전통가옥들이 남아 있다. 아랫한두리의 주생활영역은 중심가로 서쪽 산자락 앞과 북측 골짜기의 하천을 중심으로 주변 산자락에 자리하고 있다. 서측 가옥들은 서측 산자락과 중심도로에서 서측으로 난 마을 안길을 따라 남향과 동향을 하고 있다. 좁은 계곡을 따라 남북으로 난 마을 안길은 의식영역인 장수황씨 묘소와 연결되며, 주거지가 끝나는 지점에는 최근에 마을의 내력을 알리는 비석이 있다.

아랫한두리의 생산활동영역인 농경지는 주거지를 중심으로 남측과 북측에 있는데, 북측은 대하리 윗한두리와 공유하고 남측은 지보실과 오미기와 공유한다. 이는 남측의 농경지가 북측의 농경지보다 넓기 때문이다. 동측에도 들녘이 있는데, 근처에 금천이 흐르기 때문에 넓지 않다. 따라서 서쪽 계곡에서 흘러나온 듯 한 모습을 하고 있는 주거지는 농경지가 정면과 좌우측면을 감싼 형국을 하였다.

그리고 아랫한두리는 경관 및 의례 등과 관련된 의식영역보다 산북면의 경제, 교육, 행정 중심지로의 역할과 기능이 강조되어 공공활동영역으로 중요한 역할을 하였다. 특히 공공활동영역은 마을 가운데를 지나는 중심가로를 중심으로 형성되어 있다. 이런 모습은 위에서 살펴본 지보실과 오미기와 전혀 다른 모습이다.

이상으로 본 장은 사람들이 많이 살고 있으면서 옛 모습을 많이 간직하고 있는 산북면 두 마을의 공간 구조를 살펴보았다는데, 농경지가 부족한 지리적 환경 때문에 다른 지역에 비하여 적극적으로 산을 배경으로 터를 잡고 주생활공간을 배치하도록 하였다. 주거지는 남북으로 흐르는 금천과 같은 방향으로 흐르는 산자락과 마을 중심 가로 사이에 있기 때문에 종방향의 깊은 축으로 배치하는 것보다 효율적 접근성을 높이기 위하여 남북으로 긴 구조를 하였다. 또한 주거지는 부족한 농경지 쪽으로의 확장보다 산자락과 계곡의 경사면을 이용하였다. 주거지를 중심가로의 한쪽에 터를 잡고 골자기와 경사면 쪽으로 마을을 확장한 예로는 대상리 남쪽에 위치한 서중리가 있다.

(3) 주변마을 : 서중리와 김용리

서중리에는 서중과 웅창의 자연마을이 있는데, 서중리는 남북으로 난 59번 도로의 서쪽 산자락에 있다. 그리고 서중리는 59번 도로에서 서쪽으로 난 하천변 서중안길을 따라 진입하며, 마을의 공공시설인 마을회관은 중심 안길 가에 있다. 가옥들은 하천 주변의 평지 및 경사면에 터를 잡았다. 마을 안길 남동쪽 경사면에는 가옥들과 금암서원, 귀후재,

서중리 마을 지형도

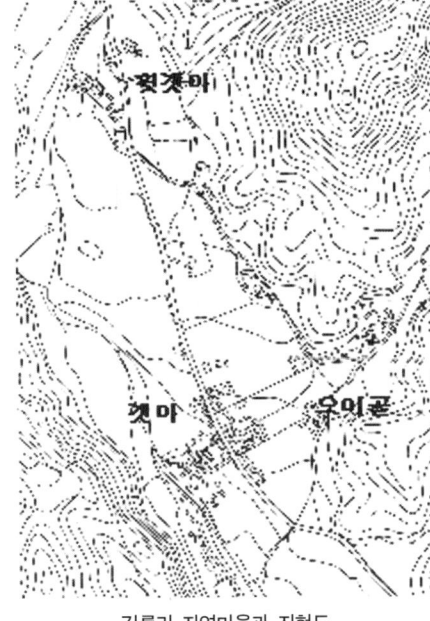

김룡리 자연마을과 지형도

어서각 등이 자리하고 있고, 북서쪽 평지와 경사면 가옥들은 동남향을 하고 있다. 마을 끝에는 서중리 쉼터 정자가 있는 작은 공원이 있다. 웅창은 서중안길 맞은편 서쪽으로 난 하천변 길을 따라 진입하는데, 이 하천변 길은 오른쪽 나지막한 산을 끼고 돌면 금천의 제방과 연결되고, 제방의 서남쪽 산자락에 마을이 있다. 동향을 하고 있는 가옥은 금천 너머 현리와 들녘을 바라보고 있다. 웅창은 큰 도로에서 벗어나 있어 평온한 작은 마을이다.

서중리는 다른 농촌지역 마을처럼 새마을운동과 농촌주거환경개선사업을 통하여 과거 전통마을 모습이 점점 사라지고 있다. 특히 국가보조의 농촌주거환경 개선사업은 마을의 주변 경관을 빠른 속도로 바꿔 놓고 있다. 새마을 운동은 가옥의 지붕을 바꿔 마을의 모습을 바꿨지만, 주거환경개선 사업은 외형뿐만 아니라 주생활방식까지 바꿔 놓았다.

김용리는 위의 마을과 달리 김룡사 아래 산골자기 평지에 자리한 마을로 윗갯마와 갯마, 오미골로 구성되어 있는데,[12] 김룡사 방향으로 난 2

차선 도로 주변과 동측 골자기에 가옥과 공공시설들이 있고 주변에 밭이 대부분이다.

마을의 의식영역은 마을 초입부에 있는데, 오미 할배골맥이와 갯마 골맥이가 있다. 이 두 골맥이는 김용리 세 마을의 안녕을 기원한다. 할배골맥에는 400년 정도 된 느티나무와 금줄이 드리워있으며, 이 괴목은 마을의 시작을 알린다. 갯마 골맥이는 돌무더기이며, 옆에 현대식 지은 정자가 휴식공간을 제공하고 있다. 그리고 윗갯마 안쪽에는 성황각이 있다. 따라서 김룡리의 의식영역은 초입부 골맥이와 안쪽 성황각, 그리고 끝의 김룡사로 구성되어 있다.

생산활동영역은 마을 초입 밖의 농경지와 마을 중앙의 밭이 대부분이며, 일부 계곡물을 이용한 논이 있다. 김룡리는 앞에서 살펴본 마을과 지리적 환경이 달라 계곡의 평지를 이용하여 마을의 터를 잡았기 때문에 논농사 중심의 생산활동을 적극적으로 할 수 없는 환경이다. 그리고 김용리는 마을 안길이 마을 중앙을 지나고 있기 때문에 주생활영역뿐만 아니라 농경지를 양분한 공간 구조를 하고 있다.

김룡사 아래 윗갯마 계곡물이 도로와 서측 산자락사이로 흐르고 있기 때문에 주거지와 농경지는 대부분 하천의 동측에 있다. 김룡사에서 시작한 계곡물은 마을 어귀에서 오미골 계곡물과 합수하여 마을 초입 농경지를 적신 후, 대하천으로 흘러들어간다. 윗갯마의 주생활영역은 김룡사 주차장 요금소 북쪽 지역으로 대부분 음식점과 상가가 자리하여 옛 모습을 확인하는 것이 불가능하다. 김룡사 매표소와 김룡사의 중간 서

---

12 안동대학교 안동문화연구소, 『문경 산북의 마을들』(2009), 268쪽. 김룡리의 윗갯마(김룡(金龍))는 480년경 김장자(金長者)라는 사람이 이곳에 살았는데 그 후 사람들이 이 마을을 김룡 또는 윗갯마라 부르게 되었다. 갯마(신기(新基)) 김룡 옆에 숲이 있었는데 김장자의 둘째 동생이 이 숲속에 새로 집터를 형성하여 집을 지어 새로운 마을이 생겼다고 하여 신기라 하였고, 개천가 갯벌에 있는 마을이라 하여 갯마라고 부르기도 하였다. 오미(오산(烏山)) 김장자의 막내 동생이 산이 병풍같이 둘러져 있는 곳에 집터를 잡고 살았는데 갑자기 까마귀가 많이 모여들었다고 하여 오산이라 불렀으나 후에 변음 되어 오미가 되었다.

측 주차장에는 옛 가옥들이 있었다고 한다. 갯마는 윗갯마 남쪽과 마을 어귀 보호수사이 중심도로 주변인데, 도로 동측에는 가옥들이 밭을 배경으로 길을 따라 있으며, 서측은 중심 도로아래 경사면에 터를 잡았다. 마을의 공공시설은 동측 가옥들 속에 있다. 오미골은 갯마 동측 산자락과 좁은 계곡 주변지역으로 중심 도로에서 서측으로 난 마을길을 따라 진입한다. 김룡리 가옥은 대부분 흙벽돌의 초가지붕이었는데, 70년대 초 새마을운동을 거치면서 시멘트벽돌의 슬레이트, 함석, 시멘트기와 지붕으로 바뀌었다. 80년대와 90년대를 거치면서 기존의 흙벽돌 가옥은 벽돌집으로, 지붕은 콘크리트의 평지붕으로 바뀌었다. 그나마 남아 있던 전통가옥은 현재 빈집이 대부분이다.

김룡리 어귀 골맥이와 느티나무

3) 전통 가옥의 공간 구성

(1) 겹집 평면의 구성
① 기본형

우리나라 전통가옥의 형태는 자연 지리적 환경뿐만 아니라 사회·경제적 상황에 따라 다양한 모습을 하고 있다. 우리나라 전통가옥은 집의 규모에 따라 크게 측면 2칸의 겹집과 한칸 또는 한칸반의 홑집으로 나뉜다. 산간지역 가옥은 주로 겹집 형태를 하고 있는데, 기본적으로 정면에 사랑방, 마루, 부엌 순으로, 배면에 뒷방, 안방, 부엌의 순으로 배열되어 있다. 홑집의 형태는 부엌, 방의 일렬 구성을 기본으로 하고 있으며, 정면으로 부엌과 광 등을 연결한 곱은자형[13] 등이 있다. 문경지역은 대체로 홑집과 겹집 가옥이 혼재한다. 이와 같은 전통가옥의 공간구성은 새마을운동과 최근 주거환경 개선사업으로 고유한 전통가옥의 주거양식은 점진적으로 사라지고 있지만 개발이 뒤늦은 농촌지역과 산간지역 전통가옥에서 전통의 맥을 엿 볼 수 있다.

서중리 김종복 가옥은 남향을 한 본채와 안마당, 화장실, 돼지우리로 구성되어 있다. 본채는 정면 3칸, 측면 2칸인데, 방 2간 정면에는 툇마루를 놓아 출입이 용이하도록 하였다. 중앙 간의 방은 부부내외가 사용하고 있다. 동측의 방은 아들이 사용하였는데, 뒤 열 작은 공간은 나락 등을 넣어 두던 뒤지간이었다. 동측 온돌방의 아궁이는 정면 툇마루 옆 툇간 기단에 있다. 부엌 뒤 열에 있는 정지방은 온돌구조인데 부엌 내에 아궁이를 꾸며 난방을 하고 있다. 부엌 뒤쪽 실은 협소한 공간을 짜임새 있게 사용하고자 한 농촌의 전통가옥 모습이다. 이 가옥은 규모가

---

[13] 정연상, 「경기도 전통민가의 퇴에 관한 연구」, 『대한건축학회논문집』, 20권 6호(건축학회, 2004). 산북면의 곱은자형은 안방을 중심으로 꺾여 있는 경기도 전통민가의 곱은자형과 다르다.

작은 초가로 겹집 평면을 하고 있는데, 정면의 툇마루는 마루 밑에 디딤돌이 있는 것으로 보아 건립 당시 흙바닥의 봉당이었다고 판단된다. 이 가옥은 취사 및 침식, 저장공간이 한 채의 건물 속에 있는 기본적인 거주공간을 하고 있다.

김용리 오미골 이점순 가옥은 1900년 초에 건립된 것으로 안채와 아래채, 화장실로 구성되어 있다. 안채는 'ㅡ'자형으로 정면 3칸 측면 2칸의 겹집이다. 평면은 동측 전면에 마루・후면에 사랑방인 상방, 중앙에 안방, 서측에 부엌이 있으며, 부엌 서측은 확장하여 부엌을 넓게 사용하고 있다. 아래채는 정면 3칸 측면 1칸이며, 북측부터 외양간, 뒤지간, 온돌방이 일렬로 놓여 있다. 온돌방 아궁이는 온돌방 문 앞 좌측 기단 위에 있으며 굴뚝은 배면 기단 위에 있다. 아궁이 바닥은 안마당의 지면보다 매우 낮아 웅덩이처럼 보인다.

이 가옥이 위의 김종복씨 가옥과 다른 점은 사랑방(상방) 전면에 툇마루가 아닌 마루간을 적극적으로 꾸민 점, 채분화가 이루어진 점이다.

대하리 양각의 안영식 가옥은 내부 일부와 지붕 개량으로 완전한 옛 모습이 아니지만 옛 모습을 확인할 수 있는 전통가옥이다. 이 가옥은 1920년 건립한 안채와 아래채, 헛간채가 있으며 안채는 남향을 하고 있

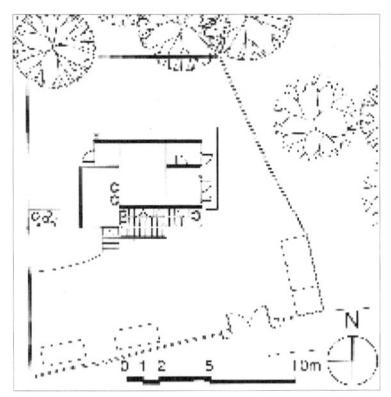

서중리 김종복 가옥

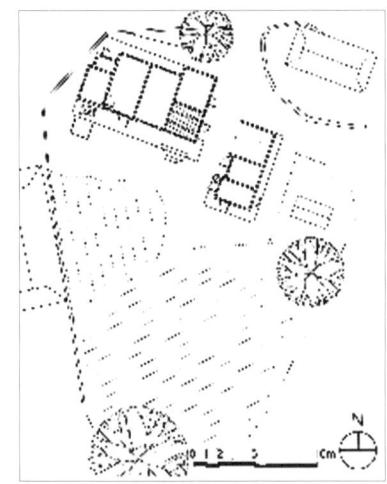

김용리 이점순 가옥

고, 아래채는 마당을 중심으로 동향을 하고 있다. 안채는 정면 3칸, 측면 2칸의 '一'자형이며, 대문 쪽부터 부엌·곡간, 안방, 상방·토방이 있다. 현재 부엌은 원래 재래식 부엌이었는데 입식부엌으로 바꿨으며, 부엌 안쪽에는 한평 남짓의 정지방이 있었는데, 현재 부엌 공간을 터서 넓게 사용하였다. 이 작은 방은 온돌방이 아닌 곡식을 넣어두던 저장공간으로 사용하였다. 안방은 안

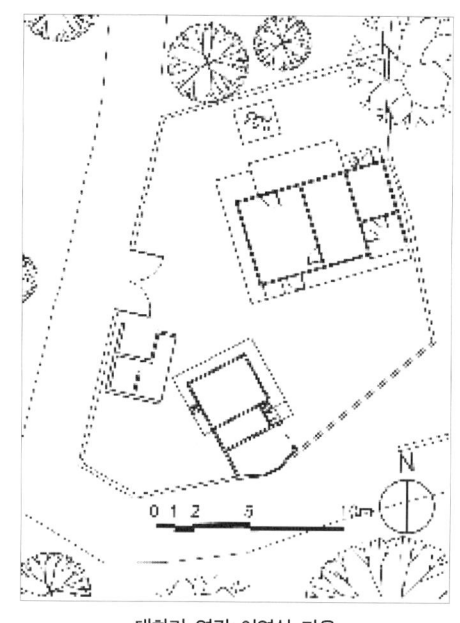

대하리 영각 이영식 가옥

주인이 사용하였고, 안방에 면한 상방은 이사 온 후 자녀들이 사용하였다고 한다. 상방 정면에는 시멘트몰탈로 마감을 한 토방이 있는데, 원래는 마루였다. 상방의 방문 위에는 새마을운동 당시 많이 사라진 성주신을 모셔 전통가옥의 민속문화의 한 단면을 보여주고 있다. 아래채는 정면 3칸 측면 1칸의 '一'자형이며, 대문쪽부터 온돌방, 뒤지간, 외양간이 자리하고 있다. 온돌방은 현재 노부부가 겨울에만 사용하였다. 예전에는 소유자 부친이 사용하였다고 한다. 이런 모습은 산북면 가옥의 아래채에서 흔하게 볼 수 있다.

② 일반형

김분술 가옥은 오미골 안쪽에서 서남향을 하고 있으며, 1930년 이전에 지은 것으로 추정되며, 전통민가의 모습을 많이 간직하고 있다. 이 가옥은 안채[14]와 아래채, 뒤채, 화장실로 구성되어 있다. 안채는 정면 3

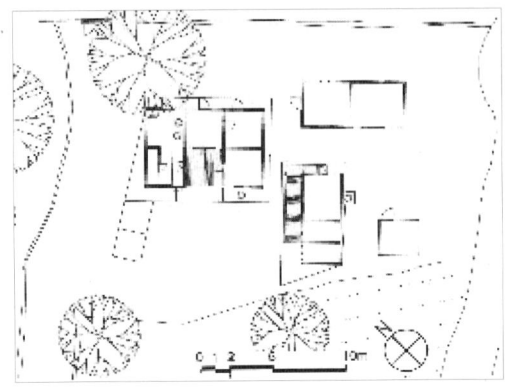

김룡리 김분술 가옥

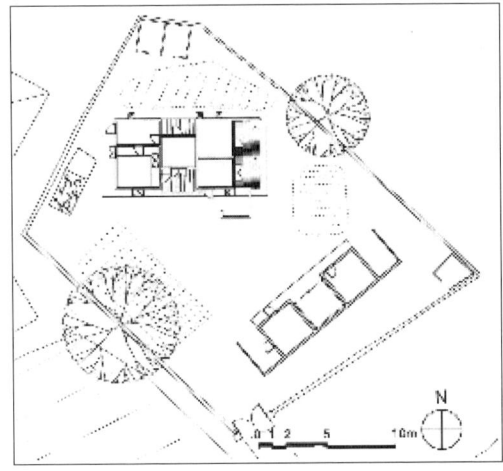

서중리 웅창 김정희 가옥

칸 측면 2칸의 一자형 겹집이다. 안채 평면은 좌측 방2칸, 중앙 마루와 방, 우측 부엌과 부엌광이 일렬로 자리하고 있는데, 부엌은 우측을 처마 밑까지 확장하여 공간을 넓혔다. 확장한 부분에는 부엌광을 꾸며 놓았다. 중앙의 마루는 장마루이며, 마루 뒤 방은 안방으로 안주인이 사용하였다. 좌측의 2칸 방은 사랑방(상방)으로 바깥어른들이 사용하였다고 한다. 아래채는 정면 3칸 측면 1.5칸으로 온돌방과 뒤지간, 외양간이 일렬로 자리하고 있으며, 온돌방과 뒤지간 정면에는 툇마루를 꾸몄으며, 외양간 정면은 흙바닥으로 마감을 하였다. 온돌방은 이 집의 자녀들이 사용하였으며, 뒤주간은 벼와 같은 곡식을 보관하였다. 그리고 외양간은 소를 키우던 곳으로 상부에는 고미반자를 꾸며 농기구 수납공간으로 사용하였다. 이와 같이 안채와 뒤채의 가옥 구성은 이 지역의 가장 일반적인 모습이

14 처마는 홑처마이고 지붕은 시멘트기와를 올린 팔작지붕이다. 정면 처마에는 슬레이트를 덧달아 빛과 빗물이 들이치지 않도록 하였다. 시멘트기와 지붕은 1972년 5월 5일 새마을운동으로 초가를 개량한 것이다.

며, 이후 가옥은 가족 구성원의 증가로 뒤채를 건립하였다.

서중리 웅창의 김정희 가옥은 현재 대부분 사라진 흙벽돌 농촌 가옥 중 하나로 동남향의 본채와 부속채, 화장실 2채로 구성되어 있다. 안채는 정면 3칸 측면 2칸으로 겹집 모양을 하고 있으며, 정면과 배면에 툇마루가 있는 중앙의 온돌방을 중심으로 좌측에 방이 있는데, 좌측 방의 측면에는 툇마루가 있다. 추정하건데, 이들 방과 툇마루는 사랑방에 딸린 공간으로 보인다. 이들 방은 정면 기단에 있는 아궁이로 난방을 하였다. 우측의 부엌은 현재 나무를 때는 아궁이로 취사와 난방을 하고 있다. 부엌 뒤편에도 실이 있는데, 산북면 조사 사례들과 같이 부엌에 귀속된 정지방 등으로 사용했을 가능성이 높다. 부엌의 상부는 다른 집들처럼 고미반자를 하고 다락을 꾸며 수장 공간으로 사용하였다. 아래채는 정면 3칸 측면 1칸으로 대문 쪽부터 방, 외양간, 광간이 일렬로 구성되어 있다. 좌·우측면에는 별도의 칸을 꾸몄는데, 대문 쪽에 아궁이간으로, 창고 쪽에 헛간을 꾸며 사용하였다. 이상의 가옥은 취사 및 침식의 공간과 저장공간이 분리되었으며, 저장공간을 확장하면서 가족 구성원의 증가에 따른 실 공간을 같이 꾸민 공간구성을 하였다.

③ 확장형

장완옥 가옥은 120년 정도 되었으며,[15] 'ㄱ'자형 본채를 중심으로 정면 서측에 철제 대문과 콘크리트 화장실이 있으며, 동측에는 별채가 있다. 별채는 아궁간과 넓은 온돌방으로 구성되어 있다. 아래채는 광과 뒤지, 외양간의 정면 3칸, 측면 1칸 이었다고 한다. 본채 뒤 안채영역과 사랑

---

[15] 이 가옥 맞은편에는 벽돌의 장완옥씨 시동생 가옥이 있는데 원래 아래채가 있었다고 한다. 현재 이 가옥에는 본채와 별채, 화장실로 구성되어 있다. 이들 건물은 이웃 건물과 돌담, 시멘트 블록 담장으로 감싸여 있다. 경주 이씨인 장완옥씨 시아버지는 50년 전 산양에서 이 가옥으로 이사하고 정착하였다고 한다.

채영역은 시멘트 블록 담장을 쌓아 두 영역으로 나누고 있다. 'ㄱ'자형 본채는 겹집으로 마루간 뒤 방의 동측 실은 안주인이 사용하였고, 서측 실은 바깥주인이 사용하였다. 동측에는 안방과 부엌, 단간 방이 있는데, 안방은 장완옥씨 시어머니가 사용하였고, 부엌의 정면 방은 젊은 며느리가 사용하였다고 한다. 이들 방과 마루, 부엌이 만나는 곳에는 작은 뒤지를 꾸며 곡식 및 기타 저장 공간으로 사용하였다. 마루간 뒷방은 자녀들이 사용하였는데, 현재는 물건을 넣어두는 저장고로 사용하고 있다. 사랑영역은 사랑방과 단 간의 방, 마루, 아궁이로 구성되어 있는데, 사랑방 서쪽에는 넓은 2칸 마루간이 있다. 이와 같은 사랑마루는 다른 집에서 보이기 힘든 모습이다. 현재 사랑방은 원래 두 칸으로 나뉘어 있었다고 한다. 사랑방과 마루간 정면에는 작은 방과 사랑방 아궁이가 있다. 작은방 서측과 남측 기단 위에는 쪽마루를 달아 출입이 용이하도록 하였다. 이 가옥은 산북면 일대에서 보이는 일반적인 겹집을 바탕으로 정면에 마루간을 구성하고 뒷열에 방을 꾸몄으며, 그리고 서쪽으로 사랑방과 마루를, 동쪽으로 실공간을 확장한 공간구조를 하였다.

윤정자 가옥은 현재 'ㅡ'자형 안채와 사랑채를 연결한 'ㄱ'자형 본채,

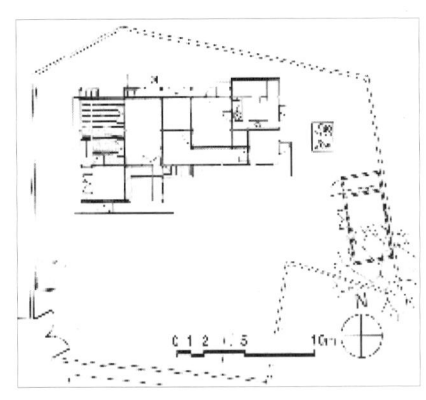
대상리 아랫한두리 장완옥 가옥

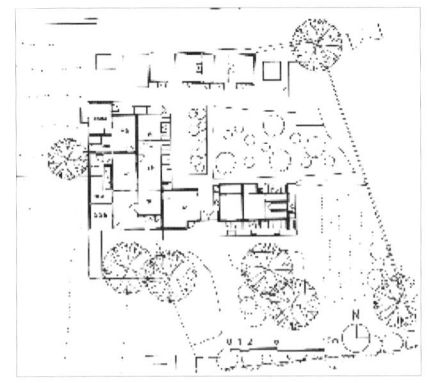
대상리 아랫한두리 윤정자 가옥

화장실, 별채, 뒤지, 부속채로 구성되어 있다.[16] 사랑채 남측에는 화단이, 동측에는 텃밭이 있는데, 원래 대문 안쪽에 사랑마당과 행랑채, 돼지우리가 있었다고 한다. 행랑채는 대문간과 2간방으로 짜여있었으며, 외곽의 콘크리트 담장은 원래 돌담장이었다고 한다. 별

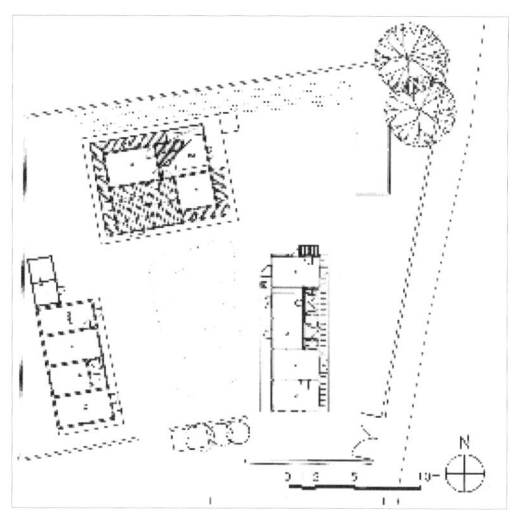

대상리 아랫한두리 황철 가옥

채는 안마당의 북쪽에 있고, 별채 남쪽으로 뒤지와 부속채가 있다. 동향을 한 안채는 겹집으로 배면과 남쪽 벽을 확장하여, 배면에 화장실, 창고, 욕실, 보일러실, 광(식품보관실) 등을 꾸며 놓았다. 안채는 2간 대청마루를 중심으로 배면에 방이 있고, 북측으로 방과 주방이 있고, 남측으로 2간 방이 있다. 남측 2간 방은 젊은 부부가 사용하였는데, 남쪽 벽을 확장하였다. 안채와 사랑채 대문간 사이에는 1993년 3월에 방을 드려 확장하였다. 사랑채는 대문간과 온돌방, 사랑마루로 구성되어 있으며, 주로 바깥 웃어른들이 사용하였다고 한다. 사랑채의 정면과 측면에는 툇마루를 달아 외부에서 내부로 출입하는데 용이하도록 하였고, 온돌방 배면에는 벽장을 달아 수장 공간으로 사용하였다. 현재 이 가옥은 증개축으로 일부 모습이 바뀌었지만, 안채는 인근 전통민가에 비하여 규모

---

16 이 가옥은 인근 주민들에게 윤정자씨 시아버지인 황중교 가옥으로 알려져 있는데, 현재 윤정자씨가 1973년 이사와 살고 있다. 이전에는 윤정자씨 시동생이 살았다고 한다. 이 가옥의 건립연대는 알 수 없지만 거주자와 인근 주민들에 의하면, 이 마을에서 가장 오래된 부잣집이었다고 한다.

가 큰 겹집으로, 안방과 대청을 중심으로 좌우측 방과 부엌을 확장하였다. 그리고 사방의 기능은 별도의 사랑채를 꾸민 가옥 전체가 일반적인 모습과 달리 확장된 모습을 하였다. 이 가옥은 안채와 사랑채가 서로 연결된 곳에 실 공간을 만들어 확장하였다.

황철 가옥은 안채[17]와 사랑채, 부속채, 방앗간채로 구성되어 있으며, 안마당이었던 텃밭을 중심으로 안채가 남향을 하고 있고, 도로에 면한 담장과 나란히 있는 사랑채는 서향을 하고 있다. 그리고 도로에 면한 담장 안쪽에는 디딜방앗간이 서향을 하고 있다. 사랑채 맞은편에는 광채와 뒤지가 동향을 하고 있다. 안채 맞은편에는 현재 우체국이 있으며, 안마당 텃밭과 우체국사이에는 담장이 있었는데, 현재는 허물어진 상태다. 이 담장과 광채 사이에는 행랑채가 있었다고 한다.

안채 평면은 겹집으로 정면 열에 2칸 대청마루와 1칸 방, 배면 열 1.5칸의 온돌방과 부엌으로 구성된 정면 3칸, 측면 2칸이다. 부엌의 동측면을 제외한 처마 밑 기단 위에는 쪽마루를 둘렀다. 대청 정면에는 기둥을 세우고 마루공간을 확장하여 넓게 사용하였다.

사랑채는 정면 5칸, 측면 1.5칸으로 구성되어 있으며, 담장을 면한 정면에는 쪽마루를 놓아 내부로의 출입이 용이하도록 하였다. 사랑채의 평면은 전퇴가 있는 중앙 방을 중심으로 남측에 방 2간이 있고, 북측에 아궁이 1간과 방 1간이 일렬로 있다. 부엌간 정면에도 중앙 방간과 같이 툇마루가 있으며, 중앙부분에는 툇마루와 쪽마루를 꾸며 마루공간을 좀 더 넓게 사용하려는 노력을 엿볼 수 있다. 이상으로 확장형의 가옥은 채의 분리와 각 채의 실을 확장하여 거주공간의 다양한 모습을 하였다.

---

[17] 안채는 120여 년 전 문경에 있던 가옥의 헌 재목을 옮겨지은 것으로, 문경에 있던 시기를 포함하면 건축연대가 200년 정도 되었다고 전한다. 안채의 기둥 상부는 납도리가 서까래의 하중을 기둥에 전달하고 있고, 가구는 3량이다. 처마는 홑처마이며, 지붕은 함석을 올린 우진각지붕인데, 원래는 초가지붕이었다고 한다.

2) 홑집 가옥의 평면 구성

아랫한두리 황문주 가옥은 서측 산자락에 동향을 하고 있는데, 150년 전에 지었다고 한다. 현재 가옥은 'ㄱ'자형 본채와, 창고, 축사, 별채, 뒤지, 화장실로 구성되어 있고 남측 정면에 별채가 있다. 그리고 본채의 부엌간 남측에는 장독대와 뒤지가 있다. 대문안쪽에는 온돌방 1칸, 뒤지 1칸, 마구간 1칸의 3칸 아래채가 있었다고 하는데 현재는 없다. 그리고 본채의 사랑마루 모서리 기둥에서 남쪽으로 내외 담장과 협문이 있었다고 하는데, 현재는 사랑마루 기둥에 판벽이 일부 남아 있어 옛 모습을 알 수 있다. 콘크리트의 별채 자리에는 원래 디딜방앗간이 있었으며, 이 방앗간은 이웃 집안과 함께 사용하였다고 한다.

본채의 안채는 남측부터 부엌, 안방, 마루, 방이 있고, 정면으로 사랑채 기능을 하는 방과 사랑마루가 직교하였다. 안방과 누마루의 정면에는 툇마루를 놓아 내부로의 출입이 용이하도록 하였다. 안방과 부엌은 뒤쪽으로 화장실 및 욕실과 보일러실을 덧달아 증축하여 사용하고 있다. 사랑방과 사랑마루는 마루간 정면 툇마루와 직교한 쪽마루를 정면에 놓아 안채와 사랑채의 두 영역을 연결하고 있다. 따라서 사랑마루는 동쪽 정면과 북쪽 측면으로 열려 있는데, 안마당과 쪽마루에 면한 곳에는 머름 위 판문을 달아 안채영역과 시선을 차단하고 있다. 사랑채영역의 구성은 일반 전통민가에서 볼 수 없는 남녀 간 공간을 분리하는 평면구성을 하였다. 이상으로 이 가옥은 겹집이 아닌 홑집으로 구성하고 부엌을 기점으로 꺾인 평면구조를 하였다.

서중리 김병숙 가옥은 넓은 터에 안채와 사랑채가 튼'ㅁ'자형 배치를 하고 있다. 안채는 'ㄱ'자형으로 보존상태가 매우 좋은 상태다. 안채의 평면은 정면 2칸 측면 2칸 대청을 중심으로 우측 남쪽에 온돌방이 있고, 좌측 북쪽에 폭이 각 1간인 온돌방과 부엌이 있으며, 부엌 정면 동쪽으로 2간 온돌방이 있다. 우측 온돌방은 정면과 측면 쪽마루를 놓아 대청과 연결하여 삼면에서 출입이 용이하도록 하였고, 아궁이는 배면 기단에 꾸몄고 상부에 벽장을 달아놓았다. 좌측 방은 대청 쪽과 정면 툇마루 쪽에 띠살문을 달아 출입하도록 하였고, 또한 부엌 쪽에 띠살문을 달아 부엌과 연결하고 있으며, 배면 기단 위에는 벽장을 덧달아 놓아 방의 수장 공간을 꾸며 놓았다. 좌측의 부엌은 배면에 판문을 달아 뒤뜰 장독대와 수돗가로의 출입이 용이하도록 하였다. 부엌은 좌측으로 확장하여 땔감 등을 놓을 수 있도록 내부공간을 확장하였다. 수장 공간 벽장은 북측 처마 밑 기단 위에 덧달아냈는데, 윗목간의 북측 처마 밑 기단 위에는 쪽마루를 놓아 측면에서의 출입이 용이하도록 하였다. 안채의 안마당 쪽에도 대청과 실을 연결하는 쪽마루를 꾸며 실내로의 출입이 원활하도록 하였다.

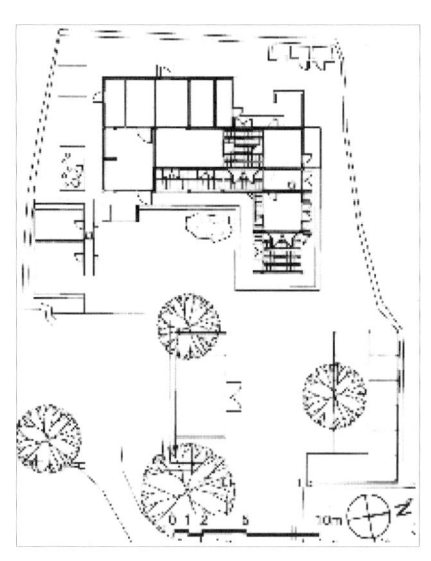

대상리 황문주 가옥

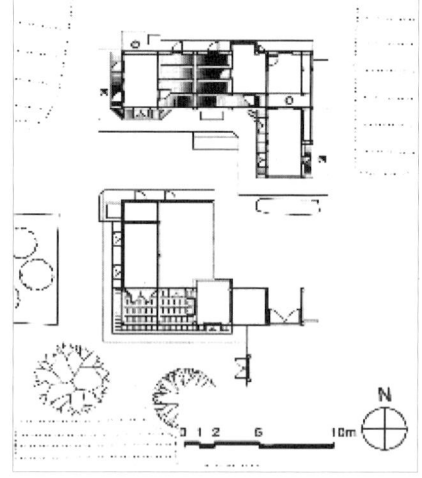

서중리 김병숙 가옥

3. 맺음말

본 연구는 문경 산북면 대상리와 대하리 및 주변 마을과 가옥의 주거 공간을 살펴보았다. 마을은 주생활영역, 생산활동영역, 의식영역로 구성된 마을의 공간 구조를 살펴보았으며, 가옥은 본채의 실 구성을 통하여 주거공간의 특성을 살펴보았다.

첫째, 본 연구 주요 대상지역인 대상리와 대하리는 논농사를 주 생업으로 한 농촌마을이면서 산간지역을 배경으로 하고 있다. 두 마을의 주생활영역은 산을 배경으로 터를 잡았으며, 전면에 생산활동영역인 농경지와 자연경관 요소인 하천이 흐르는 공간 구조를 하였다. 그리고 대하리 및 기타 마을의 의식영역인 민속문화 관련 시설물은 마을 입구에 있고, 마을의 성격이 다른 대상리는 의식영역관련 시설보다 공공성이 강한 시설물들이 마을 중심 도로변에 있는 공간 구조를 하고 있다.

둘째, 대상리는 산북면 인근의 경제, 상업, 교육 등 중심지의 역할을 하면서 성장하였다. 대상리는 마을을 관통하는 중심 도로 주변에 주요 시설들이 터를 잡고, 중심도로의 한 블록 안쪽에 주생활영역과 생산활동영역이 자리한 공간 구조를 하였다. 그리고 금천은 농경지 중앙을 흐르면서 이웃 마을과의 경계선 역할을 하였다. 대상리는 도로가 마을 중심을 관통하기 때문에 마을 안길이 중심도로에서 서쪽과 동쪽으로 경사진 구조를 하고 있다. 이런 모습은 중심 도로가 마을을 관통한 다른 산북면 마을도 같다.

셋째, 대하리의 주생활영역과 생산활동영역은 남북으로 있는 산자락을 따라 터를 조성하였기 때문에, 대상리는 마을이 확장을 할 때 장수황씨 종택을 중심으로 좌우로 확장할 수밖에 없는 공간 구조를 갖고 있다. 그리고 대하리는 중심도로를 주생활영역과 생산활동영역 사이에 남북으로 조성하였기 때문에 마을 안길은 중심 가로에서 서쪽으로 경사진 구조를 하고 있다. 중심 도로 한쪽 산자락에 터를 잡은 서중리는 깊지 않은 골과 나지막한 능선에 터를 조성하였기 때문에 마을은 하천을 따라 확장하였고 마을 중심에 공공시설이 자리하였다.

　넷째, 산북면 가옥들은 겹집과 홑집의 본채가 안마당을 중심으로 아래채가 있는 것이 일반적인 모습이다. 본채가 겹집인 전통가옥은 대부분 아래채와 같이 일자형을 하고 있으며, 홑집의 경우는 'ㄱ'자형 본채와 아래채가 안마당을 중심으로 서로 마주하도록 배치하였다.

　다섯째, 홑집의 실은 기본적으로 부엌~안방~상방·마루로 구성되는데, 상방 전면에는 마루를 꾸며 실 공간 구성하였다. 기본형이라 할 수 있는 홑집은 모두가 겹구조를 하고 있는 것이 아니라, 일부 실만 겹집구조를 하였다. 그러나 일반적인 겹집의 실 구성은 마루를 중심으로 좌우에 부엌과 상방을 꾸몄고 부엌과 상방, 마루 뒤에 실을 꾸며 이열로 실 구성을 하였다. 일반적인 겹집을 확장한 가옥은 일반적인 겹집의 형태를 좌우로 확장하거나 측면에 별도의 실을 붙여 확장을 하였다.

　여섯째, 곱은자형 홑집 평면의 실구성은 마루를 중심으로 좌우에 실을 구성하며, 마루는 좌우 1칸 또는 2칸이고 전후로는 1.5칸이다. 부엌은 전면으로 돌출한 부분에 실 구성을 하지 않고 좌우 끝부분에 실을 구성하였다. 이런 모습은 겹집의 실 구성방법에 기초한 것이다.

　이상으로 문경 산북면 대상리와 대하리의 공간 구조와 전통가옥의 실 구성을 통하여 이 지역의 주거공간을 살펴보았다. 이들 지역은 전형적인 농촌 지역이 아닌 산간지역을 배경으로 하고 있기 때문에 산간지역의 지리적 특성을 따라 중심 가로와 마을 안길을 조성하였고, 주거지를 조영한 후 확장전개 하였다. 그리고 가옥의 평면 및 실 구성은 산간지역에서 흔히 볼 수 있는 겹집의 실 구성방식을 적극적으로 수용하였다. 앞으로 본 연구는 인근 마을지역으로 조사연구범위를 넓혀 고찰을 한다면 지역적 특성 및 지역 간 상호관계를 살필 수 있다고 본다.

이건욱 국립민속박물관

서울지역 도시화된 마을의 전통문화

1. 도시, 마을, 전통문화에 대한 간단한 개념 정리
2. 도시화된 마을의 전통문화
3. 도시를 조사한다는 것. 민속학에 대한 다른 접근

서울지역 도시화된 마을의 전통문화

1. 도시, 마을, 전통문화에 대한 간단한 개념 정리

1) 도시에 대하여

도시에 대한 개념은 상당히 복잡하다. 큰 의미로 본다면 농어촌에서 생산된 1차 산업의 결과물들이 2차, 3차 산업으로 넘어가기 위한 경제적 장소이기도 하며, 또한 정치와 행정의 중심지라고 정리할 수 있다. 여기서 알 수 있듯 다양한 산업군과 행정적 역할들은 많은 인력과 공간을 요구하게 되고, 하나의 모듬 공간체인 도시가 탄생하는 것이다.

일단 이 원고의 주제는 사람에 대한 이야기이므로 도시민들을 정리해 보겠다.

도시민들은 몇 가지로 분류가 가능한데, 현재 도시에 살게 된 배경으로 분류를 해보면,

① 토박이
② 근현대사를 지나오면서 지방에서 올라온 사람(혼인, 학업 등도 포함)

③ ②의 후손들
　④ 기타 : 외국인, 출장(군복무), 지방 유학생 등

　이렇게 나누어 볼 수 있다. 물론 세분화 시키면 더욱 잘게 나눌 수 있지만, 도시민들은 웬만하면 위의 사항에 포함된다.
　인구 분포는 ②와 ③이 대다수를 차지하고 있고, 인구 분포 결과를 통해 정착 배경을 살펴본다면 한마디로 '잘 먹고 잘 살기 위해' 도시로 온 것임을 알 수 있다.
　①은 토박이라고 표현을 하였지만, 본인의 의지와 상관없이 하루아침에 도시 토박이가 된 경우가 있다. 즉 도시행정구역으로 편입이 되거나, 개발 등으로 도시민이 된 경우를 말한다. 정릉동을 조사할 때 어느 한 문중은 이 지역에서 수백 년을 살았는데, 몇 십 년 전 행정지역 개편으로 경기도 주민에서 서울시민으로 바뀐 사례이다. '서울토박이 중앙회'에서는 1930년 이전부터 서울에 살았으며, 4대문을 중심으로 10리 이내 거주자의 후손이라고 정의를 하고는 있지만, 필자는 도시에서의 정주 배경을 '자발적'과 '타의적'으로 나눠 이렇게도 생각할 수 있다고 본다.
　이제껏 정리한 것은 물론 서울시를 중심으로 한 것이다. 도시가 공단이 중심이 된 도시이거나(울산, 구미), 행정중심도시(과천, 대전시 일부지역)라면 위의 인구 정착 배경 분포도는 다른 결과가 나올 수도 있다.
　위와 같이 정착 배경을 확인하여 도시민들의 거주 현황을 살펴볼 수도 있지만, 도시 안에서 소득수준 등을 통해 나눌 수도 있다. 즉 부자동네와 그렇지 않은 동네이다. 또한 지난 지방자치단체장 선거에서 보았듯이 정당지지율로도 도시민들을 지역별로 구분할 수도 있다. 미국이나 영국 같은 경우는 한 도시 내에 몇 개의 스포츠팀을 가지고 있는데, 응원하는 대상에 따라 주민들을 구분하기도 한다.
　도시는 그 안에 여러 행정 구역을 두고 있다. 행정 구역은 개발 등과

맞물려 수시로 변하며, 각 행정 구역들은 시간이 흐를수록 자신들에게 주어진 사회적 인프라(교통, 학교, 공단 등)에 따라 점차 타지역과 구별되기도 하고 동일화되기도 한다.

2) 마을에 대하여

마을의 개념을 어떻게 잡을까? 이것도 만만치 않은 문제이다. 행정구역상 동에 속하는 것으로 정리 할 것인지 아니면 그 안에서 통반으로 나눌 것인지 딱히 구분할 수 있는 것은 아니다. 그런데 필자가 보기에 중요한 것은 자기가 사는 '동네'에 대한 '소속감'이 있어야 마을이 형성된다고 생각한다. 소속감은 살고 있는 지역의 '지명'에 의해 생기기도 한다. 정릉3동 배밭골을 조사했을 경우 나이든 주민들은 배밭골이라는 지명에 대해 애착도 있고, 그 의미도 알며, 이른바 마을 단위의 여러 행사를 조직하고 있었다. 그러나 젊은 사람들은 배밭골이라는 동네 이름 자체에는 애착이 있을지언정, 딱히 소속감 등을 느끼지 못했으며, 다소 촌스러운 명칭 때문에 집값이 오르지 않음을 걱정하였다.

지명에 의해 소속감이 생긴다고 하기는 했지만, 일단 한 곳에 오래 살아야 익숙해지며 애착이 생긴다. 실제로 최근 여기저기 서울 곳곳을 조사해 본 결과, 오래된 동네와 최근에 생겨 젊은 사람이 많은 동네와는 주민들의 생활습관이 다름을 알 수 있었다. 특히 아현동과 정릉동에 오래도록 산 주민들은 자신의 동네는 '시골처럼' 인심이 좋은 곳으로 표현하며 각별한 애정을 드러냈다.

지명과 관련하여 아파트와 관련된 이야기를 안 할 수 없다. 필자가 잠시 살았던 어느 도시의 '샘마을 ○○ 아파트'의 경우 주민의 100%는 예부터 내려온 샘마을의 정기를 받은 토착민 출신이 아니며 그냥 옛지명을 딴 아파트에 입주하게 된 것이다. 주민들은 샘마을이라는 데에 애착을 갖는 것이 아니라 '○○ 아파트'라는데 더 애착을 느끼며, 지역이 다르더라도 같은 명칭의 ○○ 아파트의 주민이라고 할 경우 지역을 떠나 '같은 이름을 가진 마을에 대한 거시적인 동질성'을 느끼기도 한다. 즉 샘마을 주민으로서의 동질성이 아닌 ○○ 아파트 주민으로서의 동질성을 느끼는 것이다. 이런 곳의 주민들이 하나가 되어 '마을 분위기'를 낼 경우는 주거 환경 개선 같은 '돈'이 들어가는 일에 대한 협의를 할 경우이고, 따로 공동체 민속현상은 딱히 목격되고 있지 않다. 그렇다고 아예 이웃끼리 모르고 지내는 것은 아니다. 어느 정도 연세가 드신 가장이 있는 집안은 새로 이사를 왔을 때 적어도 같은 동에 사는 주민들에게는 떡을 돌리기도 하며, 경조사가 있을 때 이를 알리기도 한다.

아파트 이야기가 나와서 덧붙이자면, 아파트도 두 종류가 있는데, 한 층에 두 채가 있는 계단식 아파트와 한 층에 여러 집이 붙어 있는 복도식 아파트가 그것이다. 이 두 아파트에서의 삶은 좀 다른 편이다. 조금 더 농어촌에 가까운 분위기를 내는 것이 복도식 아파트이다.

도시에서의 마을 생활이 농어촌보다 삭막한 것은 절대 아니다. 언론에서 종종 도시에서의 소외된 개인의 삶에 대해 기사를 내곤 하지만, 인간은 애초 사회적 동물이며, 한국인은 여기에 더욱 사회적이다. 다른 동네로 이사를 갔을 경우에도 이전 동네 이웃들과 끈끈한 관계를 유지하고 살고 있는 모습을 필자는 상당히 많이 보아왔다.

한편 농어촌 마을의 지역범위가 명확하다면 도시에서의 마을 지역 구분은 불명확하다. 즉 농어촌 주민들에게 '당신의 마을이 어디까지 입니까'라고 물었을 때, 그것이 행정구역상이던 전통적으로 내려오던 범주이던 농어촌 주민들은 자신들의 마을 구역을 정확히 인지하고 있었다. 그러나 도시에서는 상황이 좀 다르다. 일단 마을이라는 단어는 순전히 시골에서만 사용하는 단어로 알고 있으며, '동네'라는 표현을 자주 쓰는데, 여기에 당신이 살고 있는 동네의 경계를 물어보면 거의 대부분 구분을 하지 못했다. 아파트나 연립주택 주민들의 경우 자신이 살고 있는 동이나 단지를 나누기도 하지만, 개인주택에 살고 있는 사람들의 경우, 옛 지명이 있는 동네라 하더라도 그것을 정확히 꼬집어서 말을 하지 못했다.

마을이라는 개념은 사람을 떼어 놓고 생각하지 못할 것이다. '사람'이 살고 있는 공간이야 말로 마을인데, 이주가 잦은 도시에서는 사람들의 빠른 수요공급으로 인해 마을의 경계가 흐려지는 것 아닌가 싶다. 그래서 그런지 최근 행정구역명칭 개선을 하면서 동네 노인들에게 각 길에 대해 역사와 민담 등을 물어 옛 모습을 알리고 원래 지역의 정체성을 알릴 수 있도록 길 이름을 만들어주는 광경도 볼 수 있었다. 좀 더 자세한 마을의 개념은 다음 장에서 사례를 들면서 설명하도록 하겠다.

3) 도시화된 전통문화

전통문화는 시간성, 공간성(지역성), 계급성 등을 가지고 있지만, 여기서는 주로 농어촌이라는 공간에서 주로 행했으며, 과거에 많이 하던 것으로 일단 의미를 좁혀보고자 한다.

도시에서의 전통문화는 한마디로 하이브리드한 상태라고 말할 수 있다. 각지에서 몰려온 사람들, 그들이 예전에 향유하던 전통문화들과 토박이 문화, 지금도 쏟아져 들어오고 있는 농어촌 사람들과 그들의 2~3세의 가정 내에서의 문화와 사회에서의 문화 등이 뒤섞여 있다.

기존의 전통문화는 자연에 대한 해석과 그 대응, 상부 계급이던 하부 계급이던 일련의 문화적 형태에 대한 해석자나 조정자의 필요, 격식과 틀이 특징이었다면, 하이브리드한 도시 문화는 기존 전통 문화에 대한 개별적·집단적 재해석이 매우 자유롭다. 즉 전통 문화를 지키되, 그 양식과 틀은 문화를 향유하는 개인이나 집단이 정하는 것이다.

도시화된 전통문화는 밑에 장에서 구체적인 사례를 들어가며 설명하도록 하겠다.

2. 도시화된 마을의 전통문화

1) 모임 문화의 변화

일단 도시 동네에서의 모임 문화의 변화에 대해 살펴보자. 농어촌에서의 전통 모임 문화는 상당히 경제적인 목적을 바탕에 깔고 있다. 사람의 힘을 필요로 하는 생업 환경에서는 이를 능률적으로 조직·운영하는 사회 조직이 당연히 필요했을 것이다. 과학의 발달로 여러 가지 보조 장비 등이 나오면서 시간적 여유를 갖게 되었고, 여기에 맞는 유흥(친목) 모임도 활성화 되고 있지만, 아직은 모임이 형성되는 기준은 생업과 관련이 있다.

도시에서의 모임 문화는 다르다. 농어촌처럼 직접적으로 생업에 도움이 되고자 만든 모임들이 있지만, 상대적으로 좀 더 친목적이고 사회적인 모임들이 많다는 것을 볼 수 있다. 또한 모임의 지역적 폭이 동네를 넘어 광범위한 것이 매우 많다. 처음에도 지적했지만, 동네라는 개념 자체가 도시민들에게 그때 그때 상황에 따라 다르기 때문에 설사 같은 동네에서 만든 모임이라고 해도 점차적으로 조직이 광범위하게 퍼지는 경우가 많다. 이는 동네라는 개념의 문제도 있겠지만, 잦은 이사 등도 한 원인이 된다.

도시에서의 모임은 여러 가지로 분류할 수 있다. 농어촌에는 없는 '향우회' 같은 것이 많고, 당장의 이익을 추구하는 모임이 아니라 장기적인 차원에서 전략적으로 만든 모임도 많다.

동네, 즉 마을 내에서 형성되는 모임의 경우는 크게 몇 가지로 분류해

볼 수 있다. 먼저 단순한 친목 모임이다. 필자가 조사한 바에 의하면 동네의 번지수를 모임의 명칭으로 내세우기도 해 같은 동네 사람이라는 동질감을 서로 나누고자 한다. 이들 모임은 정기적으로 여행을 하고 식사를 하며, 서로 친목을 도모하는데, 때로는 이사를 가더라도 모임에는 빠지지 않고 나오는 경우도 있다. 또한 친목을 도모하는데 그치지 않고 서로 계를 하여 목돈 만들기를 하기도 한다.

종교적인 모임도 마을 단위로 이루어진다. 가톨릭 같은 경우는 자신들의 교구를 아주 세밀하게 분류를 해 놓고 여기에 구역장 등을 뽑아 각종 종교적인 모임 등을 행하게 한다. 개신교 교회도 별반 다르지 않아 교회를 중심으로 여러 구역으로 나눠 신자들도 관리하고, 신자들끼리의 소모임을 형성하게 한다. 종교적인 모임임에도 정기적인 여행과 식사가 있으며, 모임 내에 구성원들은 종교적인 주제뿐만 아니라 삶과 관련된 모든 문제를 서로 논의하고 충고한다.

친목과 종교적인 모임 외에도 '행정적 성격'을 띈 모임이 있다. 통반 모임 등이 있어 반상회 때 동네의 일들을 처리한다. 그런데 예전 반상회가 정부 기관의 여러 정책 홍보라든가 국가적 일들을 통보하는 자리였다면, 요즘 반상회는 좀 더 실질적인 문제들을 토론하는 자리가 되었다. 즉 통반장을 통해 주요 국가 시책 등을 듣기도 하지만 무엇보다도 서로 모여 동네의 재개발 및 주거환경 개선 등에 대한 이야기를 많이 나눈다. 이는 아파트 단지에서도 마찬가지이며, 일괄적인 홍보 방송 등이 가능한 아파트에서 되레 개인주택이나 연립주택 단지보다 반상회의 기능이 더 활성화되고 있다.

행정적 성격을 띠면서 사회적 성격을 띠고 있는 것이 있다. 적십자 모임이 이런 모임의 분류에 포함될 수 있으며, 동네 자치 청소 모임 등이 있다. 아현동의 경우 7080모임이라고 해서 동네 70~80대 노인들이 모여 동네 청소를 하는 모임을 결성하여 정기적으로 청소 등을 하였다.

또한 자체적인 방범단을 구성하기도 하며, 경로당을 중심으로 노인들이 모임을 갖기도 한다.

2) 마을 신앙

서울에도 많은 마을 신앙이 아직까지도 전승되고 있다. 농어촌과 마찬가지로 동네의 노인들이 대부분 주역으로 참여한다. 필자는 정릉동의 한 산신제를 조사할 수 있었다. 산신당은 정확한 위치가 없었다. 산에서 제를 지내기는 하지만 산에 공원도 조성하고 이래저래 공사 등으로 인해 정확한 위치를 잡지 않았다고 한다. 산신제에는 주민자치센터장(동장)이 참석한다. 동장은 이러한 산신제를 동네 화합을 위한 하나의 축제로 만들고자 했다. 현장에서 모범시민 표창을 하는 등 여러 가지 계획을 세우고 있는 것을 볼 수 있었다. 구에서도 산신제는 전통문화를 계승하는 것이고, 지역 이미지 제고에 도움이 된다고 하여 일정 금액을 지원하고 있었다.

필자가 조사한 산신제는 비교적 최근에 유교식 제차가 자리 잡았다. 충남의 한 향교에 있던 노인이 이사를 오면서 기존의 제사를 이렇게 바꾼 것이라고 한다.

산신제의 목적은 마을 안녕과 구성원들의 행복이었다. 제사를 주관한 노인들은 자기들의 세대가 마을제사를 지내는 마지막 세대일 것이라고 한다. 젊은 사람들의 관심도 없어지고, 무엇보다도 개발 등으로 인해 제당 자체가 소멸될 위기에 처해 있기 때문이다.

제사를 지내는 노인들이야 그렇다 쳐도 그것을 바라보는 다른 주민들은 어땠을까? 노인들은 제비 마련을 위해 걸립을 다니는데, 이 동네에 오래 산 주민들은 자신의 종교가 개신교이던 아니던 기꺼이 찬조금을 내주었다. 젊은이들은 마을의 안녕과 개인의 행복을 위한 산신제가 아니라 무슨 푸닥거리 보는 듯 하는 부류도 있었고, 동이나 구에서 인위적으로 하는 행사로 보는 경우도 많았다. 한마디로 큰 관심을 기울이지 않았다.

마을의 전통문화에 대한 변화를 발표하는 자리지만, 적어도 산신제 같은 마을 신앙의 상황은 지금 농어촌의 현실과 거의 다를 바 없다. 아마 두 공간에서의 차이는 도시에서의 마을신앙의 전승은 '동기가 없다.'이며 농어촌에서는 '사람이 없다' 아닐까 한다.

3) 세시풍속과 놀이

도시의 세시풍속은 복합적이다. 특히 제사의 경우 서울 토박이가 아닌 다음에야 명절이 되면 고향에 가서 지내는 것이 일반적이었다. 하지만 고향에 연고가 끊어졌고, 이북 실향민이라든가, 아예 서울 생활에 적응하여 살게 된 사람들의 경우는 좀 다르다. 제사 등의 방식 등은 자신들의 근원지(?)의 양식과 서울에서 보고 들은 다른 지역의 방식을 섞어서 지낸다. 일정한 틀이 있다기 보다 자신들만의 노하우로 격식보다는 지낸다고 할 수 있다. 제사의 목적 또한 조상님의 은덕을 기리고 기억하는 것이 아니라, 제사를 통해 여기저기 흩어져 있는 가족들이 모이는 자리라고 생각하는 경향이 짙었다.

제사, 특히 설과 추석의 차례의 경우 우리 박물관에는 제사상 차리는 방식에 대한 전화가 폭주를 한다. 가족들이 모이는 자리라 하더라도 나름 제대로 차리고 싶어 하는 마음은 누구나 같은 모양이다.

세시풍속에서 빠질 수 없는 것이 대동놀이이다. 그러나 시간과 장소의 활용방식이 농어촌과 달라 대동놀이의 형식은 달라질 수 밖에 없다. 가장 흔하게 하는 놀이가 정월 대보름 전후해서 동네마다 윷놀이 대회가 열린다.

동네 부녀회 등이 주최가 되어 행사가 열리는데, 놀이 방식이 쉽고 어렵지 않아 많은 인원들이 참석하는 편이다. 그런데 남녀노소가 함께 어우러지기 보다는 대부분 방학기간임에도 불구하고 어느 정도 나이든 사람들이 많이 참여한다.

최근 들어 그래도 윷놀이를 위시하여 각 동네별로 대동놀이를 계획하고 있는 편이라고 구의원들에게 들었다. 지방자치제가 되면서 일종의 업적도 쌓고, 놀이를 통해 주민 얼굴도 볼 수 있어 정치 지망생들이나 현 정치인들이 꼬박꼬박 참석도 하고, 다른 놀이도 계획하고 있다.

4) 인간관계

마을에서의 인간관계는 확실히 농어촌이 더 깊을 수밖에 없다. 대를 이어 살다보니, 본인의 의지와 상관없이 이웃들의 깊은 사생활까지 공유한다. 그러나 도시에서는 본인이 알고자 하지 않는다면, 이웃들의 사생활은 철저히 베일에 가려져 있게 된다. 그 사람의 조상이 뭐 하던 사람이었는지, 옆집의 가장이 전과자인지 아닌지 굳이 신경을 안 쓴다면 철저히 알려지지 않는다. 또한 잦은 이사로 인해 깊은 정을 주고받는 이웃은 그리 많지 않은 편이다.

지역감정은 의외로 강한 편이다. 되레 그 지역에서 살다 온 사람들보다 그 후손들이 지역적 특색을 더 논한다. 그래서 한 동네에서도 경상도 사람은 경상도사람끼리 전라도 사람은 전라도 사람끼리 아주 친한 이웃이 된다. 그래서 새로 이사 온 사람이 있으면 그 사람이 가지고 있는 여러 가지 스펙보다는 먼저 어느 지역 출신인지를 묻고 나서 그 사람의 지역이 마음에 드는 경우 다음 질문으로 넘어가게 된다.

한국 사회에서 지역적 차이는 정치적 견해의 차이와 거의 동일시 되는데, 이로 인해 농어촌에서는 볼 수 없는 싸움질이 펼쳐지곤 한다. 이러한 지역감정은 동네 사람들이 같이 만든 각종 모임 안에서도 드러난다. 실제로 조사 도중에도 모임의 누구는 어디 사람이네 그래서 성격이 어떻다네 하면서 말이 많은 편이었다.

3. 도시를 조사한다는 것, 민속학에 대한 다른 접근

위에 몇 가지 사례를 들어 이야기를 풀어보았다. 어찌 보면 농어촌이나 도시나 전통문화라는 것이 변하는 것은 마찬가지이다. 도시로 농어촌의 민속이 넘어와 도시 나름대로의 형태를 갖추듯 그 반대의 경우도 있기 마련이다. 농어촌에서의 요즘 문화는 도시에서 내려간 현대적인 유행이나 상황에 따른 것이므로 그것에 대한 논의는 다른 전문가에게 들어보는 것이 나을 것이라 여기서는 굳이 언급을 하지 않겠다.

필자는 2007년부터 도시민속 조사연구를 시작했다. 마치 농어촌 조사를 하는 것처럼 명확한 지역을 선정해, 조사항목도 농어촌 조사 때와 마찬가지로 만들어서 해보기도 했으며, 지역은 정하되 나름대로의 조사항목, 조사방법을 정해 해보기도 했다. 요즘에는 지역성을 벗어나 계층별 조사를 해보면서 이것저것 실험을 해보고 있다. 아울러 우리나라의 도시민속조사연구는 아직 시작단계에 불과하다고 생각한다. 그러한 상황에서 몇 백명 정도 도시민들을 만나 인터뷰하고 조사를 했다고 해서 이렇게 글을 작성하여 기고하는 것이 너무나 부끄럽다. 아직은 더 조사를 해 봐야하고, 도시라는 공간과 그 역동성은 대단한 것이기에 좀 더 경험을 더 쌓아야 한다고 본다. 특히 도시는 농어촌의 마을처럼 하나의 경제사회적 공동체(또는 집성촌처럼 정치사회적 공동체)가 아니다. 다양한 목적과 배경을 가지고 도시가 형성되었기 때문에 기존의 조사 방식과 틀로는 도저히 도시민의 삶과 문화를 옳게 써내려가기 어렵다. 그렇기 때문에 필자가 올바르게 도시민속조사연구를 했는지 잘 모르겠다. 아마도 격식에 맞춰진 오래된 조사카드, 그것이 과연 타당한지 단 한번도 의심조차 안했던 기존 조사항목 등이 새로운 조사지역과 조사대상을 만나면서 마구 섞여 뭐가 뭔지 모르는 상황이 된 것 아닌가 싶다.

그러다보니 이러한 생각이 든다. 우리 보고서에 빠지지 않고 등장하는, 다시 말해 민속조사에 있어 기존의 조사항목들에 대해 그 '객관성'을 의심해봐야 하는 것 아닌가? 또한 민속이라는 개념어에서 가장 중요한 요소인 '전승'이라는 것에 대해서 다른 시각을 가져 볼 필요가 있는 것은 아닌가 하고 말이다.

그간의 대표적인 조사항목들은 일련의 통일된 행동이나 관념을 조사하는 것이다. 즉 일반적인 사람들의 삶의 행태를 알기 위해서 부득이하게 우리 인간의 행동 중에 공통적인 점들과 또한 여기에 갖가지 관념들이 나오는 것들을 선정한 것이다. 여기에 전승이라는 시간성을 입혀 인간의 행동에 대한 패턴을 보고자 하는 것이다. 이러한 방법들이 잘못되었다는 것은 아니다. 필자는 단지 의심스러울 뿐이다. 그래서 한번 반대로 생각해 보자는 것이다.

필자는 기존의 조사항목이 아닌 것들에 대해 실험을 해보았다. 다시 말해 세대간에 연결이 되지 않고 당대의 끝날 운명에 처한 행위나 관념, 보편적이라고 볼 수 없는 특수한 계층의 조사 등을 해본 것이다. 물론 반론이 만만치 않았다. 민속의 개념이 무엇이냐부터, 그것은 보편적이지 않은 주제라는 둥. 그러나 잘 생각해보면 어차피 인간의 모든 행동이, 보편적이던 보편적이지 않던, 그것은 사회적으로 주어진 틀 안에서 이루어지지 않는가? 즉 아무리 특이하고 변칙적인 것처럼 보이는 행동이라 할지라도, 그것은 사회적으로 주어진 울타리 안에서 행해진다는 것이다. 이때 한 개인 또는 한 시대에 벌어지는 일회성이라고도 할 수 있는 '사건'의 기록이 어떻게 당대의 집단이나 사회를 대표 하냐는 질문이

들어올 수 있다. 필자는 에두아르도 그렌디의 '정상적 예외'라는 개념으로 대답하고 싶다. 말장난 같고 모순적인 것 같은 개념이지만, 이것은 상대적 관점에 대한 이야기이다. 즉 범죄자나 이단처럼 주변부에 속하는 사람들은 지배계층에 의해 '비정상적'이라고 규정되기 때문에 오히려 그들은 자신이 속한 환경이나 계층문화를 '정상적'으로 대표하고 있다는 의미이다. 이와 함께 지배계층은 피지배계층의 사회적 현실을 조직적으로 왜곡하려고 한다. 이때 지배계층에 의해 만들어진 많은 '공식적인'자료보다는 피지배계층의 목격자나 피의자가 남긴 기록들이 비록 양이 적다할 지라도 사회 현실에 대해 훨씬 많은 것을 우리에게 전해 줄 수 있다는 것이다. 조한욱은 이것을 광주민주화항쟁의 예를 들며 증명해 보이기까지 했다.

이렇게 주변부의 것들, 정상적이지 않은 것들에 대한 기록은 한다할 지라도 막상 이것을 인용하는 연구자들에게는 지배계층과 피지배계층의 증언이 확연히 다를 경우 당황하게 마련이다. 이럴 때는 긴즈부르크의 '실마리 찾기', 즉 민속조사에서 벗어나 조사내용을 연구할 때는 사회과학자들처럼 딱딱 떨어지게 검증절차를 밟는 것이 아니라 일단 의사가 진단하는 식으로 해 보는 것이 어떤가 싶다.

아울러 민속이라는 단어를 구체화하는 '전승'이라는 개념을 민속조사를 하는데 있어 한번쯤 버려보는 경험도 시도해 볼 만하다고 본다. 마치 미셀 푸코가 역사의 연속성이 아니라 역사의 단절기에 더 주목했듯이 말이다. 꼭 전승이 되는 것이야말로 민속조사의 대상의 충족조건이 아닐 수도 있다는 가정을 해보자는 것이다.

어쨌든 역사연구의 장점 중 하나가 인간이 시간 속에 존재하고 있다는 것을 상기시켜주는 것이며 민속조사연구의 장점은 인간은 시간과 공간을 초월하여 서로 소통하고 있다는 것을 알려주는 것이라는 것도 염두에 둔다면 위에 주장한 몇 가지 시도들은 나름 의미가 있다고 본다.

강성복 공주대학교

반촌마을 유교식 동제의 특징과 성격
-19세기~20세기 초 충청지역의 산신제를 중심으로-

1. 머리말
2. 유교식 산신제의 성립과 확산배경
3. 반촌마을 산신제의 제관과 상하민의 역할
4. 반촌마을 산신제의 특징과 성격
5. 맺음말

반촌마을 유교식 동제의 특징과 성격
- 19세기~20세기 초 충청지역의 산신제를 중심으로 -

1. 머리말

산신제는 고대의 제천의례나 산천제로 거슬러 올라갈 만큼 오랜 역사를 간직하고 있다. 산신에 대한 뿌리 깊은 신앙관념은 비단 국가 차원에서만 제사가 이루어진 것은 아니었다. 민간에서도 이미 1세기를 전후한 시기에 산신은 토착민의 신앙으로 수용되어 '풍우風雨를 순조롭게 하고, 전토田土를 윤택하게 하며, 백성의 장수長壽와 오곡五穀의 풍년, 도적盜賊이 일어나지 않기를 기원하는 신'으로 치성을 받고 있었다.[1] 또한 동예東濊의 호신虎神 숭배가 산신으로 관념되는 것은 잘 알려진 사실이다.[2]

이와 같이 산신제는 일찍이 고대의 산악숭배에서 유래되었고, 고려와 조선을 거쳐 오늘에 이르기까지 동제로 뿌리를 내려 그 모습을 전하고 있다. 물론 조선초기에는 산신제를 위시한 민간의 동제가 예제禮制에 어긋나는 음사淫祀로 금지되어 탄압을 받기도 했지만, 조선후기에는 '차산

---

1 이병도, 『韓國古代史硏究』(박영사, 1976), 147~148쪽.
2 서영대, 「東濊社會의 虎神崇拜에 대하여」, 『역사민속학』 제2호(역사민속학회, 1992).

지하칙촌촌기제此山之下則村村其祭 인인기성人人其誠 이래유기백년의伊來有幾百年矣',³ 곧 '산 아래 마을마다 제사하고 사람마다 정성을 드려온 지 수백 년이 되었다'고 지적될 정도로 향촌사회 내부에 광범위하게 확산되어 있었다.

충청지역에서 산신제는 이른바 '상당上堂'의 핵심적인 의례로서 내륙 산간지역과 평야지역을 막론하고 가장 보편적인 동제로 전승되고 있다. 그러나 지역의 특성과 생활환경, 그리고 마을의 유형에 따라서는 그 전승양상에 조금씩 차이가 있다. 가령 충주·제천 등 지난날 화전촌 일대에서는 7월 초에 길일吉日을 택하여 산신제를 지내는 마을을 흔히 볼 수 있다. 이는 화전火田으로 삶을 영위했던 생업주기와 긴밀한 관련이 있는 것으로,⁴ 7월 산신제는 다른 시군에서는 거의 찾아볼 수 없는 매우 독특한 관행이다.

이에 비해 대부분의 지역에서 전승되는 산신제는 크게 신년제와 추수감사제로 대별된다. 따라서 제일은 정초 또는 정월 14일에 거행되는 정월제와 가을걷이를 마친 뒤 음력 시월(혹은 동짓달)에 치제되는 상달제가 보편적이다. 특히 시월에 산신제를 지내는 마을⁵이 집중적으로 분포하고 있어 경기도의 시월 동제⁶와 더불어 충청지역 산신제의 특징적인 모습으로 부각된다.

그런가 하면 '산신맞이'의 오랜 전통이 녹아 있는 '마중시루(마짐시루)'의 관행도 빼놓을 수 없다. 마중시루는 공동체를 대표하여 사제로 선정

---

3 『山祀禊重修座目』「序文」, 壬午 十日月 二十五日.
4 강성복, 「제천시 화전촌 동제의 전승양상과 그 특징」, 『충북학』 제9집(충북학연구소, 2007), 116~119쪽.
5 가령 충남 연기군에서 전승되는 산신제는 제일이 모두 음력 시월 혹은 11월이다. 반면에 논산·대전·공주 등에서는 정월의 산신제와 시월의 산신제가 혼효되어 있으며, 마을에 따라서는 춘추제향을 동시에 거행하는 사례도 있다.
6 김지욱, 「경기지역 마을신앙의 전승현황」, 『2007년한국민속학자대회논문집』(국립민속박물관, 2007), 304쪽. 경기지역 동제의 祭日은 음력 10월이 499개소로 전체의 38%를 차지하는 것으로 나타났다. 이는 정월에 제를 지내는 163개소의 3배에 달하는 수치로서 경기도에서는 10월 동제의 비율이 가장 높은 것으로 집계되었다.

된 제관과 마을의 구성원들이 한마음 한뜻으로 산신을 맞이한다는 성스러운 신앙관념이 반영되어 있다. 즉 산제당에서 떡이 다되어 제물이 진설되면 "마중시루 떼시오"라고 큰 소리로 외쳐서 알려주거나, 징을 울리거나 혹은 횃불을 놓아 신호를 보내면 각 가정에서도 떡시루를 당산 또는 마당으로 옮기고 '맞정성'을 올리는 것이다.[7]

이 글은 반촌마을에서 전승되는 산신제의 특징과 성격을 살피는데 목적이 있다. 주지하다시피 '반촌'이란 조선시대 흔히 양반으로 불리었던 재지사족이나 그 후예들이 거주하는 집성촌을 지칭한다. 따라서 반촌이란 엄밀한 의미에서 1945년 이전에 사실상 소멸된 촌락의 개념으로 보아도 틀리지 않다. 그리하여 여기에서는 비교적 반촌의 성격이 완고하게 남아 있던 마을에서 전승되는 산신제를 대상으로 하되, 그 시점은 반상의 구별이 엄존했던 19세기~20세기 초의 산신제에 초점을 맞추어 논의를 전개하려고 한다. 이를 위해 산신제의 전승주체들이 기록으로 남긴 마을문서를 주요 분석대상으로 하면서, 미흡한 부분은 일제강점기에 산신제를 경험한 제보자의 증언을 방증자료로 활용하게 될 것이다.

본고에서는 먼저 유교식 동제의 정착과 긴밀한 관련이 있을 것으로 판단되는 선초의 사전정비에 대하여 간략하게 짚어보고, 산신제로 대표되는 유교식 의례는 반촌에서 주도적으로 수용하여 그 예하의 민촌으로 확산되었을 개연성을 타진하고자 한다. 아울러 산신제를 수행하는 과정에서 이루어졌던 상하민간 제관의 역할을 분석함으로써 그것은 철저하게 신분관계 속에서 성립된 것임을 추적할 것이다. 마지막으로 유교식 행례절차가 중시되는 반촌마을 산신제의 특징과 성격을 구체적인 기록을 통해 살피고자 한다.

---

[7] 강성복, 「산신제에 수반되는 '마짐시루'의 의미와 성격」, 『어문연구』 61(어문연구학회, 2009), 153~158쪽.

2. 유교식 산신제의 성립과 확산배경

1) 조선조 祀典 개편과 산신제

사전祀典이란 나라의 제사에 대하여 예조에서 예전禮典 등을 통해 규정한 제사규범祭祀規範을 말한다.[8] 조선은 유교의 지배 이념을 공고히 하고 중앙집권을 실현할 목적으로 사전祀典을 정비했다. 이에 따라 '민간에서 치제되는 산천제는 음사淫祀로 규정되어 마땅히 금지해야 한다'는 논의가 선초부터 빈번하게 제기되었다.[9] 산천제의 금단禁斷 이유로 조정의 유신들이 내세운 명분은 '천자天子는 천지天地에 제사하고, 제후諸侯는 산천에 제사하며, 대부大夫는 오사五祀(5대조)에 제사하고, 사士・서인庶人은 조부祖父에 각각 제사하는 것'을 당연한 예로 여긴 까닭이다. 다시 말해 천자・제후 및 사士・서인庶人은 각각 제사하는 신이 있는데, 천자라야 천지에 제사하고, 제후라야 산천에 제사할 수 있다는 것이다. 그러므로 일반 백성들이 모두 산천에 제사하는 것은 예제에 어긋나는 일이므로 마땅히 금지해야 한다[10]는 것이 그 논리였다.

따라서 신분질서에 벗어나는 일체의 제사는 음사로 치부될 수밖에 없었고, 이처럼 각기 신분에 맞는 제사의 대상을 규정한 것은[11] 사전祀典의 정비를 통해 유교의 통치이념을 향촌사회까지 일원화하려는 집권층의 의도였다. 결국 산악제 금지 및 음사의 금단이란 대의명분 이면에는 상하존비의 분수를 준수케 함으로써 유교적 신분질서의 확립[12]을 통한 왕

---

8 정승모,『朝鮮後期 地域社會構造 研究』(한국학중앙연구원 박사학위논문, 2006), 25쪽.
9 이하 원고의 대용은 강성복,『朝鮮後期 忠淸地域의 洞祭 研究』(공주대학교 박사학위논문, 2009)에서 인용함.
10 『太祖實錄』卷2, 太祖元年 9月 己亥;『定宗實錄』卷6, 定宗2年 12月 甲戌;『太宗實錄』卷24, 太宗12年 10月 庚申;『世宗實錄』卷23, 世宗6年 二月 丁巳條.
11 박호원,『韓國 共同體信仰의 歷史的 研究－洞祭의 形成 및 傳承과 관련하여』(한국정신문화연구원 박사학위논문, 1997), 145쪽.

권의 강화와 일정한 관련이 있는 것이었다.[13]

조선 초기에 민간의 사신祀神 행위를 대체할 목적으로 도입된 것이 중국의 이사제里社制였다. 태종 14년(1414) 충청도 관찰사 허지許遲의 건의에 의해 건의된 이사제는 '각 향촌에서 민호의 많고 적음을 헤아려서 40~50호를 단위로 하나의 사社를 세워 제사하되, 무릇 향리의 백성이 규정된 법령을 존중하지 않고 오히려 음사를 행하여 신당神堂이라 칭하고 따로 마을에 세운 것은 모두 불에 태워 없애버려 엄격하게 다스리라'[14]는 내용의 강력한 것이었다.

이사제의 실시는 국가주의적 입장에서 중앙집권화정책을 의욕적으로 추진하고자 했던 선초 집권층들의 입장이 반영되어 있다. 중앙의 성리학자들은 처음에는 개별성이 강한 사신행위를 '음사'라 하여 금지하고자 했으나 현실적으로 불가함을 느끼고 유교적 색채가 강한 중국의 이사제로 대체하여 향촌 사회의 동제에 통일성을 부여하고자 했던 것이다. 따라서 이사제는 전래의 사신풍습祀神風習인 동제를 이사로 대체하여 존속시키는 동시에 향약적인 사회질서를 확산시킴으로써 유교적 윤리정치의 사회적 기반을 굳혀가는 반면에, 일체의 음사를 폐지하고 국가적인 의례만을 결과를 가져올 것으로 기대되었던 것이다.[15]

그러나 이와 같이 지속적인 음사의 금단책에도 불구하고 산신제를 비롯한 민간의 사신祀神 행위는 일시적으로 위축되었을지언정 여전히 전승력을 잃지 않았다. 음사를 없애는 실천방안으로 도입된 이사제 역시 삼척[16]이나 제주 등 일부 지역의 사례를 제외하면 실효를 거두었다는 증거

---

12 위의 논문, 148쪽.
13 이태진, 「士林派의 留鄕所 復立運動」, 『韓國社會史研究』(지식산업사, 1996), 127~136쪽.
14 『太宗實錄』 卷27, 太宗14年 正月 癸巳條.
15 이해준, 『조선시기 촌락사회사』(민족문화사, 1996), 193쪽.
16 1661년(현종 2)에 삼척부사로 부임한 허목이 향약을 실시하고 향약으로 하여금 이사를 세우게 한 것이 그 좋은 본보기이다(許穆, 『陟州誌』 下, 「置里社諭父老文」).

는 포착하기 어렵다. 이는 역설적으로 당시 촌락사회의 저변에 동제가 확고하게 뿌리를 내렸음을 반증하는 것이다. 실제 성종 때까지 주로 거론되던 음사 문제는 주로 궁 및 도성을 것이므로 한 것이며, 음사 행위를 성안에서 금지시키고 이를 성 밖으로 몰아내는 데에 있었다. 지방에 대해서 신명神名을 통일하는 등 제도적인 측면을 정비하는데 그치는 정도이며, 직접 음사로 다스린 대상은 전라도 나주의 금성산 등 두드러진 몇 곳에만 국한되었다.[17] 오히려 조선중기에는 도성과 궁중 안에서조차 음사가 근절되기는커녕 공공연하게 자행되고 있었다.

음사를 받드는 일이 근래에 더욱 성하여 궁중의 높고 낮은 사람들이 모두 고혹되어 金銀·珠玉의 패물을 다투어 보내어 정성을 드리는가 하면, 심지어는 御冠·御服까지 보내어 土像이나 木像에 입혀놓고 國本의 탄생을 빈다 하니, 국본은 만백성의 복인데 어찌 빌어서 얻어지는가. 邪辟된 풍조가 宮禁에서 먼저 시작되었는데도 위에서 금지시키지 않으니 고혹됨이 심하다. 위에서 행하는 것을 아래서 본받아 그 화가 날로 성하여 민간의 재화가 장차 텅 비어버리게 되었다. …(중략)… 음사가 국가에 무슨 도움이 되기에 사기를 좌정시킴이 이 지경에 이르렀단 말인가.[18]

라고 개탄할 정도였다. 이처럼 무수한 음사 금단론에도 불구하고 조선중기 이후에는 주로 무속의 금지와 민간에서의 산신제 등을 묵인하는 방향으로 나아갔던 것이다.[19] 이는 조선 후기 산신제를 위시한 유교식 동제가 민간에 체계적으로 수용되어 널리 확산될 수 있는 계기가 되었

---

17 정승모, 앞의 논문(2006), 32쪽.
18 『明宗實錄』 卷32, 明宗21年 1月 24日 丙辰條.
19 박호원, 앞의 논문, 177~178쪽.

다. 다시 말해 유교식 동제는 조선의 집권층이 줄기차게 추진해온 음사 금단책을 어느 정도 수용한 타협의 산물인 동시에,[20] 유교적 관념체계가 조선전기부터 가례家禮의 보급을 통해 체계적으로 민간의 동제에 영향을 끼친 것으로 이해된다. 즉 가례는 당시 사회의 대표적인 이데올로기적 예제禮制였으며 신분상승을 지향하는 피지배계층에게도 실천적이자 관념적인 수단으로 주어진 것이므로 다른 것에 비해 민간에 긍정적이고 체계적으로 수용되어 갔던 것이다.[21]

2) 반촌에서 주도한 유교식 산신제

동제의 전승현장에서 입수한 자료에 의하면 조선시대 산신제는 각 마을에서 가장 중요한 제의로 치제되었으며, 충남북을 위시한 충청권과 경기도[22]에 집중적으로 분포하고 있어 조선후기 이래 중부지방에서 보편성을 획득한 동제가 산신제였음을 뒷받침하고 있다. 이는 이미 언급한 것처럼 조선후기 유교식 예제禮制를 체계적으로 수용하여 향촌사회에 깊이 뿌리를 내린 것으로 이해된다. 그리하여 19세기 충북 청원의 한 반촌마을에서 수집된 마을문서에는 산신제를 지내는 당위성에 대하여

> 太山高岳은 옛 聖王의 봉소요, 名邱山陵은 옛 賢儒의 기도처다. 오직 우리 동방은 산천이 偏多하여 위로부터 아래로 인민에게 이르기까지 그 정성을 다하지 아니함이 없으니 기도드리는 일에 어찌 공경하지 않을 것이요, 또 소홀할 것인가. 이와 같으니 산 아래 마을마다 제사하고 사람마다 정성을 드려온 지

---

20 강성복, 앞의 학위논문(2009), 243쪽.
21 정승모, 「조선풍속과 民의 존재방식」, 『역사속의 민중과 민속』(이론과실천, 1990), 140쪽.
22 경기지역에서 조사된 1,413개 마을의 동제를 분석한 결과에 따르면 堂神의 명칭은 산신이 729개로 전체의 52%를 차지하는 것으로 나타나고 있어 압도적인 수치를 보인다(김지욱, 앞의 논문, 305쪽).

수백 년이 되었도다.[23]

라고 하여 향촌사회에서 산신제가 광범위하게 확산되었음을 뒷받침하고 있다. 그리하여 "산 아래 마을마다 제를 지내고 사람마다 정성을 드려 온 지 수백 년이 되었다"라고 언급될 정도였다. 그런가 하면 안동권씨 반촌인 무수동은 18세기 초부터 산신제를 지내왔음을 기록을 통해 확인할 수 있는데, 1851년 작성된 동계첩의 서문에는 산신제에 대한 재지사족의 입장이 선명하게 드러나 있다.

> 일찍이 옛 노인들이 전하는 바를 들어보면 마을의 민속이 敦厚하여 예의를 서로 앞세우니, 단지 제사에 정성을 다할 뿐 아니라 먼저 山神을 제사 지내는 일에 지극히 정성스럽고 공경하였다. 그리하여 좋은 날을 가려 제수를 갖추고 제관을 선택하였으며, 삼가 재계하고 기름진 犧牲과 향기로운 술을 담는 그 의식을 당연한 것으로 알았다.[24]

위에서 지적되듯이 무수동에서는 일찍이 민속이 돈후하여 서로 예의를 먼저 앞세우고, 비단 조상에 대한 제사뿐 아니라 산신을 모시는 일에 그렇게 극진할 수가 없었다. 이렇듯 반촌에서 산신제에 정성을 기울인 것은 '산거자당사산지신山居者當祀山之神', '일촌흥체지이사위증一村興替之以祀爲證',[25] 곧 '산속에 사는 사람은 마땅히 산신을 제사해야 한다'라든가, '한 마을이 흥하고 망하는 것은 제사로써 증명이 된다'는 산신에 대한

---

23 太山高岳古聖王之所封也 名邱山陵先賢儒之所禱也 惟我東方徧多山川 自上以下至於人民 莫不盡其誠 而禱之豈不敬也 又可忽哉 至若此山之下 則村村其祭 人人其誠 伊來有幾百年矣(『山祀稧重修座目』 序文).
24 村俗敦厚禮義於先 非但盡誠於祀先 以祭山神亦極誠敬卜日而備需擇士 而修潔牲肥 酒馨其儀當然(『無愁洞稧帖』 序文).
25 『無愁洞稧帖』 序文, 乙卯 上元.

완고한 믿음이 전제된 것이었다.

반촌에서 산신제를 매우 중요하게 여겼음은 16~17세기 공주 부전동 사족의 결집체[26]로 등장하는 부전대동계浮田大洞契에서 주관해온 무성산 산신제[27]를 위시하여, 19세기 중엽까지 상하계원이 존속되었던 논산 대명리 후동 산신제[28] 및 공주 동해리 산신제[29] 등에서도 확연하게 드러난다. 또한 연기 원수산 산신제는 여말선초에 입향하는 부안임씨가 주관하는 제의였고,[30] 연기 용호리 산신제는 결성장씨와 부안임씨가 주재하여 왔다.[31] 이밖에도 조선후기 이래 춘추로 제를 지냈던 청원 옥화리 산신제[32]는 파평윤씨와 경주이씨, 괴산 도안면 명암대촌의 산신제는 곡산연씨가 지금껏 주관하고 있으며,[33] 남양전씨의 집성촌인 부여 봉정리 포사마을 산신제는 사실상 남양전씨 가계의 소관사항이었다.[34] 특히 공주 부전동의 경우 최근까지도 사족의 후예가 아니면 대동계에 입회하는 것 자체가 불가능할 정도로 배타적인 성격을 띠고 있었다. 그리하여 매년 10월 초에 거행되는 산신제의 제관은 전적으로 대동계 임원이나 계원 중에서 적임자를 뽑아 전담케 하는 것이 조선후기 이래의 오랜 관행이었다.

이상의 사례에서 드러나듯이 유교식 산신제는 재지사족들이 거주하는 반촌이나 동성마을을 중심으로 널리 확산되었고, 이것이 예하의 민촌이나 주변촌락에 영향을 주어 유교식 동제가 뿌리를 내리는데 견인차 역

---

[26] 임선빈, 「조선후기 동계조직과 촌락사회의 변화 – 공주 부전대동계를 중심으로」, 『동방학지』 80(연세대 국학연구원, 1993).
[27] 박종익, 「무성산 산신제의 형성과 변천」, 『한국민속학』 제49호(한국민속학회, 2009).
[28] 『後洞山祭節目』, 己未 十一月.
[29] 『東海洞山祭稧座目』, 「規則綱領」, 乙酉 正月 日 重粧.
[30] 『山祭笏記幷祝文』, 丙子 十一月.
[31] 『山祭座目』, 癸卯 十月.
[32] 강성복, 「19세기 청원 옥화리 산사계의 성립과 산신제 탑제」, 『민속학연구』 제11(국립민속박물관, 2002).
[33] 충북학연구소·도안면지편찬위원회, 『道安面誌』(2001), 238~242쪽.
[34] 『昆香山山神祭帳記』, 戊子~庚申.

할을 한 것으로 보인다. 즉 조선시대 줄곧 음사로 치부되었던 무속과는 달리 유교식 산신제는 사족들의 이해와 쉽게 부합되었던 까닭에 성리학의 이념과 실천윤리에 앞장섰던 반촌을 중심으로 수용되어 민간에 급속히 확산된 것으로 이해된다.[35]

조선후기 유교식 동제의 확산과 이를 주도적으로 수용한 계층이 재지사족이었을 개연성이 높다는 지적은 비단 충청도에 국한된 현상은 아니었다. 가령 전남 장흥의 반촌인 호계리에서는 숙종 41년(1702) 이래 유교식 별신제別神祭를『대동창계大同刱契』에서 주관하여 왔는데, 동계문서와 별신제 축문, 홀기 등을 작성한 이민기(1646~1704)는 이 지역의 대표적인 유학자로서 이곳에 머무르며 학문을 연찬했던 인물이다.[36] 또한 전남 장흥군 용산면에서 3대 반촌으로 손꼽히는 어서리의 당산제 역시 동계에서 주관을 하여 왔는데, 동계좌목에는 19세기 후반까지도 상인上人, 중인中人, 하인下人으로 반상간의 엄격한 신분적 질서를 강조하고 있었다.[37] 따라서 동계의 가장 중요한 행사인 당산제는 의당 양반층인 상인上人들이 주도한 것으로 이해된다.

뿐만 아니라 조선시대 지방관에 의해 혹독한 무속의 탄압을 받았던 제주도에서 남성 중심의 유교식 동제인 포제酺祭·이사제里社祭[38]가 뿌리를 내리는 과정은 자못 주목할 만하다. 이들 동제는 남성 중심의 향회鄕

---

[35] 강성복, 앞의 논문(2009), 238쪽.
[36] 나경수·박종익·서해숙,『장흥 호계마을 사람들의 삶과 앎』(심미안, 2004), 297쪽.
[37] 이용기,『19세기 후반~20세기 중반 洞契와 마을 자치 - 전남 장흥군 용산면 어서리 사례를 중심으로 -』(서울대학교 박사학위논문, 2007), 98~107쪽.
[38] 문무병,『濟州道 堂信仰 硏究』(제주대학교 박사학위논문, 1993), 240~243쪽.
제주도에는 지금도 酺祭·農酺祭·里社祭·洞社祭 등으로 호칭되는 유교식 동제가 여러 마을에서 전승되고 있다. 이들 동제는 남성 중심의 鄕會에서 주관하는 제의로서 本鄕神을 치제하는 여성 중심의 제의와는 구별된다.
박경하,「朝鮮後期 儒敎祭儀와 土着信仰祭儀와의 關係」,『역사민속학』제7호(한국역사민속학회, 1998), 142쪽. 이는 조선시대 지배층의 유교적 이념과 그 이전부터 전승되었던 기층민의 토착신앙을 조화·융합한 것으로 이해된다.

會에서 주관하는 제의로서 본향신本鄕神을 치제하는 여성 중심의 제의와는 구별된다. 이렇듯 양자가 뚜렷한 분리를 보이는 것은 조선시대 유교적 지배질서가 확립되고 무속을 천시하여 당굿을 제사로 바꾸는 과정에서 남성이 주도하는 유교식 제의방식을 수용한 것이다.[39] 즉 포제酺祭는 조선시대 지배층의 유교적 이념과 그 이전부터 전승되어온 제주의 토착신앙인 무속이 조화·융합되어 형성된 산물로 이해된다.[40]

3. 반촌마을 산신제의 제관과 상하민의 역할

조선시대 동제의 제관은 마을에서 행사를 주도하는 계층에 따라 그 역할에 상당한 차이가 있었다. 특히 상하의 구별이 엄격했던 반촌이나 집성촌에서는 동제를 주제하는 제관이나 당주, 상유사 등은 부득이한 경우가 아니면 향론을 주도하는 지배계층이 담당하는 것이 관례였고, 타성이나 하민들은 주로 희생의 도살 및 심부름을 담당하는 하유사·전사관·육화주·당화장의 역할을 맡는 것이 일반적이었다. 그리하여 마을에 따라서는 '전사典祀 하계중근후자下稧中謹後者'라 하여 희생의 도살을 맡은 '전사典祀는 하계원 중에서 신중하고 후덕한 자를 선정한다'[41]는 규약을 둘 정도였다. 그러면 조선 후기 남인계 반촌으로 부각되는 무수동 산신제 제관의 명단을 분석함으로써 동제를 중심으로 이루어졌던 상하민의 역할을 구체적으로 검토해보자. 19세기 중엽에 기록된 무수동계첩에는 제관의 조건에 대해 아래와 같이 구체적으로 명시되어 있다.

---

[39] 문무병, 위의 논문, 240~243쪽.
[40] 박경하, 앞의 논문(1998), 142쪽.
[41] 『芙谷大洞山祭祀祭禮與祝帖』, 「山祭祀節目」, 丙申 十二月 初二日.

제관은 본 동중에서 생년이 합일되는 길한 사람을 선정하여 일주일 전에 齊戒하고, 하루 전에 음식을 준비하여 이튿날 丑時에 제물을 차려놓고 행사한다.[42]

위의 기록에서 알 수 있듯이 제관은 마을사람 중에서 생년이 합일 되는 길한 사람, 즉 생기복덕生氣福德이 닿는 사람을 가려서 일주일 전부터 목욕재계하고 하루 전에 제물을 갖추어서 이튿날 축시에 제를 지내도록 명문화되어 있었다. 그런데 동계첩의 기록과 촌로들의 증언에 따르면 무수동에서는 산신제를 앞두고 3명의 유사를 선정했다. 곧 3인의 유사는 상유사上有司·하유사下有司·나무유사[柴有司]가 그것인데 각 유사의 역할과 선정조건은 다음과 같다.

상유사 : 산신제를 주관하는 사람, 즉 제관을 겸한 축관을 지칭한다. 안동권씨 중에서 생기복덕이 닿는 길한 사람을 선정하되, 해당자가 없거나 이미 선출된 제관에게 부정한 일이 있으면 타성 중에서 상유사를 다시 뽑아 산신제를 지내도록 했다.

하유사 : 상유사를 보좌하여 제물의 구입 등 산신제에 소요되는 제반 물목을 준비한다. 주로 타성 가운데 생기복덕을 가려 선정하는 것이 관례였으나 안동권씨 중에서 상유사를 내지 못하는 경우에는 하유사를 맡기도 하였다.

나무유사 : 산신제를 지낼 때 화톳불에 필요한 땔나무를 준비하고 그 밖의 잔심부름을 도맡았다. 머슴이나 산지기·중인·노비 중에서 선정했다.

---

[42] 祭員則本洞中生年合吉人 前期七日齊戒前一日具饌厥明丑時布席陣饌行事(『無愁洞稧』).

무수동 산신제 성씨별 유사현황(1851~1926)

구분	權	崔	金	韓	曺	朴	尹	李	姜	林	鄭	池	申	徐	趙	계	비고
상유사	34	3	1	1	1	1										41	상하유사 별도 선출 39회
하유사	8	6	2		1	3	7	3	1	1	1	2	1		4	40	
상하겸	16															16	상하겸 유사 선출 16회
시초		1											1	1		3	시초 선출 2회
계	58	10	3	1	2	4	7	3	1	1	1	2	1	1	5	100	

이와 같은 조건에 의해 제관과 유사를 선정하는 방식은 특별한 사유가 발생하지 않는 한 대체로 지켜진 것으로 보인다. 실제 1851~1926년까지 76년 동안 동계첩에 기록된 각 성씨별 유사 현황을 살펴보면 〈표 1〉에 나타난 바와 같이 대부분 안동권씨가 상유사를 맡아 산신제를 지냈음을 알 수 있다. 물론 타성 중에서 상유사로 선정된 사례도 7회로 기록되어 있지만, 그것은 산신제를 앞두고 상유사로 선정된 사람에게 부정한 일이 발생했거나 생기복덕이 닿는 사람이 없는 경우에 해당한다고 볼 수 있다. 예컨대 1863년에는 권영서가 상유사로 선정되었으나 탈이 났다고 칭하므로 박둥굴이 스스로 제물을 진설하고 산신제를 지낸 것으로 기록되어 있다.[43] 이에 비해 땔나무 및 잡일을 도맡아 하는 나무유사는 머슴이나 산지기, 노비 등의 하민 중에서 뽑는 것이 상례였다고 한다. 19세기 중엽 무수동의 가구수는 60호였고, 이중에서 안동권씨가 23호, 타성바지는 김씨 8호, 최씨 5호 외에 16개 성씨가 1~2호씩 산거하는 반상촌의 성격을 띠고 있었다. 따라서 무수동에서 산신제는 사실상 안동권씨의 주도하에 이루어졌음을 알 수 있다.

---

43 癸亥年 朴됴屈自設陳饌 權永序當稱頉(『無愁洞稧』).

그런가 하면 유사의 연령은 20~40대의 청장년층이 주류를 이루는 점이 주목된다. 특히 상유사에 20~30대 젊은층의 비율이 과반수이상을 차지하는 까닭은 무수동이 갖는 반촌의 특수성이 일정하게 반영된 것으로 풀이된다. 즉 상유사는 축관을 겸하기 마련인데 한학에 밝은 안동권씨 가계에서는 연령에 큰 구애됨이 제관 자격을 갖출 수 있었던 것이다. 반면에 60대 이상의 연령층에서는 상유사가 전혀 보이지 않고 단지 하유사만 2회가 기록되어 있다. 이로 미루어 보아 산신제의 제관은 60세 미만의 안동권씨 청장년층에서 주로 선출되었음을 알 수 있다.

무수동 산신제 연령별 유사현황(1851~1926)

구분 / 성씨	안동권씨					타 성					계	미확인		계
	20대	30대	40대	50대	60대	20대	30대	40대	50대	60대		권씨	타성	
상유사	8	10	11	4		1	2	1	2		39	1		1
하유사	3	3					2	3	7	3	2	23	2	16	18
상하겸	4	2	5	4							15		1	1
시초														
계	15	15	16	8		3	5	8	5	2	77	3	17	20

무수동의 사례에서 단적으로 드러나듯이 반촌마을에서 전승되는 동제의 제관은 향론을 주도하는 사족층이나 특정 성씨가 주도하는 것이 일반적이었다. 또 다른 예로 연기군 양화리 가학동 원수산 산신제는 부안 임씨가 제관을 맡았다. 가학동은 조선 후기 이래 홀기笏記에 의한 완고한 유교식 산신제가 승되었던 마을인데, 기록에 등장하는 각 제관의 명칭을 살펴보면 헌관獻官인 초헌관初獻官·아헌관亞獻官·종헌관終獻官, 축관, 그리로 집사의 역할인 봉로奉爐·봉향奉香·봉잔奉盞·전잔奠盞·사존司尊·집례執禮 등 해마다 10명의 제관이 선정되었다. 여기에서 봉잔奉盞은 성균관이나 향교의 석전제 및 서원·사우의 제향 시에 잔을 받드

는 '봉작奉爵'과 동일한 역할이다. 전잔奠盞은 유교식 제례에서 잔을 올리는 전작奠爵과 동일하고, 사존司尊은 술을 따르는 역할이다.

16~17세기 이래 공주 '부전대동계'에서 주관해온 무성산 산신제는 상하민간의 역할이 극명하게 드러난다. 1836년에 작성된 부전대동계 문서에는 "산신제의 제관은 실차實差 3인과 예차預差 3인을 동계일에 선정하되 실차제관實差祭官이 혹 유고有故가 있을 것 같으면 예차제관預差祭官이 산신제를 대신 행사한다. 제관은 대축大祝·아헌亞獻·종헌終獻이다."라고 기록되어 있다.[44] 즉 산신제의 제관은 동계가 열리는 날 미리 뽑되 부정을 경계하여 예비제관 3인을 별도로 선정했던 것이다.

그런데 산신제의 제관은 부전동에서 사족의 후예인 동계원의 자격을 갖춘 사람 중에서 선정하는 것이 오랜 관행이었다. 이에 비해 대동계의 예하에 속한 주민들은 산신제의 제관에서 배제된 채 단지 제당祭堂의 관리, 즉 매년 산제당의 개초작업을 담당하거나 제관의 수발을 드는 고지기[庫直]의 역할을 수행하여 왔다. 특히 산제당 밑에 자리한 상영천에 거주하는 주민들은 1970년대까지도 속칭 '이엉계'로 불리는 '산제당계'를 조직하여 해마다 산신제 하루 이틀 전에 초가로 된 당집의 지붕에 이엉을 얹는 일을 도맡아 했다.[45] 고지기 역시 상영천에서 선정되었는데, 고지기는 산제답山祭畓 3두락을 경작하는 대신 평소 산제당의 관리 및 산신제 기간 동안 제관 3인을 자신의 집에 머물게 하며 5일간 숙식을 제공했다. 때문에 고지기의 가족 중에 젊은 여성이 있으면 제관이 기거하는 동안 출타했다가 산신제가 끝난 뒤에야 돌아올 수 있었다.[46]

---

[44] 山祭祭官 實差三員 預差三員 洞禊日 差定 實差如或有故 則預差代行事 大祝亞獻終獻(『浮田大洞禊立議』).
[45] 부전동 무성산 산제당은 한천리 상영천 뒤편에 위치하는데, 평범한 민촌이었던 이 마을은 불과 몇 년 전까지도 대동계에 참여할 수 없었다. 이는 한천리에 속한 중영천·하영천이 마찬가지였다(2007년 11월 10일 필자 현지조사).
[46] 박종익, 앞의 논문(2007), 263쪽.

충남 부여군 석성면 봉정리 포사마을에서 정월 15일에 곤향산 산신제를 지내왔다. 이 마을의 산신제는 조선시대부터 오늘에 이르기까지 오랜 전통을 이어오고 있는데, 제관은 생기복덕을 가려 상유사上有司 1인과 하유사下有司 2인을 선정했다. 19세기 후반에 작성된 마을문서에 의하면 산신제 준비를 총괄하고 제관을 담당하는 상유사는 남양전씨 집안에서 선정되었으며, 상유사를 보좌하여 땔나무 및 잡일을 도맡아 하는 하유사는 주로 타성에서 선출한 것으로 기록되어 있다.[47]

4. 반촌마을 산신제의 특징과 성격

1) 유교식 행례절차에 의한 반촌의 산신제

충청지역 마을제당의 특징은 타지역에 비해 상당·하당의 이중구조가 가장 선명하게 드러난다. 곧 마을 뒤편(혹은 앞)의 상당에는 산제당이 좌정하여 지고의 신격으로 치성을 받고 있다면, 마을 입구에 위치한 하당에는 장승·솟대·탑·신목·선돌·미륵 등이 복합된 성역을 이루며 '거리신'의 역할을 담당하고 있다. 상당과 하당의 이중구조는 그 의례의 성격에도 큰 차이를 보인다. 즉 상당의례의 핵심인 산신제는 대체로 엄격한 정숙형 제의로 진행된다면, 하당의례인 거리제·노신제·탑제·장승제·수살제·서낭제·목신제 등은 홍겨운 풍물이 수반될 뿐 아니라, 마을에 따라서는 달집태우기·줄다리기·지신밟기·무굿 등이 부가되는 마을축제로 베풀어지는 것이 일반적이다. 따라서 반촌의 산신제는

---

47 『崑香山 山神祭 帳記』제1권(1888~1920).

당연히 정숙형 제의에 속하면서도 여느 마을에 비해 유교적인 성격이 더욱 짙게 드리워져 있다.

그런데 유교식 동제에 있어서 독축讀祝은 가장 핵심적인 의례절차라고 해도 과언이 아니다. 축문은 인간과 신이 소통하는 구체적인 양상을 담은 기록물인 동시에 신에 관한 다양한 송頌과 인간의 바람을 담은 풍부한 기祈로 구성된다.[48] 따라서 축문은 공동체 구성원들이 간절히 소망하는 바를 마을신에게 고하고 축원하는 공적인 기원문이라고 할 수 있다. 반촌마을에서 전승되는 산신제의 경우 축문의 의미와 상징성이 한층 강하게 내포되어 있다. 그런 까닭에 19세기 산신제 관련 마을문서에는 다음과 같이 축문에 대한 규정을 두고 치성봉독을 강조하기도 한다.

① 공주 동해리(1885) : 祝文則使前人傳來之祝 致誠對讀事[49]
② 청원 옥화리(1882) : 祭文登錄 享祀就寫 無至窘迫事[50]
③ 대전 무수동(1855) : 府君卽製祝以遺敎 以不失此文讀於每年行事時[51]

즉 산신제의 "축문은 앞사람들의 전래지축을 사용하되 정성을 다해 대독할 것"이라든가, "축문을 문서에 적어 두고 제사를 지내러 갈 때 필사하여 곤란한 일이 없도록 할 것"이라고 특별히 마을의 규약으로 정해 놓거나, 또는 "축문을 잃어버리지 말고 이라고 매년 산신제를 지낼 때 읽으라"고 당부를 하고 있는 것이다. 특히 사례 ③의 축문은 1844년 삼수부군三守府君 권구權耈가 지은 것인데, 160년이 지난 지금도 동일한 축

---

48 정규식, 「부산지역 동제의 축문 연구」, 『2007 한국민속학자대회발표자대집』(2007 한국민속학자대회조직위원회·국립민속박물관, 2007), 348쪽.
49 『東海洞山祭稧座目』, 「規則綱領」, 乙酉 正月 日 重粧.
50 『山祀稧重修座目』, 「規則綱領」, 壬午 至月.
51 『無愁洞稧』 序文, 乙卯 上元.

문을 사용되고 있다. 이처럼 축문을 중요하게 여기는 전통은 반촌의 산신제나 유교식 절차를 준용하는 동제에서 쉽게 접할 수 있으며, 18~19세기 동제 관련 문서에는 홀기笏記, 행례절차, 제물진설도와 더불어 축문에 대한 기록이 빠지지 않는 것이 일반적이다.

그런가 하면 산신제의 축문은 대개 한 번의 독축으로 마무리되는 것이 통례이지만, 마을에 따라서는 3회·7회·9회를 반복하기도 하고, 드물게는 21회 혹은 100회를 낭독하는 사례도 있다. 예를 들어 3년마다 정초에 길일을 가려 산신제를 지내는 음성군 원남면 덕정리에서는 헌관이 세 사람인데 한 사람이 축문을 세 번씩 낭독하므로 도합 9회의 독축을 한다.[52] 부여서씨의 집성촌인 논산시 가야곡면 육곡리 산신제는 축문을 21회 독축하는데, 그 횟수를 기억하기 위해 그릇에 돌이나 솔방울 21개를 담아 셈을 했다.[53] 동일한 사례는 청양군 청남면 청소리 산신제에서도 찾아진다. 이 마을에서는 음력 10월 초(현 정월 대보름) 상산제와 하산제를 지내는데 상산제에서는 축문[54]을 21회 독축하는 것이 관례였으나 근래에는 간소화되어 최소한 7독 이상으로 대신한다.[55] 곡산연씨의 500년 세거지인 괴산군 도안면 명암대촌에서는 음력 11월 초이튿날 산신제를 올리는데, 산신령에게 백배百拜와 축문을 100회 읽는 전통이 있다. 그리하여 제관이 헌작 후에 독축이 시작되는데 축문을 한번 읽고 절을 올리는 방식으로 100회를 반복한다.[56]

수원김씨의 집성촌인 예산군 대술면 궐곡리 고새울 산신제는 3회의

---

52 『陰城民俗誌』(음성문화원, 2002), 93쪽.
53 이해준·석대권, 『백제의 고을터 여술마을』(문화관광부·한국향토사연구전국협의회, 1998), 152쪽.
54 山祭祝(최소한 7讀) 維歲次干支某月干支朔某日干支幼學○○○敢昭告于 石峰山 靈之前伏以 一洞安頓 維岳昭鎭 否往泰來 凶消吉長 江南 瘴瘋 山盡雲外 海東福祿 均降村內 三農豊等 六畜蕃殖 人家櫛比 子孫瓜緜 土可等科 賈可得利 村有輻輳之慶 市無橫來之厄 日吉辰良 伏惟山靈 下臨謹以 酒果敬伸 奠獻 尙 饗.
55 강성복, 「백마강 연안의 민속문화」, 『白馬江』上(부여군, 2008), 319쪽(2008년 6월 현지조사).
56 충북학연구소·도안면지편찬위원회, 『道安面誌』(2008), 241쪽.

독축讀祝이 이루어지는데 그 방식이 매우 독특하다. 즉 고새울 산신제는 여느 마을의 동제와는 달리 메(밥)을 세 번 지어 올리는 것이 특징인데, 이때마다 싸리나무 꼬챙이에 꿴 산적 한 꽂이를 구워서 함께 진설하고 축문을 읽는다. 이를 위해 두 가지의 축문 별도로 작성되어 있는데, 첫 메를 올리면서 축문 (1)[57]을 읽고, 두 번째 메를 올릴 때는 축문 (2)[58]를 낭독한다. 그리고 세 번째 메가 올라갈 때는 축문 (1)·(2)를 차례로 독축한다.[59]

이와 같이 축문을 반복해서 읽는 까닭은 그만큼 독축을 중요한 의례로 인식하고 있다는 반증이다. 즉 마을의 길흉화복을 좌우하는 수호신에게 신심을 다해 축원을 드림으로써 산신제의 효과를 극대화하는 동시에, 마을이란 삶의 현장에서 그 소망이 이루어질 수 있다는 믿음을 갖게 하는 것이다.

2) 상하민의 통합을 위한 문화적 장치

반촌마을의 산신제는 상하민을 하나로 묶어세움으로써 공동체의 일탈을 통제하는 수단으로 활용된 측면을 간과하기 어렵다. 이와 관련하여 주목되는 것은 이른바 '민중봉기의 시대'로 일컬어지는 19세기의 급격한 사회적 전환기에 산제계山祭稧·산사계山祀稧·산향계山享稧 등을 조직하여 산신제 관행을 규약으로 성문화한 점이다. 이를 통해 유명무실해진

---

57 維歲次某年某月某日朔某敢昭告于 烏山之靈 龍飛鳳舞 鎭縣抱村 鍾靈降神 齊齊甫神 興運致雨 穰穰稼穡 有禱輒應 莫匪神力 緊我蕨洞 獨得正鬱 潔牲薦芼 惟我最誠 呵災招福 旣驚于冥 穀朝是差 于沐于齋 謹以菲薄 僅僅將事 林風肅然 神來如雲 伏願 攘я疾爭 驅虎豹遠 五福自臻 六畜俱蕃 有人之靈 地以人名 敢竭顒誠 伏惟 尙 饗[山祭祝文, 庚申(1920) 十月初一日].
58 維歲次某年某月某日朔某敢昭告于 山抽大地 鎭慈洞府 神在其間 澤我氓庶 年穀無疵 子女咸逐 是有報事 靡差歲歲 我酒旣馨 我牲孔肥 神庶顧欽 諸福自至 尙饗[山祭祝文, 庚申(1920) 十月初一日].
59 禮山文化院, 『山神祭와 洞契』(1993), 75쪽. 2009년 4월 현지조사, 제보자 : 이강길(남, 1928년생).

산신제를 복구하고 영속적인 경제적 기반을 마련하게 된 것이다. 충북 청원의 옥화리 산사계山祀稧(1859), 충남 논산의 후동 산제계山祭稧(1859), 부여 봉정리 산제계山祭稧(19세기), 연기 양화리 원수산 산제계山祭稧(19세기), 연기 용호리 산제계山祭稧(1903), 공주 동해리 산향계山享稧(1885), 공주 세동리 태화산 산향계山享稧(1896), 청양 청소리 산제계山祭稧(1840), 대전 무수동 동계(1851), 대전 외삼동 산제계 등은 그 대표적인 사례이다.

이들 산제계는 애당초 산신제를 지속적으로 수행할 목적으로 하나의 자연마을 또는 몇 개의 동리가 결성한 일종의 '동제계'를 지칭하는데, 마을에 따라서는 산제계가 곧 촌락의 대소사를 주관하는 동계의 기능을 겸하거나 후대에 동계와 통합되어 운영되는 사례도 있다. 19세기 중엽 대전 무수동에서 존폐의 기로에 놓인 산신제를 복구하기 위해 안동권씨가 주도한 동계는 반촌에서 산신제가 갖는 성격을 극명하게 보여준다.

> 수십 년 내에 석벽이 점점 쇠모되어 터전의 절반이나 떨어져나가 사람들이 생기에 힘입지 못하고 기상이 쓸쓸해지니, 이것은 진실로 운수의 오고감에 말미암은 것이다. 일찍이 노인들이 말하는 바를 들어보면 마을의 민속이 敦厚하여 예의를 서로 먼저 앞세우고 비단 제사에 정성을 다했을 뿐 아니라, 먼저 산신을 제사함에도 지극히 정성스럽고 공경할 수가 없었다. …(그런데) 근자에 와서 산신제를 폐하여 시행치 아니하거나 혹 행한다 할지라도 거칠고 조악하여 예를 갖추지 못하였다…. 경술년(1850)에 이에 다시 완전히 의논을 정하여 재물을 모으고 정초에 산제를 지내기로 약속하였다. 이로써 동계가 있게 되었고, 계의 재물이 이제 다행히 더하면 더했지 덜할 것이 없으니 과연 대중의 마음이 편안하게 되었다.[60]

---

[60] 數十年來 石漸衰耗 墟落半之 人不聊生 氣象索然 是固由於運有往來 而嘗聞古老所傳始也 村俗敦厚 禮儀相先 非但盡誠於祀先 以至祭山神 亦極誠敬…. 近者廢而不行 雖或行之 粗率不成禮 …. 庚戌之歲 乃復完議鳩財 約以歲

무수동은 입향조 이래 마을 뒤편에 산제당을 마련하고 산신제를 지내 왔다. 그러나 19세기중엽에 이르러 호구의 절반이 떨어져나가는 '허락반지虛落半之'의 상황에 직면하게 되었고, 급기야 누대에 걸쳐 지극히 공경스럽게 치제되던 산신제가 존폐의 기로에 놓일 만큼 열악한 상황으로 내몰리고 있었다. 무수동계[산제계]가 결성되는 배경은 유랑민의 급증에 따른 민심의 동요가 중요한 요인으로 작용하였다. 따라서 사족인 안동권씨 입장에서는 어떠한 방식으로든지 자구책을 강구하지 않고서는 일향을 전유해온 향촌지배마저 위협받게 되었고, 이를 수습하기 위해 유명무실해진 산신제의 복구를 명분으로 내세워 동계 결성을 주도한 것이다. 곧 상하민이 돈과 곡식을 거출하여 계를 조직함으로써 동요하는 민심을 안착시키고, 이로써 어느 정도 마을의 안정을 도모할 수 있었다.[61]

실제 산신제를 다시 복구하면서 지은 축문에는 "이에 옛 예절을 좇아서 공경히 새로운 의식을 닦고, 날을 가리어 돈을 갹출함에 대중들이 이의를 제기하지 않았다"[62]는 구절이 보인다. 따라서 동계의 결성에는 사족인 안동권씨는 물론 마을에 살고 있는 상하민이 모두 참여한 것으로 추정되며, 또한 그들의 동의를 얻은 다음에야 비로소 동계가 결성되었음을 암시하고 있다. 실제 동계좌목에 등재된 60명의 명단을 분석하면 안동권씨 23명을 비롯, 타성他姓 및 하민下民으로 보이는 37명이 나타난다. 이처럼 상하민을 아우르는 동계를 조직한 것은 마을에서 가장 중요한 행사인 산신제가 이제는 상천민의 도움 없이는 수행하기 쉽지 않은 현실에 직면했음을 보여준다.[63]

무수동 산신제에서 잘 드러나듯이 산신제는 향론을 주도하는 집단의

初祭山 是以有洞稧 稧之物今幸有加 無損若果 牢着衆心(『無愁洞稧』序文, 乙卯 上元).
61 강성복, 「조선후기 대전 무수동 동계와 동제의 성격」, 『충청민속문화론』(민속원, 2005), 50~53쪽.
62 爰邊古禮 恭修新儀 取日醵錢 衆無異辭.
63 강성복, 앞의 논문(2005), 54쪽.

내부 결속을 강화하고 하민을 통제하는 기능을 띠고 있었다. 이러한 사실은 무수동 안동권씨의 산신제에 대한 인식 및 다른 반촌마을에서도 비슷한 사정을 엿볼 수 있다.

① 산에서 거주하는 자는 마땅히 산신을 제사해야 한다.[64]
② 한 마을이 흥하고 망하는 것은 제사로써 증명됨을 어찌 속일 수 있으랴.[65]
③ 산신은 진실로 산의 주인이요, 우리 권씨 또한 동네의 주인이다.[66]
④ 이날 온 동리의 어른과 아이들이 함께 와서 정갈하게 치성을 드리니, 이는 실로 고대의 유속이요 한 마을의 아름다운 규약이다. 그 예가 가볍지 않고 무거우며 또한 밝도다. …. 이웃마을의 노소와 더불어 좇고 따르니 서로 사귀어 친해진 정이 친척과 다름이 없었다.[67]
⑤ 마을에 산신이 있는 것은 고을에 社가 있는 것과 같은 것이다.[68]
⑥ 본리 거주민이 神賴之澤을 被할 목적으로 계를 설립함.[69]
⑦ 山下居人이 依山安堵故로 山享祭祀키 위하여 계를 설립함.[70]

위의 자료에서 잘 드러나듯이 산신제가 전승되는 반촌에서는 '산에 거주하는 사람은 마땅히 산신을 제사해야 한다'거나, '마을의 산신은 고을에 社와 동일하다'는 사고가 전제되어 있다. 한 걸음 더 나아가 산신제를 지내는 일은 곧 마을의 흥망성쇠와 직결되는 중차대한 문제로 인식되었다. 따라서 '신뢰지택神賴之澤'과 '의산안도依山安堵'를 위해서는

---

64 山居者當祀山之神(『無愁洞稧』 序文, 乙卯 上元).
65 一村興替之以祀爲證□□誕乎哉(위의 자료).
66 神固山之主 而吾權洞之主也(위의 자료).
67 是日闔里長少 咸來頂禮齋 誠祈禱 此實古代之遺俗 一里之美規也 其禮不經而重亦明矣…. 與隣里老小 昕夕追隨 情誼之密 無異親戚(『山祀稧重修座目』「序文」, 壬午 十日月 二十五日).
68 洞之山神類邑之有社至若(『淸所洞稧』 序文).
69 『東海里山享稧綴』「山享稧規約」.
70 『上細洞山享稧準則簿』「山享稧準則」.

산신제를 지속해야 할 명분을 얻게 되고, 마을에서는 기꺼이 전곡錢穀을 갹출하여 산제계를 결성한 것이다. 이와 아울러 마을의 구성원들에게 정성을 다해 산신제를 모실 것을 당부하는 한편, 심지어 산신제에 불참하거나 의논사항을 어기는 자는 강제조항을 두어 벌금을 부과하기도 했다.

㉠ 기미년(1859) 겨울에 선배들이 특별히 계 하나를 조직하여 이로써 춘추의 제수를 갖추게 되었으니 (산신제에) 정성을 다함이 어찌 마땅하지 않은가.[71]

㉡ 산제일에 상하계원은 마땅히 재계하고 모여서 치성을 드리되 소홀함이 없도록 할 것.[72]

㉢ 이 계는 다른 계와는 달라서 더욱 소중함이 있으니 특별히 계에 힘씀이 마땅하다.[73]

㉣ (산신제에) 이유 없이 불참하는 자는 賞罰을 줄 것.
홀로 고집을 부려 의결사항을 따르지 않는 자는 中罰을 줄 것.
산제 날 늦게 오거나 출타한 자는 下罰을 줄 것(상벌 5전, 중벌 3전, 하벌 2전).[74]

따라서 산제계는 반촌에서 산신제가 지닌 종교적·사회문화적 기능과 역할이 반영된 총체적인 산물이라는 사실을 지적하지 않을 수 없다. 특히 봉건사회 해체기인 19세기의 열악한 현실에서 민심을 안착시키고 공동체의 통합을 이루기 위한 문화적 장치가 절실히 요청되었으니, 그것

---

71 己未冬先輩特設一契 以供春秋享需 其誠力當如何矣(『山祀稧重修座目』「序文」, 壬午 十日月 二十五日).
72 山祀日上下稧員當齋會致誠無至疎忽事(『東海里山祭稧座目』「凡例」).
73 此稧典他稧尤有所重則當另力修稧事(위의 범례).
74 無故不參者用上罰事. 獨執乖論者用中罰事. 晩到出他者用下罰事. 上罰五錢 中罰三錢 下罰二錢(『山饗稧座目』「立議」, 丙申 三月 十四日).

이 산신제였고 그것을 지속 가능하게 했던 조직이 산제계였다.

요컨대 19세기 반촌마을의 산신제는 상하민을 막론하고 의무적인 참여를 전제로 하되 그 기저에는 유교적인 질서가 깔려 있었다. 그것은 산신제를 지내는 일에 상하의 구별이 있을 수 없다는 인식이 내포된 것이면서도, 향론을 주도하는 집단의 정치적인 포석이 일정하게 반영된 산물이다. 즉 구성원들의 결속을 강화하고 동요하는 민심을 안착시키려 한 이면에는 제사권의 독점을 통해 촌락사회를 효율적으로 지배하기 위한 방편으로 산신제를 활용한 측면을 배제하기 어렵다. 다시 말해 반촌마을의 산신제는 단순히 우순풍조雨順風調와 풍농을 빌고 역질소멸疫疾消滅을 기원하는 의례에 그치지 않고, 마을신에 대한 주기적인 의례를 통해 '마을'이란 공동체를 강화强化하고 통제統制하며, 하민들의 일탈逸脫을 규제하는 사회문화적 장치로 기능하고 있었다.

5. 맺음말

지금까지 충청지역에서 수집한 마을문서를 중심으로 19세기~20세기 초 반촌마을 산신제의 특징과 성격을 살펴보았다. 그 결과 유교식 동제의 전형을 보여주는 반촌마을의 산신제는 향론을 지배하는 집단이나 재지사족들이 주도적으로 제향권을 행사했다는 사실을 확인할 수 있었다. 따라서 조선 후기 재지사족들이 동제를 금기시했을 것이라는 선입견은 고정관념에 지나지 않는다.

물론 익히 알려진 것처럼 마을에 따라서는 무속식 당제나 온갖 잡희와 풍물놀이가 수반되는 마을축제형 동제를 사족들이 꺼려하거나 행사에 불참하는 사례도 없지 않았다. 그러나 동제의 전승주체들이 남긴 기록물을 통해볼 때 유교식 행례절차가 중요시되는 산신제의 경우 오히려 반촌에서 적극적으로 수용하였고, 그것이 예하의 민촌에 영향을 끼쳐 확산된 측면을 간과할 수 없다.

이처럼 반촌에서 유교식 산신제에 능동적인 입장을 견지한 것은 조선의 집권층이 줄기차게 추진해온 음사 금단책을 어느 정도 수용한 타협의 산물인 동시에, 유교식 관념체계가 조선전기부터 가례家禮의 보급을 통해 체계적으로 민간에 확산되면서 동제에도 영향을 끼친 것으로 이해된다. 아울러 그 이면에는 해마다 주기적인 의례를 통해 재지사족 중심의 질서와 통합을 강화하려는 정치적인 포석이 일정하게 내재된 것으로 풀이된다.

끝으로 반촌마을 동제의 특징과 성격을 이해하는데 중요한 실마리를 제공하는 대전 무수동 산신제와 거리제를 간략하게 살피는 것으로 논의를 마무리하고자 한다. 앞에서 누차 살폈듯이 무수동 산신제는 정초에 길일을 택해 재지사족인 안동권씨가 주관하는 신년맞이 의식이었다. 이에 반해 거리제는 안동권씨 예하에 속한 타성他姓들이 매년 정월 14일 저녁에 마을 입구에 건립된 장승과 솟대를 치제하는 의례였다. 촌로들에 따르면 거리제는 일주일 전쯤 산신제 유사와는 별도로 정갈한 사람을 제관으로 선정하여 제를 지냈다. 비용은 정초에 풍물을 치면서 가가호호 걸립을 돌아 쌀이나 돈을 거출했는데, 타성이 주축이 되어 걸립 및 준비를 도맡았다. 또한 산신제와는 달리 거리제는 부정하지 않은 사람이면 누구나 참석하여 마을의 안녕과 가정의 무병제액을 빌었다. 그리하여 거리제를 지내는 날은 초저녁부터 풍장을 치면서 동네를 한 바퀴 돌아 액운을 물리친 다음, 장승이 있는 동구 밖으로 가서 거리제를 지냈다.

이와 같이 무수동 거리제는 지난 날 안동권씨와는 무관하게 타성이나 상천민이 주재하는 동제였다. 실제 안동권씨는 거리제가 중단되는 1950년대까지도 사실상 전혀 참석하지 않았다고 한다. 따라서 산신제와 거리제로 이루어진 무수동의 동제는 조선 후기 반촌이라는 특수성 속에서 재지사족과 상천민으로 그 제사권이 고착화된 것으로 이해된다. 곧 마을의 주인인 안동권씨는 산신제를 매개로 공동체를 강화하고 상천민들의 일탈을 통제하기 위한 문화적 장치로 활용했다면, 타성바지로 일컬어졌던 마을의 구성원들 역시 거리제를 통하여 그들 나름의 유대를 강화하고 결속을 꾀했던 것이다.[75] 다시 말해 풍물과 무속을 멀리했던 안동권씨 입장에서는 유교식 산신제의 전통을 고수하면서도, 대보름 마을 축제인 거리제를 용인함으로써 타성 및 하민들에게 일말의 숨통을 틔워 준 셈이다.

---

[75] 강성복, 앞의 논문(2005), 79쪽.

조정현 안동대학교

마을 유형별 별신굿의 특성

1. 마을 유형과 별신굿을 주목하는 이유
2. 농촌의 주민주도형 별신굿
3. 어촌의 무당주도형 별신굿
4. 장시마을의 세력주도형 장별신굿
5. 마을 유형별 특성과 현재적 의미

마을 유형별 별신굿의 특성

1. 마을 유형과 별신굿을 주목하는 이유

 마을공동체와 그 성원들은 민속신앙의 주요 전승주체이다. 전승주체로서 마을공동체는 세부적인 입지, 신분, 직업군 등에 따라서 다양한 형태로 존재한다. 그러므로 여러 변수에 따라서 전승주체의 정체성이 달라지게 되고 공동체신앙의 양태 역시 차별성을 갖는다. 이러한 차별성의 극단에 '별신굿'이 놓여 있다. 자신들이 가진 모든 역량을 최대한 풀어내보이게 되는 별신굿에서는 해당 마을공동체의 특성이 가장 극대화된 형태로 표출되기 때문이다. 따라서 마을 유형에 따른 별신굿의 특성을 살펴보는 작업은 마을사회의 특성을 구명하는 데까지 이를 수 있을 것으로 판단된다.
 마을 유형에 따른 별신굿은 지역적 문화권과 연계되면서 크게 세 가지 기준으로 나눌 수 있다. 첫째는 생태지리적, 지역적 특성을 기준으로 나누는 것이고, 둘째는 연행주체에 따른 유형이며, 셋째는 연행의 형태를 기준으로 분류하는 것이다. 그런데 흥미로운 사실은 각각 개별적일 것 같은 각 마을유형의 별신굿들이 상당부분 유사한 성격을 띠고 있다는 점이다. 예를 들어 지역적 특성을 기준으로 분류할 때 해안지역은 대부분 무당주도형이라고 볼 수 있는 반면, 내륙지역은 주민주도형이거나 주민의 비중이 높은 주민·무당 균등 주도의 혼합형이라는 것이다.[1]

첫 번째 기준으로 분류해보면 해안지역의 어촌, 내륙지역 농촌형 별신굿, 지역을 가리지 않는 장별신으로 구분할 수 있다. 두 번째 기준으로 분류하면, 무업집단 주도형, 마을주민 주도형, 무당주민혼합형 등으로 구분할 수 있다. 세 번째 기준으로 분류하면, 무당굿 중심의 굿거리형과 길놀이 중심의 신유형, 풍물판굿·탈춤 중심의 민속연행예술형, 줄당기기 중심의 대동놀이형 등으로 구분된다. 이러한 세 가지 틀의 유형 분류는 사실 거의 일대일로 상응하고 있다. 즉 어촌지역의 무당주도형 별신굿은 무당굿거리 진행형에 해당하고, 농촌지역의 주민주도형 별신굿은 신유형이나 민속연행예술 중심형, 대동놀이형 등과 대응하기 때문이다.[2]

이 글에서는 마을의 유형에 따른 별신굿의 특성을 여러 가지 기준을 통해 밝히고, 이를 바탕으로 마을사회의 특성이 공동체제의에 어떻게 반영되는지, 또한 공동체제의로서 별신굿이 마을사회에 어떻게 피드백되면서 이바지하게 되는지를 살펴보고자 한다. 이는 자연스럽게 마을사회의 공동체제의가 갖는 축제적 성격과도 만나게 될 것이며, 여타 마을사회의 이념, 조직, 경제, 민속예술 등의 전개양상과도 연동되어 마을을 이해하는 중요한 단초가 될 것이라 판단한다.

---

[1] 조정현, 『별신굿의 전승력과 축제적 연행의 원형』(안동대 박사논문, 2007), 77쪽.
[2] 위의 논문, 77~78쪽.

2. 농촌의 주민주도형 별신굿

농촌의 경우, 다시 여러 가지 유형으로 나뉠 수 있는데, 첫째, 평지, 중산간, 산간 등 입지에 따른 유형이며, 둘째, 굿의 연행방식에 따라서 주민사제형, 무당 주민 공동사제형, 무당사제형 등으로 구분할 수 있다. 셋째, 마을의 직능이나 성격에 따라서 행정중심마을(관아, 현소, 역원 등), 봉수대마을, 장시마을 등이다. 농촌의 주민주도형 별신굿은 무당이 신을 모시거나 보내는 정도의 부분만 맡고 대부분의 굿 제차는 마을주민들이 담당하는 형태이다. 생태지리적 입지에 따른 부분은 농업을 기반으로 하는 공통점을 중심으로 보았을 때 평지형과 산지형으로 다시 세분될 수 있다. 모시는 신에 대한 차이와 연행종목 부분에서 미세한 차이가 나는 정도이다. 따라서 두 번째 유형부터 살펴보기로 하자.

무당의 개입 없이 주민들이 주도하는 별신굿 유형이 있다. 대체로 마을주민 중심이 되면 풍물이 중심이 된 연행을 통해 무당들과는 조금 다른 방식의 연행상황을 만들어낸다. 안동의 수동별신굿이 대표적이다. 여러 마을이 연합해서 벌이는 형태이자 진법희를 통해 풍물을 중심으로 한 군사적 모의상황을 연행하는데 구경꾼으로 인산인해를 이룰 정도였다고 한다. 따라서 별신굿에 반드시 무당이 개입해야 한다는 전제를 달 필요는 없을 듯하다. 제천의 오티별신제 역시 무당 없는 별신굿을 잘 전승해왔다.

다음으로 무당 주민 공동사제형이 있는데, 이는 다시 주민이 중심이 되고 무당이 부수적인 연행을 담당하는 유형과, 주민과 무당이 함께 하되 무당들의 역할과 비중이 비슷하거나 높은 유형으로 나뉘어진다. 먼저 주민이 중심이 되고 무당이 부수적인 연행을 담당하는 유형으로, 안동 하회마을의 사례가 대표적이다. 마을주민들이 중심이 되어 연행하기 때문에 전문적인 본풀이나 의례행위보다는 풍물, 탈춤 등의 연행을 통해 마을주민이 사제자의 역할을 담당하게 된다. 별신굿의 연행에서는 마을주민들이 사제자가 되어 무당이 굿을 하는 것과 마찬가지의 효과를 낳는 것이다. 또한 전승을 위해 기록을 남기고 전수활동을 하며 별신굿의 주기를 정확히 지키려고 노력한다. 하지만 일제강점기와 산업화라는 외부적 영향을 받으면서 내륙지역의 마을주민 주도형 별신굿들은 전승이 중단되는 위기에 내몰렸다.

무업집단과 마을주민의 비중이 거의 비슷하거나 무당이 높은 유형이 있는데, 부여 은산별신굿, 문경 호계부곡별신굿, 충주 목계별신굿 등이 대표적인 사례이다. 신을 모시고 장엄한 신유를 벌이는 부분은 마을주민들이 담당하고 굿청에 자리잡고 전체적인 굿거리를 진행하는 부분은 무업집단이 담당하는 방식이다.

세 번째로 무당사제형은 특수한 상황에서 이루어진다. 안동 마령동 별신굿에서 마을이 수몰될 상황에 처해 당을 옮기는 마지막 별신굿을 연행했을 때[3] 같은 경우이다. 즉 당을 옮기거나 없애는 경우 자신들의 능력으로 천도하기는 어려우므로 무당의 능력을 빌려 별신굿을 벌이는 것이다. 별신굿에 대한 또 다른 별신굿이라 할 수 있겠다.

다음으로 농촌지역 별신굿의 기반을 살펴보자. 농촌 별신굿의 경우, 재지사족들이 세거하는 마을에서는 사족들에 의한 물적 기반의 확충이 주를 이루고 있다. 이와 반대인 경우에는 여러 마을들이 연합해서 자체적인 물적 기반을 통해 별신굿을 연행하였다. 일반적으로 격년 방식이 가장 많은데, 한 해는 평상시의 동제로 지내고, 다음 한 해는 별신굿으로 모시는 형태로, 소고사·대고사로 구분하기도 한다. 이러한 격년의 방식에서도 무당집단의 결합이 점차 사라지고 있는 양상을 보여주고 있

---

3 마실연구회, 「미령동 별신제 현지조사 보고서」(안동대민속학과 마실연구회, 1988, 미간행).

다. 또한 지역단위의 일정한 연대양상도 확인된다.

안동지역의 사례를 살펴보면, 하회별신굿이 1928년에 마지막으로 연행되었고, 병산별신굿 1924년, 수동별신굿은 1903년이 마지막이었다고 알려져 있다. 이들 별신굿들은 인근 지역에 위치하면서 하회를 제외하고는 모두 몇 개의 마을들이 모여서 벌이는 큰굿이었다. 이러한 별신굿들은 하나의 세트를 이루면서 인근지역의 주민들이 느낄 때에는 거의 매년 이루어지는 형태였을 것으로 판단된다. 즉 별신굿에서 3년 터울이라는 것은 결국 만 2년에 한 번씩 한다는 것을 의미한다. 따라서 병산과 수동이 매년 돌아가면서 홀수 해에는 수동이 하고, 짝수 해에는 병산이 하며, 만 9년 만에 한 번씩은 하회에서 성대한 별신굿을 벌이는 것이다.

양반과 민중간의 협의와 조율 속에서, 민중들은 양반에게 경제적인 풍요와 권위의 기반으로, 양반은 민중의 후원자(patron)로서 마을공동체의 모듬살이를 함께 해왔다. 이러한 양반과 민중의 관계형성에 안동지역에서 활발한 전승양상을 확보해온 별신굿이 큰 기여를 한 것으로 이해할 수 있다. 물론 이러한 조율이 이루어질 수 있는 배경에는 민중의 보이지 않는 힘과 안동 양반들의 실리적인 계산이 자리 잡고 있었다고 할 수 있다. 예와 덕은 꼭 양반에게만 해당되는 것은 아니다. 이름 없이 살아온 민중에게도 예와 덕은 살아서 민속이 되고 생활이 되었다. 여기에 해당되는 민속 중 가장 보편적인 양식이 바로 마을굿이며 그 중에서도 가장 민중적 제의로서 축제 전통을 간직하고 있는 것이 별신굿이다.

일련의 세트를 이루고 있는 지역 별신굿의 양상은 지연공동체의 위상과 관련하여 살펴볼 때, 인근지역의 중심으로 주목받을 수 있는 기회였으며, 이는 정치적인 양상과도 연결되면서 각 마을들의 정체성 강화와 이미지 제고, 위상 강화 등에도 기여하는 문화적 장치였음을 알 수 있다. 즉 인근마을에서 별신굿이 있을 때면 구경을 가게 되고, 별신굿을 주최하는 마을에서는 손님들을 맞이해 마을 내 모든 방이 활용되고 손님치레 때문에 굿을 안 했으면 좋겠다는 말까지 나올 정도였다고 전한다. 일정한 지역에서 별신굿을 벌이는 마을은 그 때만큼은 지역의 중심으로 부상하게 되고 일정한 베풂을 통해서 마을의 위상을 높이고 공동체의 정체성을 보다 강화할 수 있었던 것으로 판단된다. 농촌 별신굿에서 주목되는 점은 전통적인 방식의 집돌이형 제의가 보편적으로 나타나고, 이것이 보다 확대되어 마을돌이 제의형태가 일반화되어 전승된다는 점이다. 몇 개의 마을들이 연합해서 별신굿을 연행하게 되면서 각 마을들과 제의처들을 순행하는 퍼레이드의 형태가 많이 나타난다는 것이다.

그런데 재미있는 사실은 별신굿을 벌이는 대개의 마을들은 관아가 있었거나,[4] 봉수대마을,[5] 향소부곡[6] 등으로 일정한 직능을 가진 곳이 많다는 점이다. 바로 세 번째 유형분류 기준이다. 마을의 직능 전통에 따라서 별신굿의 고유한 성격이 전승되어 왔을 것으로 판단되지만, 현재 전승되고 있는 별신굿에서는 큰 차이점을 드러내지 못하고 있는 상황이다. 즉 별신굿의 시작은 직능과 관련된 것이었을 가능성이 있지만 현재까지 전승양상은 일반적인 농촌 별신굿과 크게 차이가 나지 않는다는 것이다.

다음으로 연행방식에 따른 유형을 살펴보자. 신유형(길놀이형) 별신굿은 주로 농촌지역에서 나타나는데, 서낭기로 상징되는 신위를 모시고 순행을 하는 형태이다. 예를 들어 경북 안동의 가송마을 별신굿에서 청량산 공민왕당을 친정이라 하면서 세배를 가는 것이나, 예천 맛질 역시 어머니 당에 세배를 가는 형태가 있고, 또는 문경 현리별신제와 같이 남신이 여신을 만나 합방을 하고자 하는 순행도 있다. 결국 신유형 별신

---

[4] 안동의 수동마을, 문경의 현리마을 등이 해당된다.
[5] 제천의 오티마을이 대표적 사례이다.
[6] 하회나 문경 호계 부곡(오얏골) 별신굿을 꼽을 수 있다.

굿은 신격의 관계를 설정함으로써 마을 간의 관계 역시 설정될 수 있도록 하는 장치를 가지고 있는 셈이며, 이를 기반으로 마을간 연대하여 별신굿을 벌일 수 있는 이념적 기반을 제공한다.

신유형 연행은 농촌지역 별신굿의 필수적인 요소로 볼 수 있다. 대부분의 별신굿에서 마을주민들과 굿패(무업집단 또는 마을풍물패)의 길놀이가 이루어지기 때문이다. 물론 그 형식에 있어서는 다양한 양상이 나타난다. 먼저 신위만 모시고 움직이는 형태가 있고, 다음으로 신위와 제물을 함께 움직이며 장관을 연출하는 형태가 있다. 또한 무업집단과 마을풍물패가 합굿(맞이굿)을 벌이는 형태도 나타난다. 마을간 연대하여 별신굿을 벌이게 되면 경제적으로도 부담을 나누고 마을간의 유대도 돈독히 하는 동시에, 보다 성대하고 화려한 신명풀이의 축제를 벌일 수 있는 장점을 얻을 수 있다. 대규모 길놀이의 장엄 연출, 신성성을 극대화와 연행의 감동 강화 등 이러한 원천이 신명풀이의 극대화로 이어지는 구조를 확보하게 된다.

풍물・탈춤 중심의 민속연행예술형 별신굿은 신에 대한 제의의 연장선에서 민속예술을 연행함으로써 신을 즐겁게 하여 복을 얻는 동시에 주민들 역시 신명풀이의 장을 열어내는 장점을 발휘한다. 예를 들어 하회와 병산별신굿의 탈놀이와 수동의 진법희가 이러한 특성을 잘 보여주고 있다. 하회의 경우 집돌이형 길놀이가 이루어지기는 하지만, 역시 신인동락神人同樂하는 주요 연행물의 비중은 탈춤에 가 있기 때문이다. 특히 수동별신굿의 진법희는 전문예인들의 도움 없이 마을 간 연대를 통해서 연행예술 중심형을 이루고 있음이 주목된다. 이는 일종의 풍물판굿이라 할 수 있으며, 일정하게 편싸움의 성격을 지니는 대동놀이적 속성도 갖추고 있음을 알 수 있다.

또한 흥미로운 사실은 별신굿은 사라져도 풍물이나 탈춤이라는 민속예술은 잔존하게 되거나 더욱 발전하는 사례를 발견할 수 있다는 점이다. 대표적으로 하회탈과 하회탈춤이 그러하고, 빗내 별신굿의 빗내풍물이 그러하다. 이러한 양상은 우리 문화재정책과 현대사의 굴곡에 의한 것이라 판단된다. 하지만 해당 민속예술이 보다 빛을 내고 가치를 확보하려면 본래의 맥락인 별신굿과 한 세트로 전승될 수 있도록 해야 할 것이다.

결국 내륙지역 농촌 별신굿에서는 대체로 주민들이 중심이 되어 굿을 이끌어간다. 무당 개입이 아예 없거나, 주민들의 주도로 진행되면서 무당은 청배와 거리굿 등 신을 부르고 떠나보내는 역할을 담당하거나 특정한 부분을 맡아 몇 거리의 굿을 연행하는 정도이다.

3. 어촌의 무당주도형 별신굿

오늘날까지도 가장 활발하게 별신굿이 연행되고 있는 곳은 단연 동남해안을 중심으로 한 바닷가 마을들이다. 또한 서해안 지역에서는 도신굿, 도당굿, 대동굿, 풍어제 등의 형태로 별신굿의 전승이 이루어져 왔다. 이들 해안지역 별신굿에 나타나는 특징은 전문적인 무업집단의 비중이 높다는 점이다. 마을주민들이 주체가 되기는 하되, 제의의 상당한 부분을 무업집단이 중심이 되어 연행한다. 또한 이러한 양상은 강신무나 세습무를 가리지 않는 것으로서 직능을 담당하는 무업집단의 위상을 잘 드러내고 있으며, 굿에 수반되는 전통적이고 다양한 연극적, 놀이적 특성들을 내륙지역의 제의에 비해서 훨씬 잘 유지해왔다.

무당주도형 별신굿은 대부분의 제차를 무업집단에서 이끌어가고 마을주민들은 수동적으로 응하는 형태로 연행이 이루어진다. 그렇다고 해서 마을주민들이 끌려가기만 하는 것은 아니다. 굿 계약 때, 혹은 연행 도중에 누락된 내용이나 성의 등을 살피고 지적하여 굿이 온전히 이루어질 수 있도록 한다. 무업집단에 대한 의존도가 높다 보니 비용도 상당한 부담에 이르게 된다. 보통 1~3일 정도 별신굿에 1000만원~2000만원 정도로 굿값이 책정되기 때문이다. 하지만 이러한 무업집단 주도형 역시 약 50년 전까지만 해도 무업집단의 비중이 지금처럼 크진 않았다. 무업집단을 맞이하는 주민 풍물패의 맞이굿과 합굿, 굿의 세세한 내용까지 점검하고 개입할 수 있는 '굿박사들'이 많았기 때문이다.

무업집단 주도형이 늘어날수록 사실은 각 마을마다 가지고 있던 해당 마을만의 굿거리 제차나 개성들이 사라지고 있는 형편이다. 또한 각 마을의 별신굿판을 하청받기 위한 무업집단의 경쟁으로 인해서 본래의 전통적인 별신굿대로 연행하는 것이 아니라 주민들의 편의에 끌려갈 수밖에 없는 부분도 문제가 되고 있다. 반농반어半農半漁의 특성을 지닌 한국 어촌에서 전통적인 별신굿의 주체세력은 마을회의, 또는 원로회의(동해안에서는 '노반회' 또는 '노반계'라고[7] 한다)였지만 근래 들어 그 주도세력이 어촌계로 바뀌었다. 동해안의 사례를 살펴보자.

조사자 : 예전에도 별신굿을 어촌계에서 주관했는지?

송동숙 : 예전에는 어촌계가 주관을 안 했지. 왜냐하면 풍어제가 아니었기 때문에, 그냥 동네 별신이었기 때문에 동네에서 주관을 했지. 용왕은 "그저 고기 많이 잡아 주세요"라고 하는 것 뿐이지. 지금은 풍어제라고 해서 어촌계와 직접 계약을 맺고 그러니까. 또 어촌계가 풍어제이기 때문에 그때부터 주관은 어촌계에서 하고, 마을에서는 거들어주는 거, 협조하는 거지. 이른 거는 별신제가 풍어제로 바뀌면서 그렇게 되기 시작했지 뭐. 마을에서는 굿을 주관할 능력이 없어졌지만 어촌계에는 돈이 많아졌기 때문에. 풍어제라는 명칭 때문에

---

[7] 노반회에 대해서는 권삼문의 논문 「東海 沿岸村落의 自治慣行」, 『民俗硏究』 4(安東大學校 民俗學硏究所, 1994) 참조.

어촌계가 주관하게 된 기지. 굿을 하믄 마을 사람들은 참석을 많이 하는데, 참석하는 것은 예나 지금이나 같어. 어촌계에서 주관한다고 해서 고기만 잡으라고 하는 것은 아니거든. 육지에 사람들도 몸 건강히 편안하게 지내고, 집안이 편안하고 재수있게 해 달라는 것 모두 축원에 들어가기 때문에 참석 안 할 수 없어. 또 협조를 안 할 수도 없지. 어촌계도 내 마을 일이고, 또 내 마을도 어촌계이기 때문에. 할머니들도 마이 참석하고, 지금은 또 각 마을의 부인회, 부인회에서 음식 장만이나 그런 것을 마이 하지. 부인회가 옳찮은 마을에서는 어촌계에서 부인들을 시켜서 굿에 오는 찬조하는 손님 대접을 하기도 하고. 활발한 데는, 부인회에서는 전적으로 음식준비를 맡아서 하지. [조 : 옛날에도 군수나 면장이 찾아왔었는지?] 옛날에는 면장, 군수와 같은 사람들이 찾아 오지는 않았지. 지금은 면장, 군수와 같은 사람들이 굿판을 찾어와. 이른 거 보믄 그만큼 굿이 발달되었다는 거지. 대국기원제라고 하니 물살이 풍족해야 된다 이거거든. 군수도 해안이 풍족해야 된다 하니까. 동장, 면장은 물론이고 군수도 오지. 군수나 면장이라고 해서 밥 안 먹고 사나? 다 밥 먹고 사는데? 이치는 다 한가지라.[8]

위 제보에서 알 수 있듯이 별신굿은 본래 마을전체에서 준비하고 연행하는 형태였으나, 어업이 활성화되면서 어촌계의 위상이 커지게 되고, 명칭 역시 풍어제로 바뀌게 되면서 그 주도세력이 어촌계로 점차 넘어가게 되었다. 또한 별신굿 연행을 담당하는 무업집단 역시 예전의 단골판 기준에서 점차 경쟁시대로 넘어오게 되었음도 주목된다.

조사자 : 저 부산 쪽에서부터 고성까지 다 다니는데, 그런 데를 어떻게 다 관

---

[8] 송동숙(남, 76세) 씨의 제보(2003년 4월 17일 경북 영해 자택에서 필자 면담조사).

리를 하시는가요?

  송동숙 : 관리보담도 옛날에는 그 마을에서 인제 별신을 한다 이래되면, 예를 들면 어느 무구가, 무당이가 잘 하더라 잘한다 소리 하더라. 그 사람 부르자, 부르자 하면서 동네에서 청배를 했지. 청배를 해 가주고. 청배를 해서 많이 가 봤고, 지금은 또 세대가 하마 밝아 가주고 말이지. 가마 앉아 있이면 오라 소리 잘 안한다 이거지. 그래면 인제 날 쫌 씨어(써) 주시오. 동네 찾아 가는거라. 내면 내, 또 딴사람이면 딴 사람 또, 그래 찾아가고 이래니깐 어떤 때 가면 경쟁이 될 때가 있다고. 말하자면 장사 모양으로 말이지. 그럴 때도 있지. 지금은 그래 가주고 지금은 그렇게 많이 하고 이래 하는데. 뭐 그렇게 동네 사람들도 뭐 저 사람이면 적합하다 할 때 암만 딴 사람이 와서 떠들어도 날 필요하면 날 오라 하는거지. 날 오라 하면은 어떤 사람 잘 하는 사람 데리고 오너라. 어땐 혼자 할 모양이니깐. 그래서 마이 하지.[9]

최근 들어 동해안별신굿 전승의 두 축인 마을과 무업집단에 변화가 생겼다. 마을공동체의 주축이 마을회의에서 어촌계로 이관되고, 무업집단 역시 단골판이 깨지고 경쟁을 통한 선택을 받게 되는 상황에 이르게 된 것이다. 또한 예전에는 마을주민들이 직접 풍물도 치면서 무업집단들을 맞이하는 등 보다 적극적인 방식의 결합양상을 이루어냈지만 현재는 모든 연행을 무업집단에 맡기고 제관만을 수동적으로 담당하는 형태가 되었다.

무당굿 중심의 굿거리형은 무당주도로 이루어지는 해안지역 별신굿에서 주로 나타나는 유형이다. 물론 해안지역 별신굿에서도 마을의 풍물패가 무당굿패를 맞이하는 합굿을 할 때나, 당맞이굿 등을 할 때에는 길

---

[9] 송동숙(남, 76세) 씨의 제보(2003년 4월 17일 경북 영해 자택에서 필자 면담조사).

놀이를 벌이기도 하지만, 이 길놀이가 별신굿에서 유의미한 목적으로 설정되기보다는 굿을 치르기 위한 하나의 과정으로 여기기 때문에 길놀이는 미약한 형태라고 볼 수 있다.

무업집단은 그 마을의 특성에 맞는 굿거리를 준비한다. 또는 굿 계약 시 마을주민들이 원하는 굿거리를 요청하기도 한다. 예를 들면 탈굿이나 범굿을 해달라는 요청을 하기도 하고 놀음굿을 많이 해달라고 요청하는 형태이다. 사실 일정한 세습무 단골판의 명맥을 유지하고 있기 때문에 무업집단에 해당 마을에서 해야 할 굿거리들을 미리 알고 있다. 마을 주민들도 이미 수차례 보아온 굿이기 때문에 진행절차나 무가사설, 음악적인 부분들까지 대략 꿰고 있는 경우도 많다. 그래서 해야할 굿거리를 안 하거나 사설 중에 내용을 생략하고 짧게 끝내버리면 현장에서 이의를 제기하기도 한다.

해안지역 무당중심의 별신굿은 유난히 강한 전승력을 보여주고 있다. 이러한 전승양상은 변동이 심한 어촌의 사회경제적 조건과 역사문화적 상황에 따른 것이다. 실상 해안지역에서는 1년에 4~6번까지 동제를 지내는 마을도 다수 존재했다. 현재는 대개 평균적으로 2~3번 정도 동제를 지낸다. 따라서 1년에도 수차례씩 반복되는 일상적 제의의 패턴을 보다 예술적이고 보다 대규모로 연행하고 싶은 욕구가 별신굿의 활성화를 유도했고, 마을의 형편에 따라서 매년 거행되기도 하고 3년, 5년 등의 주기로 연행되었다고 볼 수 있다.

세습무 계통인 무업집단은 화려한 본풀이와 사설, 노래, 반주음악, 춤, 연기 등 전통예술과 관련한 높은 기량을 보유하고 있다. 따라서 이들은 굿을 이끌어가며 신인동락의 신명풀이를 벌일 수 있게 할 뿐만 아니라 예술적 감동을 통해 주민들의 예술적 오락적 욕구를 채워주기도 한다. 그렇다고 주민들이 무업집단에게 마냥 끌려가는 것만은 아니다. 굿 계약 때나 굿 진행 중 빠진 부분이나 성에 안 차는 부분이 있으면 바로 무업집단에게 건의하여 자기 마을의 전통적인 굿 형식을 지켜나가고자 노력한다. 또한 놀음굿, 탈굿, 천왕곤반 등 재미있고 주민들이 적극 참여할 수 있는 굿거리를 적극적으로 요구하기도 한다.

해안지역 무업집단 중심의 별신굿의 특성은 다음과 같이 정리될 수 있다. 첫째, 무업집단의 보편적 굿연행과 마을 고유의 개성을 끊임없이 역동적으로 조정해가며 전승되고 있다는 점이다. 특히 자주 변동되는 사항은 바로 굿 주기이다. 3년 두리를 5년 두리로, 5년 두리를 7년 또는 10년 두리로 변동하는 경우가 자주 발생한다. 물론 마을주민들의 요구에 의한 것이다. 무업집단의 입장에서 보았을 때는 주기가 길어질수록 수입원이 줄어드는 효과를 낳기 때문에 가능한 기존의 주기를 유지하고 싶어 한다.

하지만 주민들의 요구가 워낙 강할 때에는 무업집단 역시 신과의 조율을 통해 합의점을 도출한다. 이러한 조정에는 무업집단의 계획적인 의도가 반영되기도 한다. 즉 조정의 결과를 확정하는 '대잡이'를 미리 구해놓거나 대잡이에게 일정한 보상을 무업집단에서 해줌으로써 자신들에게 유리한 결과를 기대하는 것이다.[10]

둘째, 주재집단이 마을대표 또는 원로회에서 어촌계로 완전히 바뀜에 따라서 반농반어 및 고유신앙의 특성이 사라지고 풍어제의 개념으로 치환되고 있다는 점이다. 어촌계에서 전적으로 별신굿의 비용을 대고 굿을 주도해감에 따라서 일반 주민들 역시 어촌계에 따라갈 수밖에 없고, 이는 다시 별신굿의 시공간이 아닌 일상적인 마을생활에서도 어촌계가 마을을 이끌어가는 형태로 변해가고 있음을 알 수 있다.

셋째, 굿을 잘 아는 마을주민들이 점차 줄어들고 주민들의 정서 역시

---

[10] 2005년 12월 부산 송정별신굿에서는 마을에 거주하는 강신무가 대잡이를 했는데, 굿 연행 전에 미리 만났음을 확인했고, 대잡이가 끝난 후 당시 모아진 별비들을 모두 대잡이에게 주는 장면을 확인할 수 있었다.

변화해가면서 본래의 굿이 점차 신성성이 약해지고 연행내용 역시 점차 축소되면서 재미있는 굿, 흥겨운 굿 중심으로 재편되고 있다는 점이다. 이러한 양상은 무업집단 내부의 원인도 가세해서 어려운 가락이나 연행이 쉽지 않은 굿놀이 등을 회피하게 됨으로써 점차 연행의 예술성이나 정통성은 약화되고, 가볍고 주민들이 좋아하는 연행으로 변화되고 있는 것이다.

4. 장시마을의 세력주도형 장별신굿

장별신은 두 가지 형태로 존재해왔다. 하나는 본래는 장이 서는 곳이 아닌데 별신 때가 되면 임시장이 서는 형태이며, 다른 하나는 본래부터 장터가 있었거나 새로 장터를 개장하면서 별신굿을 벌이는 형태이다. 흥미로운 사실은 이러한 장병신의 경우 주도하는 세력이 분명하게 설정된다는 점이다. 따라서 장별신의 특성을 살펴보는 작업에서도 두 가지로 나누어 고찰할 필요가 있다.

장별신은 이능화가 제시한 별신굿에 대한 기록과[11] 가장 유사한 형태이다. 시장을 중심으로 별신을 벌이되, 난장을 펼치고 음주와 도박, 매춘 등이 허용되며 무격들이 춤과 노래로써 신을 즐겁게 한다는 것이다. 정승모는 장별신과 관련하여, "장이 새로 형성되거나 장소를 옮길 경우에는 이 사실을 주민들에게 알리기 위해 며칠동안 '난장판'을 벌인다"

---

11 이능화, 『조선무속고』(동문선, 1991, 초판 : 1927), 180쪽. "속어에 별신(別神)이라 이른다. 우리 나라 고속(古俗)에, 매년 봄·여름이 되면 각 지방 시장과 도회 곳곳에서 정기일을 택하여 성황당에 신사를 드린다. 민가에서 모두 모여 밤낮으로 술을 마 시고 도박을 자행해도 관에서는 이를 금하지 않았으며, 이름을 별신(別神)이라 했 다. 이는 특별신사(特別神祀)를 축소해서 칭하는 말이다. 그 의식은, 큰 나무에 신위를 설치한 후 떡과 과실·술·밥을 탁상 위에 차려 놓고 무격(巫覡)을 불러 노래와 춤으로써 신을 즐겁게 한다."

고[12] 기술하면서 특히 남한강 유역의 목계별신제에 주목하였다. 목계장은 소금배가 닿을 때마다 임시로 서는 장이었다. 뱃길이 무사하고 내륙의 장사가 잘 되기를 비는 제사인 목계별신제는 매년 봄과 가을에 행해졌다. 이때 큰 줄당기기가 함께 연행되었는데, 줄꾼이 동쪽으로는 강원도 강릉에서까지, 서쪽으로는 서울에서까지 동원되었다고 할 정도로 규모가 컸다.

장별신은 초기에는 장시의 개설이나 이동과 관련되었겠지만 이것이 점차 고정적인 제의형태와 결합하게 되면서 정기적인 별신굿으로 발전되었던 것으로 판단된다. 또한 해안지역에서도 장별신이 이루어졌는데, 평해와 영해에서 벌어졌던 것으로 확인된다.[13] 이 지역은 일정하게 해안과 거리를 두고 있는 해안지역으로서 단오를 중심으로 난장을 벌이게 되었으며, 무당집단이 결합한 형태로 현재의 강릉단오제와 같은 성격을 띠고 있었던 것으로 보인다.

농촌지역에서도 목계 이외에도 안동의 임동 채거리 장별신이[14] 주목된다. 전통적인 형태는 아니지만, 이 사례는 최근에까지 장을 활성화하기 위한 대책으로써 별신굿이 채택되었다는 사실을 잘 보여주고 있다. 1960~70년대까지도 장별신을 통해서 시장을 활성화하려는 시도가 벌어졌다는 사실은 별신굿의 전통이 상당한 경제적 효과를 유발하였다는 사실을 드러내는 것이기도 하다. 그러나 역시 가장 주목되는 사례로는 충주 목계별신을 들 수 있다. 목계는 남한강 수로경제의 중심에 놓여있던 곳으로서, 수많은 상인과 객주들이 전을 벌이고 별신굿과 함께 대규모의 줄당기기가 벌어졌던 장시마을이다. 충주의 목계별신굿은 본래 농경의례

---

12 정승모, 『시장의 사회사』(웅진, 1992), 43~46쪽.
13 고 송동숙 선생의 제보(2004년 11월 25일 금음3리 별신굿 현장).
14 安東郡, 『安東民俗資料誌』(1981), 414쪽.

에서 출발하였으나 주제집단의 성향 변화로 인해서 난장성이 강조되기에 이르렀고, 특히 남한강 상권을 장악한 상인들의 장시 번영과 수운무사를 비는 의례로 바뀌었다고[15] 전한다.

1910년 한반도를 강점한 일제는 가장 먼저 시장에 대한 감독과 단속을 시작하는데, 그 이유는 그들의 경제적 침탈 정책에 활용하기 위해서 재래 정기시장에 대해 장려 정책을 강구하고 시행했던 것이다.[16] 비록 일제의 정책적 의도에 따라 시장이 변모하기 시작했으나 이후 지속적으로 발전을 거듭해 아래 표에서 알 수 있는 듯이 800여 개소에 불과하던 시장수가 1938년경에는 총 1500여 개소에 이르게 된다. 그런데, 이러한 시장의 양적 증가는 일제가 주장하듯이 조선의 근대화와 이로 인한 농민의 생활 향상에 따른 결과가 아니라 당시의 높은 인구증가가 시장의 새로운 수요를 유발하여 새로운 정기 시장이 지속적으로 양산된 결과라고[17] 보는 것이 타당할 것이다.

이러한 현상은 농촌 지역의 인구 밀도가 높아지면서 소비 물자에 대한 수요가 급증하고 있었으며 이러한 수요를 충족시킬만한 시장이라는 공간이 절대적으로 요구되었음을 의미한다. 또한, 이렇게 새로운 시장이 개설되고 이미 개설된 시장들은 점차 그 영역을 넓혀 가고 있던 이 시기에는 시장의 흥행과 홍보를 위한 집객集客 수단이 필요했을 것이다. 그 집객 수단으로 등장한 것이 바로 '별신굿'이었던 것으로 보인다. 여기서 별신굿이 등장했다는 것이 이전에 없었던 별신굿이 새롭게 발생했다는 것을 의미하지는 않는다. 즉, 이 시기는 별신굿과 같은 가무오신적 마을굿과 함께 시장을 중심으로 집객과 홍행을 목적으로 한 이벤트성

---

15 이창식, 「南漢江 流域 別神祭의 分布와 意味 - 충주 목계별신제를 중심으로」, 『藥城文化』(社團法人 藥城文化研究會, 2002), 18쪽.
16 이재하·홍순완, 『한국의 장시』(민음사, 1992), 98쪽.
17 위의 책, 100~101쪽.

별신굿이 공존하고 있었다고 판단된다.[18] 실제, 무라야마 지준이 조사한 당시 자료를 살펴보면 이러한 정황을 구체적으로 확인할 수 있다. 즉, 마을굿으로서의 별신과 시장 풍속으로서의 별신이 분명하게 확인되는 것이다. 따라서, 일제강점기에는 '별신굿'이 마을굿의 형태뿐만 아니라 시장 풍속의 형태로도 존재하고 있었음을 알 수가 있다.

그렇다면 시장 풍속으로서의 장별신과 마을굿으로서 별신굿은 과연 어떤 관련성이 있는 것일까? 이러한 의문은 장별신의 출현과도 관련이 있다. 이에 앞서 장별신과 마을 별신굿과의 차이점을 살펴보면 먼저, 행사 주체가 다르고 다음으로 목적이 다르다. 마을 별신굿은 순수하게 마을 주민들이 주체가 되며 장별신은 시장 상인들과 관이 주체가 된다. 마을 별신굿은 마을 주민들의 안녕과 풍농·풍어가 목적이만 장별신은 시장의 번영이 일차적 목적이 된다.

그 다음으로 규모와 내용이 다르다. 마을 별신굿은 순수하게 주민들의 추렴을 통해 행사가 치러지기 때문에 제한적일 수밖에 없고 내용 역시 음주가무 이외에 별다른 볼거리가 없다. 그러나 장별신은 전술한 바와 같이 상인들과 관의 자본에 의해 치러지기 때문에 규모 면에서 성대하다. 내용적인 면에서도 무당굿뿐만 아니라 난장을 중심으로 풍물패, 씨름판, 줄광대, 도박판 등이 들어와 다양한 볼거리가 제공된다. 그런데, 이러한 차이점에도 불구하고 시장과 마을이 동일한 경우 즉, 시장마을에서 별신굿을 하는 경우는 장별신과 마을 별신굿의 구별이 의미가 없어지게 된다. 이러한 예의 하나로 예전에 역驛이 있었고 일제 때 시장 소재지였던 경주 안고리安庫里(현재 경주시 安康)에서 벌어졌던 별신굿의 사례를 제시하면 다음과 같다.

---

[18] 김태우, 「일제-70년대 "장별신" 연구 - 장별신과 장시와의 상관성을 중심으로 -」, 『비교문화연구』 9(경희대 비교문화연구소, 2005), 49쪽.

이곳은 시장 소재지이고 옛날에는 驛이 있던 곳인데 이곳에도 산신, 지신을 위안하기 위해 동신제와 함께 별신제를 거행하고 巫舞에 따라 3일정도 질펀하게 계속된다. 이 산신, 지신 위안제는 마을 사람들의 오락제이기도 하다. 경주 지방에서는 別神祭를 地鎭祭의 의미로 해석한다. 따라서 地氣가 불량하다고 생각되어 出水·山사태·濁水 등의 사고가 있는 곳, 驛이라든가, 시장이라든가, 사람이 많이 모이는 곳에는 地氣가 오염되어 이것을 정화한다든지 또는 地神을 위안하여 사고를 면하기 위해 매년 1회 春秋로 좋은 계절에, 길어도 3년마다 巫祭를 중심으로 하는 별신제를 3~4일간 계속한다. 이 별신제는 巫舞가 행해질 뿐만 아니라 도박도 공개적으로 행해지기 때문에 지방 부락민이 많이 참여하였다. 따라서 이 별신제가 그 지역의 번영선전을 동반하기에 이르렀기 때문에 후에는 地鎭 혹은 푸닥거리(祓)로 정화하는 본뜻과는 달리 그 지역의 번영 또는 새로 개설한 시장을 선전하기 위하여 행해지게 되었다(시장의 신설 및 이전 할 때에는 이 별신제가 지금도 거행된다. 大正 12년 강동면 부조 시장을 면사무소 옆으로 이전할 때도 이 별신제를 성대히 치뤘는데 이것이 최근의 사례이다).[19]

위에서 제시된 안고리 별신제는 원래 유교적인 '동신제'와 함께 치러진 마을굿의 일환으로 행해졌던 것으로 보인다. 다시 말해 마을 별신의 형태라고 할 수 있지만 안고리가 시장 소재지라는 특수성에 의해 점차 장별신의 성격을 띠게 된 것이다. 위에서 '별신제가 그 지역의 번영선전을 동반하기에 이르렀기 때문에 후에는 지진地鎭 혹은 푸닥거리(祓)로 정화하는 본뜻과는 달리 그 지역의 번영 또는 새로 개설한 시장을 선전하기 위하여 행해지게 되었다.'는 기술은 장별신의 출현 과정을 단적으로

---

19 朝鮮總督府, 『部落祭』(1937), 43쪽.

설명해주고 있다.

이러한 시장과 별신굿과의 관련성에 대해서는 은산별신제나 하회마을 등 낙동강 유역의 별신굿에 대한 연구에서 언급된 바가 있었다.[20] 이들 지역의 별신 역시 마을 별신이기는 하지만 시장과 밀접한 연관을 지닌 장별신으로서 성격도 강하게 지니고 있는 사례라 할 수 있다. 뿐만 아니라 구체적인 연구가 진행되지는 못했으나 충주 목계 별신 역시 좋은 사례가 된다.

이렇게 장시의 발전과 함께 등장하기 시작한 장별신은 일제 말까지 꾸준히 지속되었던 것으로 보인다. 이후 1945년 8·15 해방과 1950년 6·25전쟁이 몰고 온 경제적 침체 속에서 장별신과 같은 흥청거리는 풍속은 잠시 자취를 감추었을 것임을 어렵지 않게 짐작해 볼 수 있다. 그러나 1950년대 이후에는 사정이 달라진다. 50·60년대, 이 시기에는 농촌 인구의 증가, 경제성장에 따른 소득 증가, 지방자치제의 실시 등으로 정기 시장이 크게 발달하였으며 1950년에는 668기(남한에만 해당)에 불과하던 정기 시장이 1970년에는 1000기가 넘어서게 된다. 그러던 것이 산업사회로 접어든 1970대 이후에는 전반적으로 쇠퇴하기 시작하였다.[21] 이러한 시장의 변모에 따라 장별신 역시 그 존재 양상이 변모했을 것으로 보인다. 즉, 50·60년대의 활발한 경제 복구의 정책 속에서 활기를 되찾은 시장에서 서서히 장별신이 부활되었을 것이다. 현재 촌로들에게 전해들을 수 있는 마지막 장별신의 시기가 50·60년대라는 것이 이러한 추측을 뒷받침해 준다. 일제 때의 기록을 살펴보자.

---

20 이필영 글·송봉화 사진, 『은산별신제』(화산문화, 2002); 임재해, 「하회별신굿의 당제 시기와 낙동강 유역의 탈놀이 전파」, 『안동문화』 15(안동대부설 안동문화연구소, 1994).
21 이재하·홍순완, 앞의 책, 124~125쪽.

시장 외에도 해안마을에서는 漁場이 신설 될 때에도 이 별신제를 하고 고기가 잘 잡히지 않을 때에도 이 별신제를 한다. 또, 이 별신제 때에는 많은 사람이 모여들기 때문에 이것을 기회로 도박, 백일장, 씨름角力, 줄다리기網引 등도 병행 되는데 아주 성대할 때에는 그 기간이 3일간에서부터 1주일간 행해질 때도 있다. 市場地鎭祭(동시에 시장 繁榮祭)는 大正 11년경까지 각 시장마다 행해졌다. …(중략)… 巫女들이 준비를 위하여 隊를 이뤄 歌舞를 하면서 각 호를 순회하면서 기부금을 받는다(이것을 '노름/놀음'이라고 부른다). 시장의 한쪽에서는 祭壇을 차리고 그 곳에서 징과 큰북을 미친 듯이 두드린다. 이때 도박이 공공연히 행해졌는데 이 도박은 場錢을 官(郡)에 납부하고 허가를 받고 吏屬輩들에게 주는 뇌물이 그 곳에서 많이 나왔던 것이다. 목격자의 말에 의하면 도박장에는 賭錢(葉錢)이 말馬로 운반되기도 하고 엽전 또는 반지 등 장신구가 산더미처럼 쌓여 구경꾼의 눈에는 눈부시게 비쳐져 사람들의 사행심을 극도로 자극했다.[22]

위의 기록을 통해 별신판이 벌어지면, 무당들의 '노름'을 시작으로 한쪽에 굿판이 벌어지며 다른 한쪽에는 도박판, 백일장, 씨름판, 줄다리기 등 다양한 볼거리와 오락거리가 펼쳐졌음을 알 수 있다. 특히, 도박판에 대한 묘사는 도박꾼들과 관리들이 서로 결탁관계에 있었다는 점과 그 폐해가 상당했을 것임을 알게 해준다. 이렇게 일제 당시 기록이나 촌로들의 증언에 따르면, 별신이 벌어질 때 항시 등장하는 것들이 난장, 무당굿, 도박(야바위), 씨름판, 줄광대, 줄다리기 등이다. 따라서 이러한 요소는 당시 별신판(장별신)의 대표적인 종목이었던 것으로 판단된다.

이러한 별신판에서 관심을 모으는 점은 별신 기간 내내 벌어졌던 무

---

[22] 朝鮮總督府, 앞의 책, 43~44쪽.

당굿의 존재와 관의 묵인 하에 공공연히 벌어졌던 도박판이다. 먼저, 별신 때 벌어지는 무당굿이 바로 '별신굿'일 텐데 별신의 시작과 끝을 알리며 시장의 흥행을 기원하는 행위로서 중요한 몫을 차지하고 있었던 것으로 보인다. 앞에서 언급된 경주 안고리 별신 관련 자료에서 무당과 관계된 자료를 살펴보자.

> 봄이나 가을에 1회 또는 3년마다 1회 그 지역의 무녀들이 주최자가 되고 시장 음식업자가 후원자가 되어 적어도 3일간은 질펀하게 벌어진다. (중략) 이 별신제에서는 巫女들의 수입도 적지 않았다. '노름(놀음)'에서 모은 것들 중 그 일부는 제단이나 제물 비용으로 충당하고 나머지는 그들의 소득이 된다. 또는 음식점이나 도박장에서도 상당한 기부가 있고 그밖에도 몰래 獵奇者로부터 짜낸 웃음을 판 돈(賣笑金)도 결코 적지 않았던 것이다.[23]

이처럼 별신이 벌어지면 무녀들이 주최가 되어 걸립을 통해 祭費를 걷고 음식점이나 도박장에서도 기부금이 들어온다고 했으니 당시 무당들에게도 별신판은 꽤 괜찮은 수입원이었을 것이다. 이렇게 무굿이 시장이라는 공개적이고 상업적인 공간으로 진출하면서 그 활동 영역을 확장하게 되었고, 이러한 무굿의 변모는 변화하는 시대에 대응하는 무속의 하나의 방편으로 이해될 수 있을 것이다.

다음으로, '도박장에는 도전賭錢(葉錢)이 말[馬]로 운반되기도 하고 엽전 또는 반지 등 장신구가 산더미처럼 쌓여 구경꾼의 눈에는 눈부시게 비쳐져 사람들의 사행심을 극도로 자극'했었던 도박판이 공공연하게 행해질 수 있었던 이유가 무엇이었을까? 여기에는 관의 묵인 하에 행해졌던

---

23 위의 책, 같은 쪽.

도박판의 이면에는 관과 상인들 간의 이해관계가 얽혀 있을 것으로 생각된다. 즉, 도박판을 벌이는 이들이 공식적으로 납부한 '장전場錢'은 당시 지방 관청 재정에 도움이 되었을 것이며 더군다나 비공식적으로 뇌물까지 받은 관과 관리들은 이들을 묵인해 줄 수밖에 없었을 것이다.

이러한 관행은 이미 그 역사가 오래된 것이다. 즉, 조선 후기 기록들 중에 장시에서 행해지는 투전投箋·잡기雜技·골패骨牌 등의 폐단을 지적하는 글들을[24] 통해 도박꾼들과 장시와의 인연도 무척 오래되었음을 알 수가 있다. 이러한 도박꾼들 중에는 전문적으로 도박판을 벌이는 자들이 있었을 것이고 이러한 자들은 이후 별신을 개최하는데 은근한 후원자가 되었을 것으로 생각된다.

별신굿의 전통은 현재 지역 축제에서 찾아 볼 수가 있을 것이다. 강릉단오제나 은산별신제와 같은 전통 축제는 별신굿의 전통을 그대로 계승하고 있다고 해도 과언이 아니다. 이들 축제뿐만 아니라 다른 지역축제들까지도 그 전신前身은 다름 아닌 별신굿이라고 볼 수 있다. 과거에는 이만한 구경거리도 없었고 노름도 대체로 묵인되었으므로 부근의 주민들은 장도 보고 구경도 하기 위해 장터로 모여들었던 것이다.[25] 이처럼 과거에는 별신굿이 거행되는 날이 바로 그 지역의 축제날이었던 것이다. 결국, 별신굿은 현대적 의미의 지역 축제가 거의 전무했던 약 1980년대까지 각 지역의 문화적 공백을 메웠던 축제였으며 현대 지역 축제의 모태라고 할 수 있을 것이다.

장터마을의 변화와 관련한 별신굿 중 임동 채거리 장별신이[26] 주목된다. 전통적인 형태는 아니지만, 이 사례는 최근에까지 장을 활성화하기

---

24 김대길, 『조선후기 장시연구』(국학자료원, 1997), 245~252쪽.
25 정승모, 앞의 책, 44~45쪽.
26 安東郡, 앞의 책, 414쪽.

위한 대책으로써 별신굿이 채택되었다는 사실을 잘 보여주고 있다. 마을정치의 장은 경제적인 맥락과 연동되어 있다. 별신굿을 통한 장시의 활성화는 지역정치의 문화적 기획과 실현 양상을 잘 드러내고 있다.

　　臨東面 鞭巷(俗 채거리)는 古來로 市場이 有名하였다. 盈德 등지에서 魚物 商人이 內陸으로 들어오려면 대체로 鞭巷에서 묵고 가기 때문에 四通八達로 통하는 交通網을 通하여 民物의 集散이 이곳에서 이루어지니 자연 經濟的 융통이 비교적 원활하고 商業이 旺盛했다. 日帝中期에 義勇消防隊가 結成되어 그 資金도 마련하고 한편 地方發展을 위하여(外地의 많은 사람들을 모으기 위하여) 別神祭를 2회 정도 擧行한 일이 있다. 城隍神에게는 巫堂과 有司가 제를 지내고, 여러날을 놀음놀이로 흥청거렸다. 男女老少할 것 없이 거리로 쏟아져 나와 각종 雜戱로 지새었다. 巫堂은 半邊川 江邊에서 惡神을 쫓는 굿을 하였으며, 마침 夏節이라 밤새껏 온 마을이 祝祭분위기에 휩싸였다 한다. 놀이로서는 씨름, 투전, 놀음, 신파, 말廣大 등이 베풀어졌다 한다.[27]

임동 채거리의 장별신은 일제시대에 결성된 의용소방대가 프로모터가 되어서 장의 부흥을 꾀하고자 벌인 흥행사업의 일환으로 판단된다. 이 사례 역시 전통적인 마을공동체가 운영해오던 제의의 전통을, 새로운 세력으로 부상한 권력집단, 즉 의용소방대가 계승하면서 지역부흥을 위한 장시의 활성화를 도모했다는 점에서 주목된다. 그러나 흥행을 위한 일회적인 노력이었기 때문에 2회 정도 연행이 이루어지고 단절되었다.
　　이러한 장별신은 이능화의 별신굿에 대한 기록과 가장 유사한 형태이다. 시장을 중심으로 별신을 벌이되, 난장을 펼치고 음주와 도박, 매춘

---

[27] 위의 책, 414쪽.

등이 허용되며 무격들이 춤과 노래로써 신을 즐겁게 한다는 것이다. 정승모는 장별신과 관련하여, "장이 새로 형성되거나 장소를 옮길 경우에는 이 사실을 주민들에게 알리기 위해 며칠 동안 '난장판'을 벌인다"고[28] 기술하였다.

한편 안동지역에서는 '사시기우徙市祈雨'로서 '강변장(갱변장)'도 성행했다. 확인된 바로는 풍산장(3, 8일)에서 기우제의 일환으로 '시장옮기기 민속'이 전승되었다.[29] 대응주술의 방식으로 강을 더럽힘으로써 비를 오게 했다고 해석되고 있다. 또한 강변장이 서면 더욱 많은 사람들이 몰려들어 시장이 아주 잘 되었다고 전한다. 결국 강변장은 기우제의 일환이면서도 시장에 새로운 활력을 불어넣을 수 있는 활성화의 계기가 되었다고 볼 수 있다.

5. 마을 유형별 특성과 현재적 의미

별신굿은 마을의 유형에 따라서 미세하지만 분명한 차이점을 보여준다. 가장 분명하게 드러나는 특성은 굿의 연행을 주도하는 주체가 다르다는 점이다. 이러한 주체들의 정체성을 드러내는 준거 중 하나가 바로 마을의 유형이다. 어떤 마을이냐에 따라서 별신굿의 전승양상이 달라질 수밖에 없는 것이다. 대체적으로 해안지역 별신굿에서는 마을과 느슨한 관계를 유지하고 있는 인근무당 중심의 무업집단 또는 입찰에 의해 결정된 원거리의 무업집단이 굿을 주도하게 된다. 각 마을에 따른 사정들

---

[28] 정승모, 앞의 책, 43~46쪽.
[29] 김재호, 「날씨 맞추기와 강변장 보기」, 『까치구멍집 많고 도둑 없는 목현마을』(안동대 민속학연구소, 한국학술정보, 2002), 282~285쪽.

을 고려하기는 하지만 이미 결정되어 있는 무업집단의 문서에 의해서 굿이 진행되는 것이다. 하지만 농촌지역의 경우 사정이 달라진다. 무당이 참여하는 곳이 많았지만 집단적으로 그들을 굿을 가져와서 하는 방식이 아니라 마을의 사제와 전통을 중심으로 한 큰 굿에 작은 굿 형태로 끼어드는 방식인 것이다. 같은 내륙지역이지만 장별신굿의 경우에는 또 다르다.

별신굿의 각 유형별 특성은 이미 해당 유형의 성격으로부터 유추될 수 있다. 무당굿형에 해당하는 동·남해안 별신굿은 가무오신적 장점은 두드러지는 데 비해서 마을신에 대한 주민들의 인식은 상대적으로 약한 형편이다. 반면 내륙지역 별신굿의 경우 신격의 위상이 다양하고 풍성함을 알 수 있다. 대부분 인격신을 모시고 있으면서 해당 인격의 역사와 관련한 좌정담을 가지고 있다. 재지사족이 지배하는 마을사회에서 대항제의로서[30] 위력을 발휘하기 위해서는 유교적 지배세력을 강제할 수 있는 이념적 기반이 필요했기 때문이다. 따라서 다양한 당신화, 영험담 등이 발달했다. 어촌지역 별신굿에는 특별한 신격에 대한 언급이 없는데, 대부분 마을 개기선조에 해당하는 조상신을 '골매기'라 하면서 별신굿에서 모시는 형태이다. 물론 일상적인 동제 때와 마찬가지의 신격이다. 다만 해안지역 별신굿에서는 무업집단이 청배하는 다양한 직능신들이 동원된다. 마을의 중심으로서 조상신인 골매기가 자리잡고 있으면서 무업집단의 직능신들이 함께 신통령을 발휘해주기를 비는 것이다.

장별신굿에서 모셔지는 신격 역시 상당히 다채로운 양상을 보여준다. 목계별신굿의 신격은 부군이었던 것으로 파악된다. 이를 통해 서울지역에서 성행하는 부군당이 목계까지 연결되어 있음을 알 수 있다. 장시의

---

[30] 조정현, 앞의 논문, 23~35쪽.

성행과 교역지역의 확대가 자연스레 부군당 신앙까지 도입하는 계기가 되었던 것이다. 현재 목계별신굿은 매년 지역축제로 행해지고 있다. 하지만 그 효과는 의문이다. 본래의 별신굿을 제대로 복원하지도 못했을 뿐만 아니라 지역축제로서 특성도 제대로 구현되지 못하고 있기 때문이다.

전통적인 마을 유형별 별신굿은 서로 구별되는 분명한 특성들을 보여주었지만 현대사회로 넘어오면서 현재 전승되고 있는 별신굿들은 점차 유사한 형태로 닮아가고 있음에 주목할 필요가 있다. 마을 유형별로 살펴볼 때 현재까지 별신굿이 전통적인 형태로 전승되고 있는 곳은 해안지역 어촌이다. 농촌지역에서도 충남 은산, 충북 목계와 오티, 경북 문경 부곡 오얏골, 장흥 방촌 등에서 명맥을 이어가고 있는 상황이다. 하지만 장별신은 대부분 사라졌다. 물론 강릉단오제나 자인단오제 등까지 별신굿의 범주로 보면 여전히 장별신의 전통은 지속되고 있다고 볼 수 있다.

결국 마을 유형별 별신굿의 특성을 고려해볼 때, 전승양상과 관련하여 다음과 같이 정리해볼 수 있다. 해안지역 어촌의 별신굿은 상당한 부분의 연행을 무업집단에 맡겨놓고 자신들은 별신굿의 조직적 경제적 기반을 강화하는 데 신경을 많이 썼던 것으로 파악된다. 그러므로 별신굿을 조직하고 운영하는 능력을 현재까지도 유지할 수 있었던 것이다. 한편, 내륙지역 농촌의 별신굿은 연행 부분까지도 스스로 담당하고 조직적 경제적 기반 구축에는 큰 신경을 쓰지 못하게 되면서 대부분의 별신굿이 전승되지 못하다가 문화재 지정 등 정부의 지원을 받게 되면서 명맥을 유지하게 된 사실을 상기해볼 필요가 있다. 따라서 별신굿에서는 굿의 연행 맥락보다 조직적 경제적 기반의 구축이 전승력 확보의 핵심 요소임을 알 수 있다.

김월덕 전북대학교

전북지역 마을 유형별 마을굿의 전승양상

1. 머리말
2. 자연환경에 따른 마을 유형과 생태적 조건
3. 마을 유형에 따른 마을굿의 세 유형
4. 세 유형의 마을굿의 전승 양상
5. 맺음말

전북지역 마을 유형별 마을굿의 전승양상

1. 머리말

 마을은 공동체 민속문화가 형성되고 전승되는 토대이자 기본 단위이다. 마을 공동체 민속 가운데 마을굿은 공동체 신앙과 의례, 놀이가 결합된 무형 유산으로서 마을의 역사와 문화적 전통의 바탕 위에서 형성되고 전승된다. 마을굿의 형성과 전승에는 마을의 역사와 문화적 배경과 같은 인문적 기반과 함께, 자연환경을 비롯한 물질적 기반이 상호 관여되어 있다. 특히 물질적 기반은 어떤 민속 문화의 모습을 결정짓는 기본적인 조건이 된다. 마을굿 또한 기본적으로는 마을 사람들이 자연환경에 적응하고 대응하는 과정에서 형성되고 전승된 결과이다. 자연환경 속에서 이루어지는 생업 형태에 따라 마을굿이 서로 다른 양상을 보이는 것이 그러한 사실을 말해준다. 지역별로 서로 다른 자연의 생태적 환경은 마을굿을 비롯한 민속 문화의 지역적 차이와 다양성을 만드는 기본적 요소인 셈이다.
 국내 최대 평야인 호남평야를 끼고 있는 전북지역은 한반도 농경문화의 중심지라 할 수 있다. 농경문화는 전북지역의 문화적 정체성의 핵심이기도 하다. 전북지역 농경문화에 대한 인식은 주로 평야를 중심으로 이루어져 왔지만, 실제로 전북지역의 자연환경은 산악지대와 평야지대, 해안·도서가 조화를 이루고 있다. 그러나 산간지역과 해안·도서지역의 민속문화는 평야 중심의 농경민속에 비해서 전북지역 민속문화를 구축하는 중요한 부분으로 크게 인식되지 못하였다. 따라서 생업 공간으로서 산, 들, 강, 바다의 생태는 전북지역의 민속문화를 일군 배경이자 바탕으로 함께 조명되어야 한다. 마을굿을 보더라도 전북의 산악과 평야, 해안·도서지역 마을굿은 각 지역의 자연환경적 입지조건에 따라 전승양상이 각 지역별로 일정한 분포를 나타내고 있다. 본 고에서는 전북지역의 산간, 평야, 해안·도서지역 마을굿이 각 지역의 자연환경적 차이를 어떻게 반영하며 전승되고 있는지 살펴보고자 한다.[1]

마을굿의 유형화는 문화권역의 설정 문제와 밀접하게 관련되어 있다. 문화권역은 마을굿의 지역적 분포 상황을 총체적으로 파악하여 설정될 수 있다. 각 문화권역에서 마을굿의 특성은 생업 및 생태환경의 조건, 그리고 역사와 문화적 배경 등을 종합적으로 고려하면서 파악할 수 있다. 그런데 마을굿의 문화권역을 구분할 때 기준이 되는 문화는 공동체의 생활문화이며, 생업 및 생활문화의 기반은 곧 생태환경이다. 각 문화권역의 생태적 환경의 차이에 따라 구분되는 마을굿의 특성이 곧 마을굿 유형화의 기준이 된다. 이러한 유형화에서는 역사·문화적 요인에 의한 마을굿의 특수성을 세밀히 반영하는 데는 한계가 있다.

---

[1] 김월덕, 「호남지역 농촌형과 어촌형 마을굿의 비교 연구」, 『도서문화』 호남33집(목포대학교 도서문화연구소, 2009), 203~227쪽.
이러한 문제의식에서 출발하였다. 호남지역은 생업에서 농업이 차지하는 비율이 압도적으로 높은 농경문화 중심지역이다. 그러나 호남지역은 농경문화를 중심으로 서해와 서남해 일대의 해안과 도서지역의 '해양문화'가 공존하고 있다. 그동안 호남지역 민속연구는 농경문화를 중심에 두면서 도서·해양민속은 농경민속의 '주변'으로 밀려나 있었다. 호남문화의 균형적인 탐구를 위해서는 해양문화의 적극적인 조사와 연구가 이루어져야 한다는 점을 강조했다.

우선, 전북지역의 자연환경을 기초로 한 생업 방식의 차이에 따라 산촌, 농촌, 어촌으로 마을 유형을 구분하고, 각 마을 유형별로 마을굿의 대표적 형태를 추출한다. 내륙의 산촌마을굿을 '산촌형', 평야의 농촌마을굿을 '농촌형', 해안·도서의 어촌마을굿을 '어촌형'으로 각각 구분하고,[2] 각 유형의 마을굿 전승 양상의 지역적 차이를 고찰할 것이다. 한국 마을굿의 하위 범주로서 전북지역 마을굿은 한국 마을굿의 보편성과 전북지역 마을굿의 특수성, 또 전북지역 마을굿의 보편성과 각 마을 유형별 마을굿의 특수성의 교차적 관계 속에서 그 의미를 찾을 수 있다.[3]

2. 자연환경에 따른 마을 유형과 생태적 조건

생업 및 생태환경의 측면에서 마을굿의 공간은 마을 주민들의 삶의 터전인 마을이라는 정주공간과 마을 주변 환경의 조합으로 구성된다. 마을의 자연환경과 생태적 입지조건에 따라 전북지역을 구분해 보면 아래와 같다.

이러한 구분은 자연환경을 가장 큰 기준으로 한 것인데, 마을굿뿐만 아니라 구전민요 중 농업노동요나 민속놀이 등 다른 민속문화의 지역적 특성이 구분되는 지표가 된다.[4] 농업노동요의 전승양상은 산간지역의 생

---

[2] 나경수, 「광주·전남지역의 당산제 연구(3)」, 『한국민속학』 제34집(한국민속학회, 2001), 67~70쪽.
　　나경수는 날짜, 횟수, 祭神의 수, 祭場의 형태, 祭儀의 수행양상, 분위기, 지역적 특성, 주산업 형태 등을 기준으로 하여 마을굿 유형화의 모델을 제시하였는데, 지역적 특성에 따라 '내륙형'과 '해안도서형'으로, 주산업 형태에 따라 '농촌형'과 '어촌형'으로 나누었다. 김월덕, 『한국 마을굿 연구-전북지역 마을굿을 중심으로』(지식산업사, 2006), 147~156쪽.
　　필자는 전북지역 마을굿을 '산간형', '평야형', '도서형'으로 유형화한 바 있다.
[3] '지역'의 단위에 따라 지역적 보편성과 특수성의 차원과 의미도 달라질 수밖에 없다. 전북지역 마을굿의 보편성은 각 마을 유형별로 자연환경에 기반을 두고 이루어진다면, 특수성은 인문적 요인의 영향을 더 받는 것으로 보인다.
[4] 민요의 경우, 김익두, 「전북민요의 전반적 성격과 지역적 특성」, 『국어국문학』 제116호(국어국문학회, 1996);

자연환경에 따른 전북의 지역 구분

업환경의 제약 조건을 반영하고 있다. 이것은 민속문화의 지역적 차별성에 자연환경적 요인의 영향이 크다는 것을 의미한다. 그러면 전북의 각 지역별로 마을 유형의 생태적 특징을 간략히 살펴보자.[5]

김익두, 「한국민요에 반영된 삶의 의미 : 전북 동북부 산간지역의 전답작노동요를 중심으로 한 민족음악학적 시론」, 『역사민속학』 제6호(역사민속학회, 1997) 참조. 노동요를 기준으로 하여 자연환경의 차이가 어떻게 노래의 차이로 이어지는지 살펴본 이 글에서는 전북지역 민요를 크게 5개 권역으로 나누었다.

5 한반도 지형상 이러한 특징은 중부지방과 호남지방에서 공유된다. 박종익, 「충남지역 동제의 성격과 제의구조 고찰」, 『어문연구』 60(어문연구학회, 2009). 충남지역, 산간지역, 내륙평야지역, 도서해안지역으로 나누고, 각 지역별 동제의 특징을 고찰하였다. 신격의 구조나 제의 절차에서 전북지역과 공통점이 많다는 것을 발견할 수 있다. 충청지역 동제 연구 동향에 관해서, 강성복, 「조선후기 충청지역의 동제 연구」(공주대 박사논문, 2009), 3~15쪽 참조. 이 글은 역사적 기록물과 현지조사를 통해서 충청지역 동제의 총체적 흐름과 전승양상을 역사적 맥락 속에서 고찰하는 것이다. 제관, 제물, 제일, 제의 절차 등의 측면에서 각 지역별로 유형의 차이를 설명해 놓고 있다.

1) 동부산악지역의 산촌마을

　전북 내륙의 산악지역으로 무주, 진안, 장수가 여기에 속한다. 자연환경 조건을 보면, 무주지역은 산이 많고 평균 해발고도가 높아서 동일 위도상의 다른 지역에 비해 무상일수와 일조시간이 짧다. 이러한 기상조건 때문에 논농사에 불리하다. 산촌마을이 가장 많은 무주의 경우, 군 전체에서 81.9%가 임야이고 총 경지면적 경지율이 11%에 불과하다.[6] 대부분의 산지 사이에 계곡이 발달해 있고 그 주변에 형성된 고원 형태의 분지와 평야가 농경지로 쓰인다. 일부에 들이 형성되어 있기는 하지만 전체적으로 논으로 이용할 수 있는 농토는 협소한 편이다. 높은 산들 사이의 좁은 골짜기를 따라 다랭이논이 분포하고, 산지의 완만한 경사면에서는 밭농사가 이루어진다.

　생태환경은 생산활동과 생활방식에 직접적인 영향을 주는 요인이다. 산촌은 임야율이 높고 경지율이 낮기 때문에 토지이용 및 생산활동이 농촌과 다른 특징을 갖게 된다. 산촌에서는 산지라는 생태환경의 입지적 특징에 따라 밭농사 위주의 경작방식이 지배적이고, 그에 따른 생활문화가 발달되어 있다. 민속문화의 지역적 특성은 지역의 생태적 환경과 그것을 바탕으로 형성된 생산활동 및 생활문화와의 관련 속에서 이해될 수 있기 때문에 마을굿에서도 그러한 특성이 반영되어 있다고 할 수 있다.

---

[6] 총 경지면적 경지율 가운데 논이 33.98km^2(5.4%), 밭이 36.85%(5.8%)로 밭농사 비율이 약간 높지만 논밭의 비율이 거의 대등하다. 무주군 2007년 통계연보 참조.
출처 : 무주군청 http://www.muju.org/

2) 서부평야지역 및 동남부분지지역의 농촌마을

내륙의 평야지역으로 전북의 대부분의 마을이 이 유형에 지역에 속한다. 서부평야지역은 농경에 가장 유리한 지형과 기후를 갖추고 있다. 전북의 다른 지역에 비해 전반적으로 지대가 낮아 넓은 평야를 형성하고 있으며, 비교적 기온이 높고 기온의 연교차가 다른 지역에 비해 적은 편이다. 이러한 지형적·기후적 자연 조건 때문에 이 지역은 우리나라 최대의 벼농사 지역이 되었다. 김제시 부량면의 경우 특수작물은 전혀 재배하지 않고 100% 미작을 하는 마을이 상당수이다.

동남부의 산간분지지역에 속하는 임실, 순창, 남원은 평야지역과 산악지역의 중간적 지형과 자연조건을 보인다. 임실, 순창, 남원으로 이루어진 이 분지지역은 지리산에서 백운산으로 이어지는 백두대간 줄기로 동쪽이 막히고 장안산에서 마이산을 거쳐 내장산과 무등산으로 내리뻗는 호남정맥으로 서쪽이 막혀 있고, 섬진강의 상류지역에 해당한다. 기후적 조건을 볼 때에도 기온이나 연교차가 평야지역과 산간지역의 중간적 수준이다. 마을굿의 형태도 동부산악지역과 서부평야지역의 성격이 절충적으로 드러난다. 내륙 농촌마을이 지배적이어서 서부평야지역과 비슷한 형태의 마을굿이 분포하지만, 마을 수호신의 신체가 돌탑의 형태를 띤다든지 하는 것은 동부산악지역에 가까운 특징이다.

3) 서해안 및 서해도서지역의 어촌마을

서해안 지역과 서해 도서지역으로 군산, 부안, 고창이 여기에 속한다. 섬지역에서는 대부분이 어업을 주요 생업으로 하지만, 해안지역에서는 포구를 중심으로 어업지역이 형성되어 있다. 다른 지역에 비해 풍랑과 해일 등 자연재해가 크고 산업의 자연 의존도가 높다. 섬지역은 교통상의 제약과 고립성이 커서, 다양한 풍속들이 다른 지역보다는 비교적 보존되어 있다.

3. 마을 유형에 따른 마을굿의 세 유형

여기서는 마을의 유형에 따라 전북의 마을굿을 '산촌형', '농촌형', '어촌형'의 세 유형으로 구분하고, 유형 구분의 전제 조건들을 살펴볼 것이다. 산촌과 농촌과 어촌의 자연환경은 생업 방식의 기본적 조건이며, 자연환경에 따라 결정된 생업방식에 의해 마을의 조직과 성격이 부여된다. 그리고 그 사회조직을 운영하기 위해서는 정신적 구심점이 필요하고 마을굿이 그러한 역할을 해 왔다. 전북지역 마을굿을 세 유형으로 구분한 것은, 전북지역 마을굿의 특수성과 다양성을 포괄하지 못하고 단순한 세 유형으로 환원시키는 문제가 따를 수도 있다. 그렇지만, 마을굿을 보는 관점을 자연환경과 생태에 둠으로써, 신앙이나 종교 차원과 같은 비일상적 차원보다, 마을굿의 물질적 기반으로서 일상적 삶의 차원을 강조하고 그에 대한 이해의 폭을 넓힐 수 있을 것이다.

첫째, '산촌형'·'농촌형'·'어촌형'의 개념과 범주이다. 마을굿의 세 유형은 각각 산촌, 농촌, 어촌의 자연환경을 조건으로 하여 농산어촌의 지역적 정체성과 세계관을 구현하는 마을굿이다. '산촌'이나 '농촌', '어촌'과 같은 마을 유형은 주요 생업 공간으로서 산, 들, 바다를 배경으로 한다는 점이 이들 유형의 변별적 차이를 드러내준다. 그러나 마을굿 유형이 반드시 생업공간의 입지적 조건과 일치하는 것은 아니다. 예컨대 해안이나 도서에 위치하는 마을 가운데서 어업보다 농업을 위주로 하거나 반농반어촌인 경우에는 바다에 접하고 있더라도 문화적으로 농촌인 경우가 많다.[7] 부안이나 고창과 같이 서해안에 접한 마을들의 경우, 마을의 입지가 바다와 접해 있어도 마을굿은 '농촌형'과 별다른 차이가 없는 경우가 그 예이다.

둘째, '산촌형'·'농촌형'·'어촌형'의 분포지역에 관한 것이다. '산촌형'은 주로 동부산간지역에, '어촌형'은 주로 서해안 및 서해도서지역에 분포하지만, '농촌형'은 농경문화적 요소를 바탕으로 전북의 산간에서부터 평야, 해안, 도서에 이르기까지 광범위하게 분포하고 있다.[8] 서해안에는 순수 어촌보다 농업을 병행하는 어촌이 많고, 특히 연근해 어촌은 내륙과 인접해 있어서 내륙의 민속문화와 그 양상이 크게 다르지 않다.

셋째, 세 유형의 차이점을 더 부각시켜야 한다는 것이다. 마을굿의 세 유형은 전북지역 마을굿으로서 서로 공통점을 갖고 있지만 차이점을 통해 유형별 차이점을 드러내는 데 주안점을 둔다. 전북의 마을굿은 주로 '풍물'로 진행하는 굿의 수행 방식이나 제관 선정 및 각종 금기와 정화 등의 신성 원리, 제에서 성별 역할의 제한 등 마을굿의 많은 부분이 유형과 관계 없이 공통적이다. 그러나 마을 유형을 기준으로 마을굿의 유형을 구분하고 서로 전승 양상을 비교하기 위해서 각각의 차이점에 초점을 맞출 것이다. 농촌과 어촌은 지리적 환경이나 생업 조건이 서로 다를 뿐만 아니라, 지리적으로 인접해 있어도 문화적으로 또 사회적으로 완전히 다른 성격의 사회일 수 있다.[9]

---

[7] 농어촌을 구별하는 기준도 학자에 따라서 마을 인구의 10% 이상이 어민인 경우에 어촌이라 하거나, 직접·간접으로 어업과 관련을 가진 사회집단의 존재를 어촌으로 보는 등 그 정도는 여러 가지라고 한다. 에틱 박물관 엮음, 최길성 옮김, 『日本 民俗學者가 본 1930年代 西海島嶼 民俗』(민속원, 2004), 177~178쪽; 니시무라 아사히타로(西村朝日太郞), 『海洋民族學－陸の文化から海の文化へ』(日本放送出版協會, 1974), 144~145面.

[8] 호남지역의 어촌은 농사에 종사하는 곳이 많기 때문에 어촌마을굿도 농경문화와 무관하지 않고 세시 역시 완전히 다르지는 않다. 그러나 농경문화의 바탕 위에 있으면서도 어로생활을 하면서 바다라는 환경에 대응하고 적응하면서 구축된 해양문화의 특징을 마을굿을 비롯한 민속문화에서 파악해야 할 필요가 있다. 이경엽, 「어업세시력」, 『한국의 해양문화』 서남해역 (하)(해양수산부, 2002), 143~156쪽.

[9] 어떤 사회들의 소통 구조를 살펴볼 수 있는 하나의 기준으로 '통혼권'을 살펴보면, 농촌과 어촌은 서로 지리적으로 인접해도 교류가 쉽지 않았던 사회였다. 결혼의 경제적 가치로 볼 때, 어촌에서 농촌 여자는 노동력의 생산 가치가 어촌 여자만 못하고, 또 문화적으로 보면, 농촌에서는 어로에 대한 천시 때문에 어촌 여자와의 혼인이 어려웠다. 전통사회에서 농촌과 어촌사회는 通婚을 허용하지 않을 정도로 서로 간의 사회적 관계가

전북지역 마을굿의 유형 분포도

마을 유형에 따른 전북지역 마을굿 전승의 분포는 아래와 같이 나타낼 수 있다.

4. 세 유형의 마을굿의 전승 양상

1) 산촌형 마을굿

내륙지역으로서 무주, 진안, 장수의 마을굿은 '산촌형'이라 할 수 있다. '산촌형'의 특징은 중요 제의로서 '산신제'가 핵심이며, 마을 대동놀

폐쇄적이었다. 최재율, 「農村通婚圈의 性格과 變化 – 鳩林里의 婚人을 中心으로」, 『호남문화연구』 7집(전남대 호남문화연구소, 1975), 31~60쪽.

이가 발달하지 않은 것이다. 산신제가 단독으로 행해지거나, 혹은 산신제가 상당제로 행해지고 당산제를 비롯해 탑제, 거리제, 팥죽제 등이 하당제로 행해진다. 산신당은 대개 마을 인근 뒷산의 7, 8부 능선의 바위나 나무 또는 당집 형태이고, 당산은 주로 마을 입구의 누석탑이나 누석단 혹은 당산나무로서, 산신과 당산신에 대한 제의가 이중구조를 이룬다. 제당의 위치가 상당과 하당의 이중구조를 이루고, 산신제가 주로 나타나는 것은 이 지역의 마을굿 유형의 특징이다.[10]

산(신)제가 단독으로 행해질 경우 대개 비의적 제의 방식을 취한다면,[11] 중층구조로 제의가 행해질 경우에는 두 제의 모두 비의적 방식으로 행하거나,[12] 상위 제의로 여겨지는 산(신)제를 비의적 방식으로 행하고, 하위 제의로 여겨지는 다른 계통의 제의를 개방적인 분위기 속에서 행하는 양상을 보인다.[13] 산신제를 핵심으로 하는 제의 구조는 산촌마을의 자연환경 입지와 무관하지 않다.

'산신'을 제의의 주요 대상신이나 상위 신격으로 모시는 제의가 이 지역에 널리 분포하는 것은, 마을 공동체의 삶의 공간이 산악지형에 위치하고 있는 만큼 '산신'에 대한 의존도가 높기 때문이다. 단순히 마을의 입지가 산악지형이라서가 아니라 산이 생업 공간으로서 중요한 역할을 하기 때문에 산신제는 산촌형 마을굿의 중요 제의로 구조화되어 있다. 동부산악지역은 낮은 지대의 평평한 농토가 드물고, 대신에 산비탈을

---

10 이러한 특징은 인접지역인 충청도 동제와 공통적인 것이다. 제의구조가 상당제와 하당제가 이중구조를 형성하고 있는 것은 호남지역과 충청지역이 공통적이지만, 충청지역은 상당제와 하당제의 명칭이 분명하게 구분되는 것을 일반적 성격으로 보고 있다. 강성복, 앞의 글, 22쪽.
11 무주군 안성면 사전리 사전마을 산제나 적상면 사천리 길왕마을 산신제가 그러한 예이다.
12 무주군 설천면 심곡리 원심곡마을에서는 마을 뒷산에서의 산신제와 마을 입구 엄나무당산에서의 하당제 모두 제관만이 참석하여 비의적으로 행한다.
13 무주읍 내도리 산의실 산신제와 짐대당제의 경우, 산신제는 제관들만 산제당에 가서 지내고, 짐대당제는 산신제의 제관들이 주관하며 이 때는 마을 주민들이 참여한다. 진안군 상전면 수동리 내송마을에서는 제의 구조뿐만 아니라, 제의 주체의 성별도 이중구조를 보인다. 즉, 마을 남자들이 산신제를 모실 동안 마을 입구 조탑에서는 부녀자들이 주도하여 팥죽제를 지낸다.

일구어 개간한 농토가 주를 이룬다. 농토도 평지보다 산에 위치하고, 또 산에서 벌목이나 임산물 채취가 이루어진다. 산신제는 산에서의 안정적인 생업활동을 기원하고, 산짐승 같은 위협적 요소나 산악지형에서 발생할 수 있는 위험들에 대한 불안감을 산신에게 의지하여 해소하기 위한 것이다. 마을 공동체 삶의 터전인 산악지대에서 평안한 삶을 영위해 나가는 것이 산촌형 마을굿의 궁극적인 목적이라 할 수 있다.[14]

산촌형 가운데 주목할 만한 사례는 진안군 동향면 능길마을의 깃고사이다. 능길마을에서는 정월 초사흗날 마을의 안녕과 가가호호의 평안을 위해 상능마을과 하능마을 사이의 마을 회관 앞에서 마을기旗를 농신으로 모시고 기旗고사를 지낸다. 정월 초사흗날 세운 기는 한 달 동안 그대로 세워두었다가 음력 2월 초사흗날 내려서 거두는데 거둘 때는 특별한 제의를 행하지 않는다. 능길마을의 깃고사는 일반적인 마을굿에서처럼 고정된 신체神體 대신 농기라는 이동식 신체를 사용한다는 점이 다른 유형들과 다른 점이다.

능길마을의 깃고사를 주목하는 이유는 영등신앙과의 관련성을 생각해 볼 수 있기 때문이다. 풍년을 기원하면서 세우는 볏가릿대나 농기는 정월 열나흗날이나 보름에 세우고 2월 초하루에 거두는 것이 보통이다. 그런데 능길마을은 정월 초에 세우고 한 달 후에 기를 거둔다. 기를 세우는 정월 초사흗날은 일반적으로 영등신이 내려온다는 2월 초하루와는 맞지 않고, 한 달이나 세워두는 기간도 일반적인 영등신 의례에서 벗어나 있다. 그러나 기를 세우는 정월 초사흗날은 전북 산촌형 마을굿의 보편적인 제일이다. 농촌형은 정월 보름이 중요한 제일로서 지배적인

---

14 전북지역과 충청권 민속문화가 경계지대를 이루는 금강 상류지역의 경우, 탑제와 기고사가 집중적으로 분포한다. '탑제권'에는 금강 상류의 탑, 장승, 솟대, 선돌 등이 중요 신체로 분포하며, 이 지역 마을굿의 정체성을 표지하는 대표적 신앙대상이다. 깃고사(旗告祀)는 두레의 발달 이후 형성된 농기의례로 볼 수 있다. 강성복, 앞의 글, 42~45쪽.

반면, 산촌형에서는 정월 초하루나 초사흗날이 중요한 제일이다. 능길마을 깃고사는 영등신앙이 산촌의례의 관습에 따라 변형된 것이 아닐까 한다.

능길마을에서는 정초에 세워둔 기가 2월 초하루 전에 바람이 심하게 불거나 이유 없이 쓰러지면 마을에 좋지 않은 징조로 여기고 쓰러진 기를 다시 세워서 정성스럽게 제사를 다시 지낸다고 한다. 즉 기를 세우고 거두는 기간은 일반적 영등신앙과 차이가 있지만, 중간에 바람이 심하게 불거나 해서 기가 쓰러지면 마을에 좋지 않은 징조로 본다는 속신은 능길마을의 깃고사가 영등신앙과 관련되고사있다는 증거이다. 영등신앙이 마을굿 형태로 나타는 것은 바람의 피해가 내륙 영등훨씬 강한 해안·도서지역의 특징이라고 하는데,[15] 능길마을의 사례를 통해서 내륙에서도 영등신앙과 마을굿의 상관관계를 살펴볼 수 있다. 산촌에서의 바람은 비를 몰고와서 풍년을 기약해주는 긍정적 존재이면서 동시에 음력 정초부터 봄철에 이르는 건조한 시기에 산불로 이어지는 큰 피해를 야기할 수 있는 부정적 존재다.

2) 농촌형 마을굿

서부 평야지역 마을굿의 중심 제의는 '당산제' 계통으로 단일하게 구성되어 있는 경우가 가장 많다. 동북부 산간지역에서 산신이 가장 중요한 대상신의 위치에 있었다면, 서부 평야지역에서는 당산이 그 위치를 차지한다. 농촌마을굿을 대표하는 '당산제堂山祭'의 마을 수호신은 당산할아버지와 당산할머니와 같이 부부관계인 남녀신격을 기본으로 구성된

---

15 김재호, 「영등신앙의 제의적 특징과 생태학적 해석」, 『실천민속학연구』 제10호(실천민속학회, 2007), 76~78쪽.

다. 마을 수호신의 신체는 마을의 지형적 특성과 방위에 따라, 상하上下, 내외內外, 대소大小 등의 개념과 결합되어 마을의 공간에 적절히 배치된다.[16] 남녀신격의 이러한 구성은 천부지모의 관념을 반영한 것으로서, 농경사회의 사고 규범을 바탕으로 구조화된 것으로 해석된다.[17] 이처럼 마을 수호신격을 음양의 조화원리로 인식하는 것은 조화와 안정을 지향하는 농경사회의 오랜 관습에 의한 것이다. 농촌형 마을굿의 음양의 원리로 구성된 마을신은 마을 수호신격이자 농경신으로서 이중적 성격을 갖는다.

주요 대상신은 할아버지당산과 할머니당산으로 이루어지는 형태가 널리 분포하고, 마을의 입지 및 마을 형성의 역사와 전통에 따라서 당산의 수는 하나에서부터 많게는 24당산까지 다양하게 구성되어 있다. 당산들 간의 관계에는 상당·하당, 상당·중당·하당, 안당산·바깥당산, 큰당산·작은당산의 개념이 적용되기도 하고, 때로는 인물신이 수용된 경우도 있으나, 제의는 모두 '당산제' 계통으로 수렴된다. 당산제의 주요 대상신인 당산은 지신地神이자 마을 수호신이다. 토지지신土地之神이나 토지신土地神이라고 지신으로서의 성격을 명명하는 경우도 있다.

음양 원리를 바탕으로 구성된 농촌마을굿의 수호신격은 다시 가족주의적 인식을 매개로 신격의 확대가 이루어지도 한다. 음양 원리에 따라 할아버지·할머니, 부부, 아들, 딸 등 가족적 배열로 마을 수호신격으로 확대하는 것이다. 이러한 방식의 마을 수호신의 확대는 조상숭배적 관념과 연관될 수 있다. 조상숭배는 보통은 개인 차원에서 행해지지만, 마을 수호신격을 이와 같이 가족적 질서에 따라 구성하는 것은, 마을 수호신을 마을공동체 공동의 조상으로 여기고, 공동체 차원의 조상숭배 의

---

16 상당·하당, 안당산·바깥당산, 큰당산·작은당산 등.
17 표인주, 『공동체신앙과 당신화연구』(서울: 집문당, 1996), 18쪽.

식을 보여준다.

'농촌형'의 음양 원리는 마을굿에서 행해지는 줄당기기와 같은 풍농기원 놀이에서도 반복된다.[18] 수도재배 지역에 널리 행해지는 줄다리기는 대개 마을 제사와 유기적으로 결합되어 행해지는데, 이것은 마을 수호신격이 음양으로 구성되고 줄다리기에서 다시 음양의 결합을 실현함으로써 마을굿에서 음양의 원리가 강화된다. '농촌형'에서 음양 원리가 지배하는 까닭은, 음양의 조화와 결합이 풍요를 기원하는 농경민의 풍양의식과 연결되기 때문이다. 즉 음양의 상생을 통해서 풍양을 기원하고, 풍요를 보장받는 것은 마을 공동체의 조화와 안정을 위한 장치인 것이다.[19]

서해안과 인접해 있는 내륙 평야지역 마을굿은 당산제와 줄다리기가 한 몸을 이루고 있다.[20] 김제, 정읍, 부안, 고창에 이르는, 서해안과 인접한 호남 서부 평야지역에서는 최근까지 줄다리기의 전승이 잘 이루어졌다. 이 지역에서는 중심 제의의 전이나 후에 남녀 또는 동부와 서부로 편을 나누어 줄다리기를 하고, 줄을 메고 마을 돌기[21]를 한 다음, 줄을 당산에 감아올리는 '당산 옷 입히기'를 한다. 줄다리기를 하는 줄은 용신의 현현으로서의 상징성을 가진다. 줄을 만들고 어르고 다리는 행위 자체는 세속적 놀이가 아니라 풍요제의적 기원성祈願性을 가진 수도재배 지역의 특징을 살펴볼 수 있는 놀이이다. 농촌형 마을굿의 경우 마을굿의 중심이 제의보다 줄다리기 쪽으로 이동하는 경향이 있다.

---

18 천부지모 성혼관념은 줄당기기에서 확대되며, 여기서 나타나는 여성 우위권은 농경사회, 특히 도작사회의 특징으로, 수도 경작과 관련한 농경의례, 性이 대항하는 풍양의례라는 형식을 취한다. 소우가와 쓰네오, 이승수 옮김, 『놀이의 역사민족학』(민속원, 2005), 152~169쪽.
19 천부지모라는 신격 구성뿐만 아니라, 마을 수호신격이 음양 관념 중 하나로만 이루어지는 경우도 많은데 대개는 여신격인 경우가 많다. 이때 여신은 농경사회의 지모신적 성격으로 여겨져 왔다. 그러나 이런 경우에도 마을 수호신에게 바치는 제상에는 밥과 국을 2그릇씩 차리면서 남녀신을 고려하여 음양 조화적인 인식을 보여주기도 한다.
20 동부 지역에 줄다리기가 전혀 없는 것은 아니지만 폭넓게 분포하지 않는다. 나경수는 동제와 줄다리기가 하나의 의례임을 지적하고 있다. 나경수, 『광주·전남의 민속연구』(민속원, 1998), 76~80쪽.
21 고창과 영광에서는 이를 '오방돌기'라 한다.

고창에서는 '줄굿'이라고 하여 유교식 제의를 행하지 않고, 줄다리기와 풍물이 마을굿의 핵심을 이루는 양상도 보인다. 풍요기원의 주술성을 담고 있는 줄의 중요성으로 인해 줄을 다리는 행위는 하지 않더라도 줄을 당산에 감아두는 경우도 많다. 호남지역 내륙 평야지역에서는 이처럼 당산제와 줄다리기와 풍물굿이 일체화된 마을굿이 분포한다. 익산에서는 '마을 기旗'가 마을굿에서 중요하게 사용되며, 여러 마을의 연합형태를 이루는 형태가 나타난다. 이러한 연합형 마을굿에서 대동놀이가 발달한 것은, 여유롭고 풍요로운 삶의 조건을 갖고 있는 평야지역의 문화적 배경과 관련이 있는 것으로 보인다.

당산과 함께 평야지역의 중요한 신격으로 천룡신이 있다. 강우신降雨神의 성격을 가진 천룡신은 우순풍조를 관장하는 신이다.[22] 고창에서는 천룡당산, 천룡할아버지, 천룡할머니 등으로 부르거나 천룡을 할아버지당산이나 할머니당산과 동일시하여, 당산과 동격으로 여기거나, 혹은 천룡이 마을 뒷산 주령에 위치하고 있어서 천룡의 위치가 산촌형에서 산신의 처소와 위치가 같다.[23] 대체로 농촌지역에서 산신보다 천룡신을 더 섬기기 때문에 천룡신이 산신의 자리를 차지한 것으로 볼 수 있다.[24] 이처럼 평야지역에서는 천룡신이 산신의 위치를 잠식하면서, 당산신과 평야지역 제의의 중요 대상신으로 공존하는 양상을 보인다. 천룡제와 당산제는 평야지역 마을굿의 핵심적 제의라 할 수 있다.

---

[22] 고창군 상하면 용정리에서 천룡은 마을 안에 있는 소나무와 샘을 가리킨다. 샘은 용(龍)이기 때문에 천룡으로 모신다고 한다. 즉, 천룡이 용신임을 의미한다. 이 마을에서는 당산제 후 용의 상징인 줄을 만들어 당긴 후, 당산에 감아둠으로써 용신의 승천을 기원한다.
[23] 고창군 신림면 무림리 임리마을에서는 철룡/천룡이 마을 뒷산 주령에 있는 다섯 그루의 소나무이며, 할아버지당산과 할머니당산에서의 당산제에 앞서서 천룡제를 지낸다. 전남 함평군 나산면 수하리의 경우 국사봉 중턱에 산신이 있고, 뒷산 말뫼 중턱에 천룡이, 마을 안에 당산이 있는데 천룡신이 독립적 신격으로 존재한다. 장성군 북일면 문암리 금곡마을의 경우에도 마을 뒤 옥녀봉 중턱 노송이 있는 곳이 '천룡'이며, 이를 천룡당산 또는 할머니당산이라 부른다.
[24] 송화섭, 「전북당산제」, 『한국축제의 이론과 현장』(월인, 2000), 1087쪽.

평야지역 마을굿에서 당산신과 천룡신이 가장 중요한 숭배의 대상이 되는 것은, 이 지역이 호남지역 농경문화의 핵심 지역이라는 점과 관련이 있다. 당산신이 지신이자 마을 수호신이고 천룡신이 강우신이자 우순풍조를 담당하는 풍농신이므로, 농업을 생업으로 하는 공동체에서는 당산신과 천룡신에 의존하여 마을 수호와 함께 풍농을 보장받고자 하는 것이다.

용신龍神은 마을의 생태적 입지와 환경에 따라 그 성격이 다양하게 변용된다. 용(왕)신은 수신水神이라는 보편성과 함께 마을 유형의 생태적 입지에 따라서 농경신農耕神과 해양신海洋神의 성격을 두루 갖는다. '농촌형'에서 용신은 농경農耕과 강우降雨를 관장하는 풍농신의 성격이고, '어촌형'에서 수신水神의 성격이 강화된 어업과 해양의 신이다. 내륙 농촌 마을굿에서 용(왕)신은 생산적인 농신의 성격이지만, 어촌마을굿에서 용왕신은 하당의 주신으로 해류 채취나 어로 등으로 생계를 이어가는 어민들을 안전과 생명을 수호해주는 어로신이다.

제의 시기를 구체적으로 조사해 보면, 음력 정월 초, 정월 보름 무렵(14일, 15일, 16일), 섣달 그믐날, 2월 1일('하드렛날', '영등날') 혹은 2월 초 등이다. 전북지역 마을굿의 연행 시기는 우리나라 다른 지역의 마을굿과 대동소이하며, 주로 한 해가 시작되는 음력 정월달에 집중되어 연례적으로 행해지고 있다. 이처럼 이 지역 마을굿의 개최 시기가 섣달 그믐날에서 2월 초 사이 곧 정월 대보름날을 전후한 시기에 집중된 것은, 이 지역을 지배하고 있는 전통적인 농어촌 생활 패턴과 밀접한 관련이 있다. 주지하는 바와 같이, 동아시아 농촌 사회에서 정월은 실제로 농사일을 시작할 준비를 하는 달이며, 1년을 한 주기로 할 때 새로운 '시작'을 의미한다. 즉, 신성에 의존하여 과거의 낡은 시간이 새로운 시간으로 '재생'되는 달이다.

3) 어촌형 마을굿

전북지역 어촌은 순수 어촌이라기보다 농경을 겸하는 어촌인 경우가 많다. 서해안 및 서해도서의 반농반어촌 마을은 농촌형과 같이 음양의 원리를 지향하면서도, 다양한 층위의 신격을 마을 수호신으로 통합한다. 즉 '어촌형'에서는 다양한 신격이 마을 수호신으로 모셔지는 경향이 있다.[25] 음양 원리에 따른 신격 구성을 기본으로 하되, 거기에 다양한 초자연의 신들과 인격신들이 결합되기도 하고, 또는 음양적 질서에 관계 없이 다양한 신들이 구성되기도 한다. 부안 위도 대리 마을굿의 上堂인 원당에서 모시는 신은 시간적 흐름에 따라 다소 변화가 있기는 했지만, 산신님, 장군서낭, 손님네, 원당마누라, 본당마누라, 옥저부인, 문수영대신 등이다.[26] 군산의 개야도 당제의 대상신은 본당 대부조(당산 할아버지)・대부인(당산 할머니) 중심으로, 소문부인(당산 할아버지의 소첩)・임씨・임씨 부인(당산 할아버지를 돕던 부부) 등이다. 고군산열도의 선유도 오룡당에서 모셔진 신격은 오궁유왕, 명두아가씨, 최씨부인, 수문장, 성주 등이었다고 한다.[27] 다도해의 신안에서도 당산할아버지와 할머니 외에 상궁부인, 도령님, 쥐신, 소저, 총각, 용왕 등과 같은 신들이 추가되어 있다.[28]

'어촌형'의 경우에도 '농촌형'과 마찬가지로 여신들이 우위성을 차지하는 경향이 있지만, 물론 성격은 확실히 다르다. '농촌형'에서는 지모신으로서 성격이고, '어촌형'에서도 해양신의 성격이다. 그리고 '어촌형'의 여

---

[25] 이러한 점은 영남지역에서도 마찬가지로 확인할 수 있다. 산촌과 농촌과 해촌이 있는 영덕에서는, 海村의 경우, 洞神 외 다양한 신을 모시고, 바다에서 일하다가 세상을 뜬 귀신을 비롯해서 잡귀잡신을 풀어먹이는 '거리메기기'가 祭次로 되어 있고, 바다를 배경으로 진행된다고 한다. 한양명, 『龍과 여성, 달의 축제 – 영덕의 동제와 대동놀이』(민속원, 2006), 42~43쪽.
[26] 김익두 외, 『위도띠뱃놀이』(민속원, 2008), 48~51쪽.
[27] 국립문화재연구소, 『고군산군도』(2000).
[28] 해양수산부, 앞의 책(2002), 428쪽.

신들은 각시, 소저, 부인 등 '농촌형'보다 젊은 여신들로서, '어촌형'의 수호신격에는 조상숭배적 관념이나 가족적 질서의식이 크게 개입되지 않는다. '어촌형'의 마을 수호신격의 구성에는 음양의 원리가 크게 작용하지 않는 대신, 다양한 층위의 신들을 흡수하여 마을 수호신격으로 통합하는 경향이 있음을 알 수 있다. 이것은 척박한 어로 환경으로부터 어민의 생명을 지켜주고 어로의 안전을 보장해줄 수 있는 다양한 신들을 수용한 결과로 보인다. 또한 '어촌형'이 전통사회에서는 무속 사제자가 마을굿에 관여했기 때문에 무속의 신들이 마을 수호신으로 수렴된 결과라고도 할 수 있다.

동부산간지역 마을굿의 핵심 제의가 '산(신)제'라면, 해안·도서지역의 핵심 제의는 '용왕제'라 할 수 있다. 해안·도서지역 마을굿에서 해신海神으로서 용왕신에 대한 제의는 단독으로 행해지거나, 산(신)제나 당(산)제와 결합된 중층적 구조 속에서 행해진다. 후자의 경우, '산(신)제 + 당(산)제 + 용왕제' 또는 '당(산)제 + 용왕제'와 같은 제의의 중층적 구조 속에서 용왕제가 하당제로서의 성격을 갖는다.[29] 해안·도서지역에서 용왕신에 대한 제의는 이 지역 마을 공동체의 삶이 산간지역이나 평야지역에 비하여 바다라는 불안정한 생업 환경에 늘 노출되어 있기 때문에 여기서 오는 불안감을 해소하고자 하는 데서 비롯된다.

'농촌형'과 '어촌형'에서 나타나는 용신의 성격은 직능상 구분이 되지만 별개가 아니라 상호 관련되어 있다.[30] 해안이나 연안 도서의 농주어

---

29 서해 도서지역인 부안군 위도 띠뱃굿 제의는 산신제 + 당제 + 용왕제의 삼중구조이고, 군산시 옥도면 개야도 마을굿 제의는 당제 + 용왕제의 이중구조이다. 남해 도서지역인 여수시 남면 유송리 송고마을은 산신제 + 당제 + 용왕제의 삼중구조의 제의를 행하며, 서남해안의 완도읍 장좌리 장좌마을, 완도군 약산면 해동리 당목마을에서는 당제에 이어 용왕신에 대한 제의로 '갯제'를 행한다.
30 이준곤, 「설화 속의 바다와 남도사람들」, 『섬과 바다 - 어촌생활과 어민』(경인문화사, 2005), 260~261쪽, 271쪽.
어로와 해양 안전에 관한 海神으로서의 龍神은 농경신적인 용신의 기능의 확장이라고 볼 수 있을 것이다.

종農主漁從의 환경에서는 육지와 흡사하게 용신이 비와 바람을 관장하는 농경신 또는 기우신의 성격을 띠는 반면, 육지에서 원거리에 있는 도서지역으로 갈수록 농경신적 용신이 어장신漁場神 또는 어민의 안전과 생명을 보호해주고 풍어를 관장하는 해양신적 용신으로 신력이 확장되어 간 것으로 볼 수 있다. 농경신에서 어로신으로의 변용은 어로생활에 있어서 수호신의 성격 변화를 반영하고 있다.[31] '어촌형'에서는 용왕신이 마을의 상당上堂에 좌정한 경우가 있고, 하당下堂인 경우에는 용왕에 대한 제차祭次가 별도로 마련된다.

그런데 어촌형에서 용왕에 대한 의례의 주체가 대개 '여성'이라는 점은 어촌형 마을굿의 중요한 특징이다. 여성 의례가 마을굿의 구조로 내재화되어 있다는 것은 여성들이 어촌사회에서 담당하는 생업노동의 비중과 관련이 있다. 전북의 농촌형 마을굿에서 남녀의 역할은 논농사와 밭농사로 이원화되어 있다. 논농사와 밭농사로 이원화되어 있다는 것은 생업노동의 영역이 분리되어 있다는 것을 의미한다. 하지만 서해안 어촌에서는 남성이 먼 바다로 나가서 어로활동을 하고, 여성은 근해에서 수산물 채취노동을 하기 때문에 '바다'는 공동의 생업 공간이다. 바다에서의 이러한 생업 활동의 성 역할은 여성이 마을굿의 의례적 주체가 될 수 있는 동력이라 할 수 있다.

어촌형에서 여성의 의례는 대개 개인의례적 성격을 띠고 있다. 공동체의례인 마을굿과 개인의례와의 관련성은, '농촌형'에서 이런 관계의 결합이 거의 없는 반면, '어촌형'에서는 하당제 또는 용신제에서 이런 결합이 긴밀하다.[32] '농촌형'에서 마을 수호신에 대한 공동의 의례와 가신

---

31 최덕원, 『다도해의 당제』(학문사, 1983), 172~174쪽.
32 이경엽, 「서남해의 갯제와 용왕신앙」, 『한국민속학』 제39호(한국민속학회, 2004), 207쪽.
    이경엽은 용왕제사에 개인신앙적 성격이 있지만, 공동체 단위에서 수행되는 경우 전승의 계기와 형태로 보아 마을신앙으로 본다는 견해를 피력하였다.

이나 조상신에 대한 개인의 의례는 시공간적으로 영역이 확실히 구분되어 있어서, 혈연적 조상에 대한 개인의례가 공동체의례와 긴밀하게 결합되는 경우는 드물다.

'어촌형'에서는 바다가 중요한 삶의 터전이기 때문에 삶의 터전의 수호신인 용왕에 대한 의례가 부각된다. 용왕제가 상당上堂에 대한 제사에 이어서 행해지거나 혹은 독립적인 제차로 행해진다. 용왕신에 대한 제의의 강화와 독립성은 삶에서 바다의 의미가 그만큼 크기 때문이다. '어촌형'에서는 공동체의 풍요로운 삶을 위한 공동체의례가 조상의례 성격의 개인의례와 조화롭게 결합되어 행해졌다. 예컨대, 부안 위도 대리 마을 굿에서는 원당제 이후 용왕제 때 무녀가 굿을 할 때 바다에서 죽은 가족이 있는 집에서 제사상을 차려서 해변으로 갖고 나왔다고 한다.[33] 바다에서 죽은 조상들의 영혼을 달래기 위한 것으로 육지에서 집 안으로 공간이 한정되는 조상의례를 어촌에서는 마을 사람들이 공동적으로 행한 것이다. 그래서 용왕제는 개인의례적 성격이면서 공동체의례와 유기적인 관계로 연결되어 공존하는 중층성重層性을 보인다. 이것은 위도의 다른 섬인 진리에서도 마찬가지이다.[34] 고군산군도에서도 정초에 당산에 가서 굿을 치고 각 호를 방문하는 동안 일반 가정에서는 상을 차려 용왕제를 지낸다.[35] 서해와 서남해에 걸쳐서도 다양한 사례가 보인다.

공동체의례와 개인의례의 이러한 중층성은 '어촌형'이 보여주는 특성이라고 할 수 있다. '농촌형'에서도 공동체의 안위를 저해할 수 있는 잡귀잡신을 풀어먹이는 의식들이 존재한다. 헌식,[36] 거리,[37] 산물,[38] 퇴송 등

---

[33] 위도에서는 집 안의 성주상 차리는 것을 '지반'이라 하고, 용왕굿 때 죽은 조상을 위해 상을 차려 나오는 것을 '지반 간다'고 한다. 국립민속박물관, 『위도의 민속』 3(1987).
[34] 위도 진리에서는 초하룻날 밤에 산제, 2일날 원당제, 3일날 도제를 지내고, 초사흗날(주로 손없는 날)은 유왕제 지내는데, 성주님에게 밥을 해서 올리고, 유왕님에게 4그릇, 물에 빠져 돌아가신 조상님들 수대로 메를 지어서 장불가에 가서 배타고 다닐 때 무사하게 해달라고 기원했다고 한다.
[35] 한상복·전경수, 『韓國의 落島民俗誌』(집문당, 1992), 216쪽.

이 그 예이다. 당제/당산제 후에 마을에 재앙을 가져올 수 있는 잡귀들을 잘 먹여서 보냄으로써 마을의 안정을 추구하는 의식은 '농촌형'과 '어촌형'이 크게 다르지 않다. 그러나 용왕제에서 행해지는 개인의례의 대상이 잡귀가 아니라 죽은 조상이라는 점이 다르다. '수중고혼水中孤魂'은 자신의 혈연적 가족뿐만 아니라 어촌공동체가 살아가는 바다에서 죽은 타인의 조상까지를 범칭하는 표현이다. 조상이 죽은 후에도 후손의 삶에 영향을 미친다는 관념은 조상숭배를 강화하는 이념으로 널리 퍼져 있다. '어촌형'에서 조상은 몇 대조라는 특정한 혈연성보다 공동체 전체의 수호신으로 격상된 조상이라고 볼 수 있다. 그래서 지연적 공동체인 마을의 의례에서 합동적인 조상숭배가 이루어질 수 있다.[39]

공동체의례와 개인의례의 이러한 중층성은 삶과 죽음이 공존하는 공간으로서 '바다'를 매개로 이루어질 수 있다. 바다는 일상에서는 생업의 공간이지만 의례의 시공간에서는 죽은 조상의 무덤으로 상징적 공간이 된다. 해신海神으로서 용왕이 머무는 거처인 바다는 죽은 조상이 머무는 곳이기도 한 것이다. '농촌형'에서 조상제사가 집 안을 벗어나지 않는 반면, '어촌형'은 집 안에서 뿐 아니라 집 밖의 바다로 나온다. 이것은 죽은

---

36 당제가 끝나면 제물의 일부를 일정한 장소에 뿌리거나 던지거나 파묻는 것으로 잡귀잡신을 먹여 돌려보냄으로써 풍어와 무사고를 기원하는 방식이다. 해남 송지면 일대에서는 헌식이 강조되어 '헌식굿'은 마을 공동제사 절차로까지 확대되었다.
37 사람뿐만 아니라 잡귀잡신의 왕래가 이루어지는 길거리를 의미하기도 하고, 잡귀를 풀어먹여 돌려보내는 굿의 차례를 의미하기도 한다. 진도에서는 마을 거리에서 신체 없이 행하는 제의인 '거리제'가 당제와 혼용되면서 행해진다고 한다. 길거리에 떠도는 잡신을 잘 먹여서 돌려보내는 굿이므로, 이 둘 사이에는 의미적으로 상관이 있다.
  서해숙, 「진도군 마을신앙의 전승양상과 도서해양문화적 특성」, 『한국민속학』 45집(한국민속학회, 2007).
38 어민들이 배 안에서 식사할 때 약간의 음식을 바다에 던지는 일종의 고시레를 '산물'이라고 한다. 에틱박물관, 앞의 책, 77쪽. 부안 식도에서는 당제사를 마친 후 제물을 거두어 바다에 띄워 보내는데 이것을 '산물 한다'고 한다.
39 황경숙, 「東南海岸地方의 傳統的 祖上崇拜信仰 연구」, 『한국문학논총』 제32집(한국문학회, 2002), 51~56쪽. 황경숙은 가신신앙으로 전승되어 온 전통적 조상숭배를 지연공동체의 대동의례로 확대하면서 조상숭배문화의 다양성을 조명한다. 혈연성과 지연성이 결합된 대동적 조상숭배의례로서 서남해안의 해남 '헌식굿'과 남해안의 '밥상제'를 예로 들면서 가정의 조상제의가 마을 공동제의로 행해지는 사례에 주목했다.

조상이 머무는 곳이 바다이기 때문이다. 이처럼 공동체굿에서 삶과 죽음의 공존과 조화를 의례화한 것이 '어촌형'의 특성이다. 바다가 삶의 터전인 사람들에게 있어서, 바다에서 죽은 사람들의 넋을 잘 달래서 보내는 것은 곧 마을 공동체의 평안과 질서를 유지하는 중요한 방법이다. '어촌형'에서 용왕제는 용왕신에게 어로의 안전과 풍어를 기원하는 목적과 함께, 수중고혼이 된 조상들의 고혼을 달래주는 중층적 의미를 갖는다.

어촌은 육지부의 농촌 사회와 공동으로 1년 단위의 주기적 생활을 공유하면서 서로의 생활이 연결되어 있고, 하나의 주기적 삶의 패턴을 새로 시작한다는 의미에서, 섣달 그믐에서 정월 보름 사이에 마을굿이 행해지며, 어로작업의 특성에 따라 때로는 정월뿐만 아니라 봄이나 가을에도 중복적으로 제의가 행해지는 경우도 있다.[40] 도서지역의 경우, 제일로 보름보다 정초의 신성시간이 더욱 지배적이다.

마을굿은 비일상적인 의례적 시공간에서 행해진다. 이러한 의례의 시공간이 정해지는 데에는 농촌과 어촌의 생업 생태계의 상황과 주술·종교적 의미가 복합적으로 작용한다. '농촌형'과 '어촌형'은 생업의 주기에 맞추어 크고 작은 의례가 행해지는데, 공통적으로 정월은 중요한 의례적 시간이다. 농경문화에서 정월 보름의 종교·주술적 의미가 각별하기 때문에 '농촌형'에서 제의적 시간으로서 정월 보름의 의미는 매우 강조된다. 내륙에 가까운 연안의 경우에는 이러한 영향을 받지만, 원해로 갈수록 그 영향은 약해진다. 반면, '어촌형'에서는 보름과 함께 정월 10일 이전, 섣달 그믐 등의 시간이 의례적 시간으로서 의미를 갖게 되는 것은 어업 생태계의 자연 질서에서 비롯된다.[41] '농촌형'은 1년에 1회가 일반

---

[40] 군산시 옥도면 어청도는 음력 3월 보름, 음력 8월 14일, 섣달 그믐날에 당제를 행한다.
[41] 이경엽, 「어업세시력」, 『한국의 해양문화』 서남해역 下(해양수산부, 2002), 155~156쪽.
어촌세시에서 섣달 그믐은 일년 중 가장 큰 뱃고사가 행해지는 날이며 정초에는 갖가지 마을신앙과 용왕제 등이 행해진다. 마을굿에 뒤이은 마당밟이, 개인별로 하는 용왕제와 안택굿 등이 이 시기에 집중되어 있다.

적이지만, '어촌형'은 어로활동과 어업주기에 따라 몇 차례씩 복수로 행해지는 경향이 있었다.[42]

5. 맺음말

마을굿은 마을 공동체가 신과 자연과 인간의 관계망 속에서 마을 공동체 내의 문제들을 해결함으로써 조화로운 삶을 지속시키고자 행하는 중요한 문화적 양식이다. 따라서 마을굿에는 마을 공동체가 신 그리고 자연을 어떻게 인식하고 그들과 어떤 양상으로 관계를 맺고 있는지가 드러나 있다. 이러한 인식과 양상은 지역간에 차이가 있게 마련이며, 그래서 마을굿은 지역문화를 심도 있게 이해할 수 있는 연구 대상이다. 유형 분류를 통해서 마을굿 전승의 실상과 변화상을 두루 살펴보기에는 한계가 있으며, 특수한 사례들의 역사적·문화적 이해를 하는 데도 문제가 있다.

이 글은 전북지역에서 이루어져 온 마을굿 조사와 연구 성과를 통합하고, 마을 유형별로 그 전승 양상을 살펴보는 것을 목적으로 하였다. 마을굿이 신앙과 의례, 놀이가 결합된 무형적 유산이지만 근본적으로는 자연환경을 비롯한 물질적 기반 위에서 형성되고 전승된다. 따라서 마을굿에는 마을 사람들이 자연환경에 어떻게 적응하고 대응하는지가 반영되어 있다. 이러한 점을 주안점으로 하여 이 글에서는 지역별로 서로

바다를 관장하는 초자연적인 존재와의 조화와 합일을 지향하는 제의가 공동체와 개인 단위로 층위화 되어 집중적으로 수행되어 정초는 어촌세시의 핵심 기간이라 할 수 있다.

[42] 한양명은 영덕의 동제를 사례로 海村 동제의 특징으로 복수의 祭日 설정, 바다에서 거리메기기가 祭次로 설정되어 제사공간의 이동이 생기는 것 등을 동제의 시공간적 특징으로 설명하였다. 한양명, 『龍과 여성, 달의 축제』(민속원, 2006), 43~46쪽. 이런 특성은 호남지역 마을굿에서도 크게 다르지 않다.

다른 자연환경의 마을굿이 어떤 차이를 보이는지를 중점적으로 제시하였다. 그러나 마을굿의 종합적 이해를 위해서는 자연환경을 비롯한 물질적 기반과 이념적 기반, 사회경제적 조건 등을 통합적으로 고찰하는 작업이 필요할 것이다.

최명환 세명대학교

마을 유형에 따른 여신설화(女神說話) 전승 양상
-'다자구할미설화'와 '개양할미설화'를 중심으로-

1. 머리말
2. 산신형 여신설화~다자구할미설화
3. 해신형 여신설화~개양할미설화
4. 산신형·해신형 여신설화의 전승 양상
5. 맺음말

마을 유형에 따른 여신설화女神說話 전승 양상

1. 머리말

한국인들은 원래 다양한 신神을 섬기는 다신론多神論적인 성격을 지니고 있으며, 신앙심이 매우 두터웠다. 온갖 미물들에까지도 신령神靈이 깃들어 있다고 여긴다. 생활 터전 주변의 여러 공간에 신을 설정하고 있으며, 권능이 있는 역사적 인물이나 인물의 형상을 한 신의 모습을 신적인 대상으로 섬긴다.[1] 한편, 한국 무속신화에 등장하는 신의 대부분이 여성이고, 산촌마을에서의 산신山神과 서낭신, 해안 및 도서 지역의 해신海神 등에서도 여성 신격神格이 자주 등장한다. 이러한 점에서 민중의 저변 의식에 있어서 신격 가운데 여성 신격이 차지하는 위치를 가늠해 볼 수 있다.

설화 속에서 여신女神이 등장한 것은 매우 오래되었다. 「단군신화」의 웅녀熊女로부터 「주몽신화」의 유화柳花를 거쳐 마을의 산신이나 서낭신

---

[1] 이준곤, 「한·중 해양민속의 비교연구」, 『논문집』 8집(목포해양대학교, 2000), 8쪽.

으로 좌정한 이름 없는 노파老婆 등에 이른다. 그리고 이들 여신을 대상으로 하고 있는 여신설화女神說話²는 구비 또는 문헌을 통해서 다양하게 전승한다. 구비전승 차원에서 전승하고 있는 여신설화에서의 여신은 태초의 천지창조와 같은 일을 하기도 하고, 때로는 신화적 속성을 잃어 단순히 비상한 힘을 가진 '거인巨人'의 모습이기도 하며, 인간들과 동일한 모습으로 때로는 어린 아이의 모습으로 형상화되기도 한다.

이 글에서는 여성 신격을 주인공으로 하는 '다자구할미설화'와 '개양할미설화'를 대상으로 하였다. 마을의 유형 특히 산촌마을과 어촌마을에서 전승하고 있는 이들 여신설화를 대상으로 여성신화가 산촌과 어촌이라는 마을 유형에 따라서 어떠한 전승 상의 차이를 보이는지 검토하려 한다. 물론 두 지역에서 전승하고 있는 여신설화가 전체의 산촌마을과 어촌마을에서 전승하고 있는 여신설화를 대변하는 것은 아니다. 또한 이들 여신설화가 지니는 특징이 산촌마을과 어촌마을 여신설화의 보편적인 특징이라고 추단하기에는 다소 무리가 있다. 그럼에도 불구하고 이들 여신설화가 해당 마을에서의 제의를 기반으로 현재까지도 전승하고 있을 뿐만 아니라, 제의 역시 그 기원이 오래이기 때문에 산촌과 어촌마을의 설화 전승을 이해하는 단초가 된다는 판단에서다.

다자구할미설화는 충청북도 단양군 대강면 용부원리를 중심으로, 개양할미설화는 전라북도 부안군 변산면 격포리를 중심으로 각각 전승한다. 대강면 용부원리는 남한강 상류지역으로 한국의 지방자치단체 가운데서도 유일하게 바다가 없는 충청북도 북부 내륙에 속해 있는 대표적인 산촌마을이다. 고랭지농업과·화전농업 중심의 생업활동이 이루어졌으며, 인근지역에는 산성山城들이 산재해 있다. 한편, 변산면 격포리는

---

2 이글에서는 신(神)을 대상으로 하고 있는 설화 가운데서 여신(女神)을 주인공으로 삼고 있는 설화를 여신설화(女神說話)라고 표현하였다.

격포항을 중심으로 위도, 고군산군도, 홍도 등 서해안 도서지역과 연계한 해상교통의 중심지이며, 칠산바다를 품에 안고 있는 서해의 대표적인 어촌마을이다. 이들 마을에는 각각 '죽령산신당竹嶺山神堂'[3]과 '수성당水城堂'[4]이라는 제의 공간이 있으며, 이들 제의 공간은 삼국시대까지 소급될 수 있을 정도로 그 연원이 오래되었다. '죽령산신'이라고 일컫는 다자구할미와 '수성당할미'라고 일컫는 개양할미는 이들 제의 공간 여성신격으로 자리한다. 그리고 이들과 관련한 설화가 '죽령'과 '칠산바다'라는 일정한 공간을 중심으로 현재까지도 전승한다.

마을 유형에 따른 설화 전승을 검토하기 위해 서사문학으로서 설화를 구성하고 있는 요소인 인물(신격), 사건(직능), 배경(자연환경~산촌과 어촌) 등으로 각기 전승이 어떻게 이루어지고 있는지 살펴볼 것이다. 또한 설화 전승의 주변요소 보다는 설화 자체에 주안점을 두어 검토하려 한다. 설화의 전승자인 민중들은 설화 속에 자신을 닮은 다양한 인물 유형들을 창조하고 변화시키며, 배경과 사건을 통해 인물들의 행적을 보다 극대화시켜 표현하고 있기 때문이다. 이를 통해서 산촌과 어촌이라는 삶의 터전 속에서 이들 여신설화들이 어떻게 인식되고 있는지 확인하려 한다.

---

[3] 죽령산신당(竹嶺山神堂)은 단양군 대강면 용부원리에 위치하고 있으며, 1976년 12월 21일 충청북도민속자료 제 3호로 지정되었다. 정확한 건립연대는 알 수 없으며 산신당 또는 국사당(國祠堂)이라고 부르기도 한다. 현재의 제당은 1948년 3월 8일 마을주민들의 성금으로 중건하였다. 목조기와집으로 되어 있고 규모는 1칸 반이다. 산신당 안에는 제단이 설치되어 있고 그 위에 높이 35cm의 '죽령산지신(竹嶺山之神)'이라고 적혀 있는 위패와 2개의 목재 촛대가 놓여 있다.

[4] 수성당(水城堂)은 전라북도 부안군 변산면 격포리에 위치하고 있으며, 1974년 9월 27일 전라북도유형문화재 제 58호로 지정되었다. 상량(上樑)에 '崇禎紀元後四甲子朝鮮純祖四年, 1804 六月'이라는 기록으로 보아 1850년(철종 원년) 이전부터 신당이 있었음을 확인할 수 있다. 1864년(고종 원년)과 1940년에 중수하였고, 현재의 제당은 1973년에 중건한 것이다.

2. 산신형 여신설화~다자구할미설화

단양군 대강면 용부원리가 속해 있는 충청북도 북부지역은 다자구할미설화를 비롯하여 '마고할미설화', '온달누이설화' 등 여성을 주인공으로 한 설화 각편의 전승이 충청북도 내의 다른 지역에 비해 활발하다. 이들 설화 주인공 가운데 다자구할미를 제외하고는 대부분 거인 형상을 하고 있다. 이는 충청북도 북부지역의 민속신앙과 연계한 거석문화[立石] 발달에 기인한다고 볼 수 있다. 충청북도 북부지역에서 전승하고 있는 여성인물 설화 각편들이 대부분 선돌[立石], 고인돌, 산성, 절벽 등을 주된 증거물로 하고 있기 때문이다.[5] 그러나 이들 여성인물은 신성한 존재로서의 인식은 이미 퇴색해 버렸다. 다만, 거석[立石]의 형성을 설명하는 거인의 형상으로 남아 있을 뿐이다.

다자구할미설화의 주인공인 다자구할미는 거인의 형상이 아니다. 노구老軀의 여성으로 죽령竹嶺[6] 일대의 산신으로 좌정하고 있다. 다자구할미설화는 거인 형상이지만 신성성이 퇴색한 '마고할미설화'와 '온달누이설화' 등과는 구별된다. 단양군 대강면 용부원3리에서는 매년 '죽령산신제竹嶺山神祭'를 지낸다. 제일祭日은 음력 3월과 9월 두 차례에 걸쳐 정기적으로 택일되며, 제장祭場은 마을 옆 당산에 위치한 '죽령산신당'이다. 죽령산신제의 기원의 대상은 죽령산신竹嶺山神이며, 제의에서의 기원 내

---

5 최명환, 「충북 북부지역 여성설화 연구」, 『충북학』 8집(2006), 207~208쪽.
6 죽령은 충청북도 단양군 대강면과 경상북도 영주시 풍기읍과의 경계에 있는 고개다. 소백산맥의 도솔봉(1,314m)과 북쪽의 연화봉(1,394m)과의 안부에 위치한다. 동쪽사면은 내성강의 지류인 서천의 상류계곡으로 통하고, 서쪽사면은 남한강의 지류인 죽령천의 상류 하곡과 이어진다. 도로는 이들 하곡을 따라 개통이 되나, 동쪽은 사면의 경사가 급하고 많은 침식곡이 발달하여 희방사 계곡 입구부터 고갯마루까지는 굴곡이 심한 길이다. 이와 같이 험한 고갯길이었으나 예로부터 영남지방과 호서지방을 연결하는 중요한 통로였다. 1910년대까지도 경상도 동북지방 여러 고을이 서울 왕래에 모두 이 길을 이용했기에, 과거를 보려는 선비, 공무를 띈 관원들, 온갖 물산을 유통하는 장사꾼들로 이 길을 이용했다. 1941년 죽령 밑으로 4,500m의 죽령터널을 뚫어 중앙선이 개통되었고, 현재에는 국내 최장 도로 터널인 죽령터널이 개통되었다.

용은 마을의 범위를 넘어서 국가의 평안과 번영이다. 마을 주민들은 죽령산신을 다자구할미로 인식하고 있으며, 죽령산신이 부여받은 국가수호신으로서의 종교적 상징성이 다자구할미설화에서 비롯된다.

[자료1] 다자구 할머이가 그 도적 떼를 잡을 지게 우에 잡았냐하면은 그 도적 떼가 와 가지고 그 가는 사람들의 엽전, 삼베, 명주를 뺏었거든. 그때는 그게 다 돈이었어. 그래서 요가면 성이 있어요. 성이 있는데 거기서 인제 도둑놈들이 저기서 사람들이 오고 말이 오는 걸 보면 거기서 북을 치거든. 요 밑에 이제 도둑 떼가 있는 굴이 있는데, 북을 치면서 이제 사람들이 오니까 "너들이 거 대기하고 있다가 잡아서 이제 돈을 뺏어라." 그래가지고 거 오는 사람들, 그 전에는 고 밑에 큰 소가 있었어. 지금은 철굴 하느라 다 파냈어. 그래 거다 다 쳐너뻐리고 돈 뺏어 가지고 살았는데 그 다자구 할머이가 나타나 가지고 그 다자구 할머이가 첫 번에 와서 "난 아들이 둘인데, 아들 하나 이름은 드자구요. 하나 이름은 다자구다. 혹시 여 왔나 하고 내가 찾아왔노라"고 했어. 그런데 도적놈들도 뭐 아들 찾으러 왔다는데 뭐 할 말 있어. 그래가지고 그 군병을, 신병이지. 신병을 바깥에다가 딱 매복을 해놓고 "내가 드가서 다자구야 이러면 너들이 일시에 드와서 잡아라." 그래 그때는 큰 굴 위에 돌기 있었어. 거다 발을 걸어 가지고 굴을 매꿨다고 그러는데 지금도 그 돌이 터 닦았는데 있어요. 그래서 드자구야 드자구야 하니까. 이 할머이가 시끄럽게 잠도 못 자게 한다고 하니까. "혹시 내 아들이 왔는가하고 찾노라"고 이래니까 조금 있다가 다 자거든. 그래서 다자구야 하이까. 줄을 땡겨 가지고 그 도적을 일망타진했어.

[자료2] 옛날에 이 다자구 할머이가 도둑을 잡고 있었는데. 나라에서 자꾸 세금이 안 올라가다가 인제 세금이 잘 올라가이까 이걸 도둑을 누가 잡았는지 수소문을 해서 그 사람의 공을 세울라고 안만 찾아도 사람이 없었어. 그런데 그 나라 임금이 어느 임금인지 그건 확실히 모르고 그 임금에 이 다자구 할마

이가 현몽을 했어. 꿈에. "그 도적을 잡은 사람이 아니고 나는 이 죽령 산신인데 내가 잡았으니까. 나의 공을 알라면은 서울에서 연을 띄워서 연 앉는 자리에다가 내 사당을 지가지고 춘추로 제를 올리다고" 이랬거든. 그 이튿날 문무대신을 전부다 불러다 그 조회를 했거든. 그래가지고 연을 맨들어 가지고 띄웠는데 첫 번에 연이 어디 와 있냐면, 요 밑에 당동 뒤에, 지금 서낭당 있어요. 거 와 앉았거든. 거 와 앉았는데 그 서울서 이제 대신들이 니리와 보니까 거는 이제 집이 개찹고 개소리도 들기고 이래가지고 고만 여는 안된다 이래 가지고 그 연을 뱃기 가지고 날렸거든 거서 날렸는데 요 자리에 큰 옻남기 있었다고, 그 옻남게 와서 앉았는데 와 보이께 터도 좋고 이래서 여다 이제 사당을 맨들어 짖지.⁷

[자료3] 죽령산신당에 바친 옷감을 안동 권차사라는 사람이 딸의 혼수에 쓰려고 가져가서 산신이 이를 찾아 나섰다. 산신이 그 집에 가자 딸은 갑자기 병이 들어 거의 죽게 되었다. 그런데 예사 여자모습을 한 산신과 동행하였던 최명길이 그 사정을 알고서 권참사 집을 찾아가 옷감을 산신에게 되돌려주니 딸은 완쾌되었다. 그리고 산신은 여신이므로 여성 취향의 옷감을 재물로 놓고 치성을 드리는 풍속이 있었음을 알 수 있다.⁸

단양군 대강면 용부원리에서 전승하고 있는 다자구할미설화는 위의 [자료]에서 확인할 수 있듯이 크게 세 가지 유형으로 분류할 수 있다. 다자구할미가 지혜를 발휘해 도적을 물리치는 무용담, 죽령산신당이 형성되고 다자구할미가 죽령산신으로 좌정하는 것을 유래담, 그리고 죽령산신으로 좌정한 이후에 산신으로서 보여주는 신이담 등이 그것이다. 곧

---

7 제보자 : 김성락, 남·84세, 단양군 대강면 용부원 3리(2002년 11월 17일 채록).
8 단양향토사연구회, 『단양의 고을고을 그 역사 따라 향기 따라』(1995).

다자구할미설화는 무용담→유래담→신이담 등의 연속선상에서 전승한다. 위의 [자료1]은 다자구할미설화 가운데서 다자구할미가 도적을 소탕하는 내용의 무용담에 해당한다. 다자구할머니는 자신의 지혜를 발휘하여 죽령을 넘는 사람들에게 해害를 끼치는 도적들을 소탕한다. [자료2]는 죽령산신당의 형성과 다자구할미가 죽령산신으로 자리하게 되는 과정을 설명하고 있는 유래담에 해당한다. 곧 지금의 죽령산신당은 다자구할미의 현몽으로 궁중에서 띄운 연이 떨어진 자리이다. [자료3]은 다자구할미가 죽령산신으로서 신적인 능력을 보이는 신이담에 해당한다.

이상과 같이 무용담~유래담~신이담 등으로 구성되어 있는 다자구할미설화는 설화 전승자들에게 다자구할미를 죽령산신제의 신격으로 자리하게 하고, 제사의 대상이 될 수 있는 동기를 부여해 주는 역할을 한다. 또한 오늘날 죽령산신당이 현재의 자리에 위치하게 된 연유까지도 설명해 준다. 죽령산신으로 좌정한 다자구할미는 다자구할미설화 속에서 마을이나 국가수호신國歌守護神으로서의 면모를 유감없이 발휘하고 있다.

1) 신격神格에 대한 인식

우리나라 산에는 항상 산신山神이 존재해 왔다. 이름 있는 명산名山의 경우에는 산신의 성性과 이름(名)이 존재했고, 각 마을의 이름 없는 작은 산에도 '산신'이라는 고유명사로 막연히 존재하고 있음을 확인할 수 있다. 다자구할미는 죽령산신제의 신격으로 좌정하였고, 다자구할미설화를 통해서 죽령산신으로서 국가수호신으로서의 신격을 부여받고 있다. 다자구할미는 다자구할미설화의 중심에 놓여 있으며, 마을과 국가가 겪는 현실적인 문제를 직접 해결해 주는 여신이다.

그래서 드자구야 드자구야 하니까. 이 할머이가 시끄럽게 잠도 못 자게 한다고 하니까. "혹시 내 아들이 왔는가하고 찾노라"고 이래니까 조금 있다가 다 자거든. 그래서 다자구야 하이까. 줄을 땡겨 가지고 그 도적을 일망타진했어.[9]

꿈에. "그 도적을 잡은 사람이 아니고 나는 이 죽령 산신인데 내가 잡았으니까. 나의 공을 알라면은 서울에서 연을 띄워서 연 앉는 자리에다가 내 사당을 지가지고 춘추로 제를 올리다고" 이랬거든.[10]

앞에서도 언급하였듯이 충청북도 북부지역에서 전승하고 있는 여성을 주인공으로 한 설화 각편 가운데 '다자구할미설화'에서의 다자구할미는 다른 설화 각편의 여성 주인공과는 달리 거인의 형상이 아니다. 잃어버린 두 아들을 찾아 죽령 일대를 헤매는 '어머니'의 모습이며, 나이 많은 '할머니'의 모습으로 형상화 된다. 다만, 그녀는 지혜와 용기를 지니고 있어서 마을과 국가의 공통적인 문제인 도적을 소탕하는 데 도움을 주는 인물인 것이다.[11] '다자구'라는 명칭에 대해서는 아직까지 구체적으로 밝혀진 바는 없지만, 전승되는 설화를 통해서 이름을 알 수 없는 한 할머니가 도적을 소탕한 결과로 지역민들이 명명해 준 이름이라는 것을 확인할 수 있을 뿐이다.

앞의 [자료2]에서는 인간적인 할머니의 모습으로 도적 소탕을 돕는 다자구할미의 모습과는 달리 죽령산신당 건립에 대해서는 적극적인 산신의 모습을 보이고 있다. 임금의 꿈에 나타나 도적을 소탕한 것이 자신이며, 스스로 자신은 인간이 아니라 죽령산신이라고 밝히기까지 한다. 물론 죽령의 산신이 다자구할미라고 하는 여성인 점은 새로운 것이 못

---

[9] 제보자 : 김성락, 남·84세, 단양군 대강면 용부원 3리(2002년 11월 17일 채록).
[10] 제보자 : 김성락, 남·84세, 단양군 대강면 용부원 3리(2002년 11월 17일 채록).
[11] 다자구설화에서 다자구할미는 산신의 모습으로 도적을 직접 소탕하지는 않는다. 관군이 도적을 소탕할 수 있도록 도와주는 역할을 담당한다. 도적의 소탕도 관군들에 의해서 이루어진다.

된다. 특히 고대사회에서부터 산신을 여성으로 많이 인식하였기 때문이다.[12] 그러나 원래 산신이기도 한 다자구할미는 인간의 모습으로 인간의 문제를 해결하고 죽령산신으로 좌정하였으며, 죽령산신제의 형성을 스스로 이루어 낸 여신의 면모를 보인다.

죽령의 산신은 곧 우리 국가의 남쪽에 있는 큰 산의 신령이시니, 이에 남도南道를 진압한 바라. 매년 원월元月에 국가로부터 향香과 축祝을 받아서 일 년에 세 번 제사를 지낸다.[13]

한편, 다자구할미의 수호守護 범위가 죽령에 국한하지 않고, 국가로까지 확대된다. 죽령 일대의 도적 소탕을 도와준 다자구할미는 죽령 일대를 수호하는 수호신으로의 상징성을 충분히 부여받고 있다. 그러나 수호의 기능이 외적의 침입과 같은 국가 위기에서는 국가 전체의 수호를 관장하는 호국신護國神으로 신격의 기능이 확대된다. 이는 위의 「죽령산신치성문竹嶺山神致誠文」에서 확인할 수 있다. 임진왜란이 진정된 것을 죽령산신의 도움으로 여기고 있다. '죽령산신이 남도 전역을 수호하고 있다'라고 언급하고, 국가에서는 죽령산신에 대한 보답으로 봄가을로 향香과 축祝을 내려 치제하였다. 또한 치제함에 있어서 상하를 막론하고 조금의 소홀함이 없도록 엄히 경계하고 있다.

다자구할미의 신격이 국가수호신으로까지 확대된 것은 죽령산신제가 국행제國行祭였다는 역사성에 기인하기 때문일 것이다. 죽령산신제는 신라시대에 '죽지竹旨'라 하여 국가 제사 체제 가운데 소사小祀에 편제되어

---

12 손진태, 「조선고대 산신의 성에 취하야」, 『진단학보』1호(진단학회, 1934), 69쪽.
  모악(母岳), 대모산(大母山), 부산(婦山), 모악산(母岳山), 모후산(母后山), 자모산(慈母山) 등은 생각하건대 속명(俗名)의 의역(意譯)일 듯하며, 그 속명(俗名)은 어미산 또는 할미산 등이 아니었던가 한다.
13 竹嶺山之神卽我國家之南嶽乃南道所鎭也. 肆每歲元月自國家 蜀以吉辰一年三次致祀焉.(죽령산신치성문 중에서)

있었으며[14], 조선시대에는 '죽령산竹嶺山'이라고 하여 소사小祀에 포함되어 있었다.[15] 국행제國行祭는 국가의 기복양재祈福禳災를 위해 국가의 재화와 용역을 사용해서 국가의 공식적인 규범과 논의로 대상신에게 기원하는 제례이다. 이와 같은 역사성을 지니고 있는 죽령산신제이기에 죽령산신으로 인식하고 있는 다자구할미 또한 국가 수호신으로 자리하게 되는 것이다.

2) 직능職能에 대한 인식

여신설화에 있어서 사건은 주로 문제를 해결해 가는 과정 곧 신으로서 지니고 있는 직능으로 표현된다. 따라서 여기서는 다자구할미가 신으로서 지니고 있는 직능을 어떻게 표현하는지 살펴보려 한다. 다자구할미는 죽령을 수호하는 지역신이면서, 국가수호신으로서의 성격을 함께 지니고 있다. 곧 다자구할미는 '죽령 수호'와 '국가 수호'라고 하는 직능을 지닌다.

죽령 일대에서는 다자구할미설화 가운데 무용담과 신이담 전승이 주를 이룬다. 무용담 가운데서는 신으로서 보이는 무용담 보다는 인간으로서 보이는 무용담 전승이 활발하다. [자료1]에서 다자구할미는 자신의 지혜와 용기를 발휘하여 죽령을 넘는 사람들에게 해를 주는 도적들을 소탕하는 데 도움을 준다. "인제 도둑놈들이 저기서 사람들이 오고 말이 오는 걸 보면 거기서 북을 치거든. 요 밑에 이제 도둑 떼가 있는 굴이 있는데"[16]라는 제보자의 말처럼 죽령 일대에는 죽령을 넘는 행인들을

---

14 『삼국사기』 32, 잡지1, 제사 조.
15 『태종실록』 권28(태종 14년 8월 신유 조).
16 제보자 : 김성락, 남 · 84세, 단양군 대강면 용부원 3리(2002년 11월 17일 채록).

대상으로 노략질 하던 도적떼가 들끓었다.

이는 국가를 비롯하여 용부원리 마을 주민들에게있어서 해결해야만 하는 큰 문제였다. 그런 도적떼를 소탕할 방법을 다자구할미가 관군에게 먼저 제시한다. 곧 "도적떼에 들어가서 '다자구'라고 소리를 외치면 관군들이 들어와 도적떼를 소탕하라!"는 것이다. 결국 다자구할미의 신호로 관군들은 도적떼를 소탕하게 된다. [자료2]에서는 다자구할미가 죽령산신이라는 인식이 드러나고, 스스로 죽령산신이라고 밝히지만, [자료1]만 전승하는 전승자들의 입장에서는 다자구할미를 도적떼 소통의 도움을 주는 인간으로서 주목한다.

한편, [자료2]는 오늘날 죽령산신당이 현재의 자리에 위치하게 된 연유와 다자구할미가 죽령산신으로 좌정하게 되는 과정을 보여준다. 이는 죽령산신제의 제장을 확보할 수 있는 계기로 작용한다. 다자구할미는 연을 이용해서 죽령산신제의 제장을 정하게 한다.[17] 죽령고개 일대에 많았던 도적이 자취를 감추자 궁중에서는 이에 대한 보상을 하고자 다자구할미를 찾았다. 그러나 다자구할미를 찾을 수 없었다고 한다. 어느 날 임금의 꿈에 다자구할미가 죽령산신으로 현몽하여 연을 띄워 연이 떨어진 곳이 내가 자리 잡을 곳이라고 일러준다. 그곳이 지금의 죽령산신당 자리이며, 죽령산신을 모시게 되었다는 것이다. 다자구할미설화 속에서 다자구할미는 연을 매개로 해서 죽령산신당의 위치를 잡고, 죽령산신으로 좌정한다. 곧 그녀 스스로 죽령산신당의 형성과 죽령산신제의 당위성을 확보해 가는 역할까지도 담당한다.

[자료3]은 다자구할미설화 가운데서 신이담에 해당한다. 곧 다자구할머니가 자신을 모시는 지역민들에게 신으로서의 역할을 수행하는 것이

---

[17] 연실에 매달아 하늘 높이 띄우는 연은 시베리아 계통의 신화에서 우주목이 그러한 것처럼 하늘과 지상을 연결하는 상징적 매체이다.(한국문화상징사전편찬위원회, 『한국문화상징사전』 2(두산동아, 1995), 507쪽.

다. 다자구설화 가운데서 위와 같은 신이담은 다자구할머니 설화를 전설이 아닌 신화로 유지시키는데 중요한 역할을 한다. 제의의 지속과 신성성의 유지는 구전 등을 통해서 지속적인 유효성을 확보해야 한다. 소백산 지역에 살았다고 하는 할머니가 신화적 인물로 변이되었을 경우, 그러한 현상을 지지해 줄 수 있는 신화적 장치들을 끊임없이 찾아야 한다. 그리고 그러한 신화적 장치들을 통해서 지속적으로 신성성을 확보해 간다. 다자구할미설화에서 신이담이 그러한 신성성을 확보해 주기 때문이다. 또한 지역민들에게 있어서 '다자구할머니'와 '죽령산신제'에 대한 신앙심이 얼마나 깊은지를 확인 할 수 있는 계기가 된다.[18]

결국 무용담~유래담~신이담에서 보이는 다자구할미 직능 표현은 설화를 전승하는 담당층들에게 있어서 다자구할머니가 제사의 대상이 될 수 있다는 동기를 부여해 준다. 또한 다자구설화는 오늘날 죽령산신당이 위치하게 된 연유를 설명해 주는 역할을 담당하기도 하며, 제의 지속의 정당성을 확보해 준다. 환웅이 지상계에 뜻을 두고 신단수를 통해 신시를 건립하고 사후 산신이 되었듯이, 다자구할머니도 지상계의 여러 상황과 결부하여 천상계로 되돌아가지 않고 죽령에 머물러 수호신이 되는 것이다.

3) 자연 환경(산·고개)에 대한 인식

단양군 대강면 용부원리는 단양에서 풍기·안동 등의 경상북도로 넘

---

18 "용부원 사람들은 6·25사변 때 군대가기전에 반다시 여와서 이제 술한잔 부놓고 기도하고가요. 그래서 6·25사변 때서 전쟁통아이여. 저거하고 다친 사람이 없거든. 여 사람들은.", "산신제를 지낼 때 쓰려고 널어놓은 벼를 쪼아먹은 참새가 그 자리에서 죽었다.", "산신당 앞에서 산불이 났는데, 조문식 이장이 산신당 앞에 와서 술을 붓고 비니, 구름이 몰려 와 비를 뿌려 불이 꺼졌다."(이들 설화들은 마이 꺼민 대부분이 알고 있었으며, '사실'로 죽었하고 있다.)

어가는 길목인 죽령아래에 위치해 있는 산촌마을이다. 죽령은 현재 죽령터널과 중앙고속도로의 개통으로 사람의 통행이 많이 줄었지만, 1910년대까지도 경상북도 사람들이 서울을 왕래하던 길이었다. 과거를 보려는 선비, 공무를 띤 관원들, 온갖 물산을 유통하는 장사꾼 등도 이 길을 이용하였다. 그리고 죽령이 위치해 있는 곳은 소백산小白山 자락이다. 소백산은 삼국시대 고구려, 백제, 신라 3국의 경계에 위치한 산으로 그 지리적 중요성이 항상 거론되었던 곳이다.

다자구할미설화와 죽령산신제의 배경으로서의 자연 환경은 산山과 고개[嶺]다. 산과 고개는 산촌마을 사람들에 있어서는 생업의 터전이 된다. 한국 민속에 있어서 산은 여성 원리와 관련한 풍요와 공동체의 삶을 위한 어머니의 품을 상징한다. 수호신적인 존재로서 자리하기도 하고, 산 자체가 타계 또는 피안彼岸을 의미하기도 한다.[19] 한편 고개는 소통의 공간이면서, 삶의 세계와 죽음의 세계를 구분하는 기준이 되기도 하는 상징적 의미를 지니고 있다.

그러나 현재 전승하고 있는 다자구할미설화 각편에서의 산은 산신인 다자구할미가 좌정하고 있는 곳이며, 도적들의 활동무대라고 하는 인식 외에 생업과 관련한 특별한 인식은 드러나지 않고 있다. 산과 고개는 자체적으로 존재하는 곳이며, 다자구할미의 무용담의 배경일 뿐이다. 죽령산신당의 형성과 함께 다자구할미가 산신으로 좌정하게 되는 곳이다. 특히 죽령의 산신이면서 여신의 모습을 보이고 있는 다자구할미설화에서의 다자구할미는 충청북도 북부지역에서 전승하는 마고할미설화[20]와 달리 창세신적인 면모를 확인할 수 없기에 산을 신의 창조물로도 인식

---

[19] 한국문화상징사전편찬위원회, 『한국문화상징사전』 1(동아출판, 1992), 397쪽.
[20] 제보자, 박재원, 충청북도 제천시 수산면 하천리 진경동(2009년 07월 24일 채록).
 "예전에 마고할미가 있었는데, 가은산에 나물을 뜯으러 갔다가 금반지를 잃어버렸다. 마고할미가 금반지를 찾느라고 손으로 판 곳이 현재의 골짝기가 되었다."

하고 있지는 않다.²¹

3. 해신형 여신설화~개양할미설화

서남해안 일대에서 전승하고 있는 여신설화 가운데서 '할미' 곧 노구 老軀의 여성 신격으로 형상화 한 인물을 수용하고 있는 설화에는 개양할미설화를 비롯하여, 선문대할망설화, 백주할망설화, 영등할미설화, 뽕할머니설화, 마고할미설화 등이 대표적이다. 선문대할망설화와 백주할망설화는 제주도를 중심으로 전승하며, 영등할미설화는 제주도와 내륙 해안 지역에 분포한다. 뽕할머니설화는 전라남도 진도군을 중심으로, 마고할미설화는 서해안과 남해안 일대의 내륙 해안지역에서 전승한다.²²

개양할미설화는 전라북도 부안군 변산면 격포리를 중심으로 분포한다. 전라북도 부안군 변산면 격포리 죽막마을은 전체가 대밭이었다고 한다. 밭마다 '시누대'가 있었는데, 현재는 많이 없어지고 일부가 흩어져 남아 있다. 그 후 마을이 조성되어, 마을 이름을 대 죽(竹)자, 장막 막(幕)자 을 써서 '죽막'이라고 지었다고 한다.²³ 현재 수성당水聖堂이 위치해 있는 곳에서 '부안 죽막동 제사유적'이 발견되었다. 죽막동 제사유적은

---

21 『한국구비문학대계』에는 산신 관련 설화가 모두 122편 수록되어 있다. 이들 설화 각편에 수록되어 있는 산신은 마을에서 모시는 산신제, 당제의 유래를 담고 있거나, 주인공을 돕는 원조자로서의 모습을 보이기도 한다. 주인공을 돕는 이유는 주인공이 가지고 있는 덕성 때문에 무조건 돕기도 하지만, 주인공이 베푼 선행에 대한 보은의 형태로 나타나는 경우가 많고, 때로는 절대자를 주인공이 굴복시켜 도움을 받거나 원조자가 아무런 이유 없이 스스로 도움을 주기도 한다. 이들 원조자는 난제를 해결한 후에는 사라진다. 또한 산신이 위기에 처한 사람의 목숨을 구해주기도 하며, 산신의 시험을 통과하느냐의 운명이 달라지는 이야기도 있다. 산신은 선인에게 성취와 구원이라는 긍정적인 작용을 하지만, 악인에게는 징벌이라는 부정적인 작용을 하기도 한다. 이와 같은 산신에 대한 인식들은 수용되어 있는데, 산에 대해서는 인간이 지니고 있는 문제를 해결해 주는 곳으로의 인식 외에 특별한 인식은 보이지 않는다.
22 송화섭, 「서해안 해신신앙 연구」, 『도서문화』 23집(목포대 도서문화연구소, 2004), 44~54쪽.
23 부안문화원, 『부안 땅이름』(밝, 2002), 239~241쪽.

그곳이 바다와 관련한 독립된 제사유적으로 4세기 중반부터 현대에 이르기까지 제의가 이루어지고 있는 곳임을 알 수 있게 한다.[24] 그리고 19세기부터 독립된 건조물로 '수성당'이라는 제당을 만들고 제사를 지내고 있다.[25]

수성당에서는 매년 음력 정월 열 나흗날 낮 12시쯤에 제사를 지낸다. 어민들 전체가 수성당 앞 바다에 배를 도열시키고 제의를 진행한다. 마을 공동으로 지내는 제사 이외에도 개인적으로 수성당을 찾는 경우도 있다. 집안에 우환이 있거나, 특히 조기를 잡으러 바다로 나가기 전에는 반드시 수성당에 들렀다. 그렇게 하면 배가 가라앉을 정도로 조기를 많이 잡았으며, 만선滿船으로 돌아와서는 다시 수성당에 들러 감사의 표시를 했다고 한다.[26] 수성당 내부에는 수성당할머니와 할머니가 낳은 여덟 명의 딸인 팔선녀를 그린 당신도堂神圖를 모셔놓고 있다.[27] 마을 주민들은 이 수성당할머니를 '개양할미'라고도 부른다.

현재까지 채록된 개양할미설화 각편은 수성당에서 모시고 있는 분이 '개양할미'라 하고, 거인의 모습을 하고 있는 개양할미에 대한 형상담, 개양할미는 수성당에 여덟 딸은 인근 지역 당신堂神으로 좌정하게 되었다는 것을 설명하는 유래담[28], 개양할미가 신으로서 보이는 무용담과 신이담 등이다.

[자료4] 옛날에 그 당할머니한테 나왔다는 팔선녀 전설하고. 팔선녀. 딸을

---

24 국립전주박물관, 『부안 죽막동 제사유적』(1994), 24~29쪽.
25 제보자 : 정동옥, 남·68세, 전라북도 부안군 변산면 격포리 죽막마을(2005년 07월 10일 채록).
26 최명환, 「서해안 일대의 해신과 해신설화」, 『한국 민속제의 전승과 현장』(새미, 2009), 216~219쪽.
27 제보자 : 신동업, 남·65세, 전라북도 부안군 변산면 격포리 죽막마을(2005년 07월 10일 채록).
  수성당 내부에는 개양할미와 딸의 당신도를 비롯하여 칠성신, 용왕신, 장군신(관운장)의 당신도가 있었다고 한다. 그러나 모두 소실되었고, 현재는 중국인 화가가 그린 당신도가 있다.
28 송화섭, 「서해안 해신신앙 연구」, 앞의 책(2004), 47~48쪽.
  여덟 딸 가운데 한 막내 딸은 개양할미와 함께 수성당에 좌정했다고 하는 설화 각편도 있다.

낳아가지고 팔도로 다 보냈답디다. 근데 그래서 당신 여 계시다가 어디 갔다는 내력은 모르지. 한 명이 나왔당께. 어디 거시기 바다로 나와 가지고. 그래서 인제. 우리가 인제. 봄에[29]

[자료5] 옛날 어른들이 그러거든. 그 할머니가 버선발로 이 칠산을 다 헤매고 걸어다니셨다고, 물 우에, 걸어 다니시고 그랬다는 얘기를 듣고, 그 딸들은 팔선녀를 팔도로다. 다 섬이겠지. 저 위도도 있고, 할머니 딸을 중국으로도 보내고.[30]

[자료6] 아주 먼 옛날 이 水聖堂 옆의 여울굴 속에서 '개양할미'가 나와 딸 8형제를 낳아서 일곱 딸은 각도에 한 명씩 나누어 주고 막내딸만을 데리고 이 水聖堂에서 살았다하여 九娘祠라고도 하였다 한다. 그 후 '개양할미'는 바다의 聖人 같은 존재로 漁民들이 받들어 모시게 되어 水聖堂이라 하였다 하며 또 '개양할미'를 '水聖할미'라 부르기도 한다. 이 '개양할미'는 키가 어찌나 크던지 굽나막신을 신고 西海바다를 걸어다니며 깊은 곳을 메우고 위험한 곳엔 표시를 하여 어부들의 생명을 보호하여 주고 고기도 많이 잡히게 하였는데 곰소[熊沼]앞 바다의 '계란여'라는 곳에 이르러 이곳이 어찌나 깊던지 치맛자락이 조금 물에 젖었다고 한다. 이에 화가 난 '개양할미'가 육지에서 흙과 돌을 치마에 담아다 '계란여'를 메웠다고 한다. 그래도 이곳은 지금도 깊어서 이 지방의 속담에 깊은 곳을 비유하여 말할때에 '곰소 둠벙속 같이 깊다'라는 말이 있다.[31]

'개양할미설화'는 전국적인 범위로 전승하는 거인형 여성설화의 전형

---

29 제보자 : 정동옥, 남·68세, 전라북도 부안군 변산면 격포리 죽막마을(2005년 07월 10일 채록).
30 위의 제보자 동일.
31 전라북도, 『전설지』(대광출판사, 1990), 522~523쪽.

적인 모습을 보이고 있다. '개양할미설화'의 주인공인 개양할미는 거인 형상의 여신으로 수성당에서 모시고 있는 신격이다. [자료4]에서는 개양할미의 딸이 팔도八道 또는 인근 지역 여덟 개 섬의 신으로 좌정하였다고 하는 유래를 설명해 준다. [자료5]는 개양할미의 외모를 그리고 있는 형상담이다. 개양할미는 거인 형상의 여성으로 묘사되고 있다. [자료6]에서는 개양할미의 형상담과 유래담, 무용담이 혼재되어 있으나, 그 중심은 개양할미가 거인의 형상을 하고 있다는 형상담에서 출발하고 있음을 보여준다.

1) 신격神格에 대한 인식

개양할미설화에서 개양할미는 '거인'이고, 여덟 딸을 둔 '여성'이다. 간혹, 개양할미를 격상리 '할아버지당'과 연계[남편]하여 전승하기도 하지만[32], 지역민들이 전승하는 대부분의 설화 속에서 개양할미는 독신獨身으로 여덟 명의 딸을 낳은 어머니이면서 할머니로 인식하고 있다. 그리고 여덟 명, 혹은 일곱 명의 딸을 각 처 혹은 인근 섬으로 시집보낸다. 시집간 딸들도 시집간 곳에서 당신으로 좌정하였다고 한다. 이는 개양할미가 팔도나 인근 지역 여덟 개의 섬에서 모시고 있는 당신의 '어머니'라는 의미를 포함하고 있는 것이다. 곧 개양할미설화를 전승하는 전승자들은 수성당을 중심으로 인근 섬들의 당신堂神을 좌정시켜 수성당이 원당元堂이라는 것을 강조하며, 변산반도 일대 해신신앙의 중심적인 역할을 담당한다. 이를 통해 수성당에 대한 지역민들의 인식이 어느 정도였는지를 확인할 수 있다.

---

32 제보자 : 정동옥, 남 · 68세, 전라북도 부안군 변산면 격포리 죽막마을(2005년 07월 10일 채록). 죽막마을과 인접해 있는 격상마을에서 할아버지당이 있었으나, 현재는 폐쇄되었고, 제의도 중단되었다고 한다.

'개양할미'는 키가 어찌나 크던지 굽나막신을 신고 西海바다를 걸어 다니며 깊은 곳을 메우고 위험한 곳엔 표시를 하여 어부들의 생명을 보호하여 주고 고기도 많이 잡히게 하였는데 곰소[熊沼]앞 바다의 '계란여'라는 곳에 이르러 이곳이 어찌나 깊던지 치맛자락이 조금 물에 젖었다고 한다. 이에 화가 난 '개양할미'가 육지에서 흙과 돌을 치마에 담아다 '계란여'를 메웠다고 한다.[33]

현재까지 채록된 개양할미설화 가운데서 '개양할미'가 거인 형상의 노구老軀임을 강조하는 형상담 전승이 가장 활발하다. 그리고 수성당의 여신으로 좌정하게 된 유래를 설명하는 유래담과 신으로서 보이는 무용담, 신이담 등의 순으로 전승한다. 그런데 이들 유래담[34]과 무용담, 신이담 등은 결국 개양할미가 거인의 형상을 하고 있다는 것으로 결부가 된다. 곧 유래담은 물론 신으로서 보이는 무용담이나 신이담 보다는 거인의 형상을 하고 있다는 데서 개양할미의 신격을 확보하고 있는 것이다.[35] 그러나 개양할미는 칠산바다 형성에는 직접적으로 관여하지 않는다.[36]

개양할미는 거인의 형상을 한 여신이면서 칠산바다에서 물고기를 잡는 어부들을 수호하는 수호신이다. 얼마나 큰 키를 가지고 있는지 설화 각편마다 구체적으로 묘사하고 있다. 바다 위를 걸어서 다니기도 하며, 해안가에서는 바닷물이 발등이나 정강이를 적실 정도이고, 인근 지역에서 가장 깊다고 소문난 '곰소'를 지나거나 깊은 바다에 가서야 치마가

---

[33] 전라북도,『전설지』(대광출판사, 1990), 522~523쪽.
[34] 송화섭,「서해안 해신신앙 연구」, 앞의 책(2004), 48쪽.
수성은 젯당 그 자리에서 50m 동쪽 언덕에 당할아버지(남편)의 근무처를 지정한 뒤 배치 작업이 끝났으니 뒤돌아서 바다를 활보하여 죽막으로 갔다. 장장 절벽으로 갈려했으나, 신력으로 통로를 만들어 위에 올라가서 자기 형태를 공개하고 살아갔다.
[35] 이와 같은 현상은 제주도의 선문대할망설화와 내륙 해안지역에서 전승하고 있는 마고할미설화에서도 확인할 수 있다. 한편 제주도 구좌면 송당리에서 전승하는 백주할망설화는 유래담이 강조되며, 진도군 고군면 회동리에서 전승하고 있는 뽕할머니설화는 무용담이 강조된다.
[36]『한국구비문학대계』, 옥구군(한국정신문화연구원, 1984), 689~693쪽.
칠산바다의 형성과 관련해서는 장자못 계통의 설화 각편들이 전승한다.

젖을 정도다. 또한 개양할미는 서해바다를 다니면서 깊은 곳은 메우고, 어부들에게 위험한 곳에는 표시를 하는 등 어부들의 생명을 직접적으로 보호해 준다.

그 자가, 주민이 고기 잡으러 나갈 때는 그 할머니가 자를 갖고 나가서 물 길이를 쟀다는 거야. 그 전설이 있어요. 그런데 그 자를 다 훔쳐 간 거야. 탱화도 훔쳐가고. 할머니 바느질 하는 탱화였었거든. 그 할머니가요. 주민이 고기 잡으러 나간다 하면은 그 자를 갖고 나가서서 물의 깊이를 재셨대요. 음 그래갖고 만조다 이번에는 아니다. 이거를 이야기 하셔 가지고 만조 때는 고기를 못 잡으러 나가게 하고 그러셨대요. 그래서 그 옛날에는 탱화에는 할머니가 바느질을 하는 탱화였었대. 그 옛날 탱화는 그런데 어느 날 그 탱화하고 자가 없어졌다는 거지. 예. 대나무. 하여튼 그때는 조그만 했었으니까. 그 길이가 천장에 이렇게 닿았었어요.[37]

위의 설화 각편을 통해서 지역민들이 개양할미를 거인형 여신으로 인식하고 있을 뿐만 아니라, 창조신적創造神的인 존재로도 인식하고 있다는 것을 확인할 수 있다. 지금은 비록 소실되었지만 수성당 내부에 그려진 당신도에서 개양할미가 자尺를 들고 있었다고 하고, 실재로 2m 가량 되는 자가 보관되어 있었다고도 한다.[38] 개양할미는 이 자를 이용해 조기잡이 선단을 안내하고 앞바다 깊이를 재면서 어부들을 이끌어 준다고 여겼다.

---

[37] 제보자 : 김명숙, 여·51, 경기도 수원시 장안구 영화동 3~23호 영덕그린 빌라 201호(2005년 7월 10일 채록).
[38] 송화섭, 「서해안 해신신앙 연구」, 앞의 책(2004), 53쪽.
지금은 소실되었지만 기존에 있던 당신도에서 개양할미는 옷감을 재는 자를 들고 있으며, 딸 여덟 명은 옷감으로 시침(時針)을 뜨면서 옷을 만들고 있는 모습이었다고 한다.

신화에서 '자'는 왕권을 상징[39]하기도 하지만, 생명력과 새로운 규범을 상징한다. 곧 창조자를 상징하는 물건이다. 창조자가 지니고 있는 자는 세상 만물의 측량과 조절이라는 역할을 수행하게 된다. 한편 개양할미가 바느질을 하고 있었다라고 하는 데서는 직물신織物神적인 성향을 보인다. 우리의 창세신화인 「창세가」에는 창조신의 행위로서 옷의 제작과 베짜기 신화소가 등장하고 있다.[40] 그러므로 개양할미의 '옷을 만드는 행위'는 창조신으로서의 의미도 포함하고 있는 것이다. 이런 의미에서 개양할미를 바다를 창조한 '개양開洋할미'로 인식하고 있었다는 것을 확인할 수 있다.

2) 직능職能에 대한 인식

서해안 일대 해신의 경우 여성이든 남성이든 또는 거인의 형상을 하고 있든 인간의 형상을 하고 있든 인간에게 다양한 방법 곧 '고기잡이', '인명 구조' 등으로 도움을 주거나, 인간이 처한 문제를 해결해 준다. 곧 어부들의 현실적인 문제인 '생명'과 '풍어'를 지켜주는 역할을 담당하게 된다.[41] 그리고 해신을 주인공으로 하고 있는 설화에서는 인간의 문제들을 해결해 주는 해신의 모습을 담고 있다. 개양할미 역시 서해안 일대의 여느 신들처럼 철저하게 '어업'이라는 생업과 연관해서 그 역할을 하고 있다.

---

[39] 신라의 시조 혁거세의 꿈에, 신인이 하늘에서 내려와 금척(金尺)을 주면서 "그대는 문무(文武)에 뛰어나고 신성하여 백성이 바라본 자가 오래이니, 이 황금자로 강토를 바로잡으라."하였다. 꿈에서 깨 보니, 황금자가 있었다고 한다. 조선시대의 태조 또한, 왕위에 오르기 전에 "천명(天命)을 모른다."하여 대권에 대해 결심하지 못하고 있을 때, 꿈에 신인이 나타나 "공이 문무를 겸비하여 민망(民望)이 높으니, 이 자[金尺]로써 나라를 바라 잡으라." 하였다. 이에 마음을 정하고 왕위에 올랐다. 여기서 금척은 신성한 왕권의 상징물로 인식되고 있다.
[40] 이지영, 「직물신의 전승에 대한 시론적 연구」, 『구비문학연구』 14집(한국구비문학회, 2002), 305쪽.
[41] 최명환, 「서해안 일대의 해신과 해신설화」, 『한국 민속제의 전승과 현장』(새미, 2009), 225~229쪽.

수성당할머니가 반선리까지 바다 위를 걸어서 갔는데, 바닷물이 고작 발등 위에 조금 올라올 정도로 장대하니 키가 컸다. 반선리는 자연산 굴이 많이 나오고 자연산 돌김이 많이 채취되는 곳이다. 그래서 그곳에 간 것 같다. 당할머니가 돌아올 때에도 바다를 걸어서 왔다.[42]

어부가 풍선(전마선)을 타고 바다로 멀리 고기잡이를 나갔는데, 남편이 돌아올 때가 되었는데도 돌아오지 않자 어부 식구들이 당집이 있는 언덕에 나아가 바다를 바라보았다. 남편은 바다에 안개가 끼어서 행선지를 찾을 수 없어 오도가도 못하고 노를 젓지 못하는데, 배는 고군산열도까지 밀려가고 있었다. 수성당할머니가 어부식구들에게 "무슨 일 때문에 그러느냐?"라고 하니깐, 답하기를 "남편이 고기를 잡으러 바다에 나갔는데, 안오니까 기다린다."고 하자 당할머니는 당에 들어가서 바다에 들어갈 옷을 갈아 입고 서해바다 물속으로 들어가서 전마선과 남편을 구해왔다.[43]

개양할미를 모시고 있는 수성당은 칠산바다가 내려다보이는 언덕에 위치해 있다. 칠산바다는 우리나라 최대의 조기어장으로 조기 잡는 어부들에게 있어서는 생활의 터전인 곳이다. 수성당은 산정에 위치하고 있기에 칠산바다의 뱃길이나 어장을 한 눈에 볼 수 있다.[44] 출입문도 바다에서 육지를 향해 나 있다. 그리고 수성당 정면에는 개양할미 당신도가 그려져 있다. 결국 개양할미는 항상 바다를 바라보고 있으며, 바다에

---

[42] 제보자 : 신동업, 남·66세, 부안군 변산면 격포리 죽막동(2003년 10월 31일 채록). 송화섭, 「서해안 해신신앙 연구」, 앞의 책(2004), 47쪽.
[43] 위의 제보자 동일.
[44] 송화섭, 「서해안 해신신앙 연구」, 앞의 책(2004), 69쪽.
  서해안 일대의 해신당은 바다를 향한 곳에 조성되는 입지조건을 가지고 있다. 그리고 바다를 바라보고 있으며, 바다에서 쉽게 눈에 띄는 곳에 신당을 세우는 것이 일반적인 관행이다. 그러다보니 해신당은 자연스럽게 바다를 향한 산정상 부근에 세워진다.

서 조업하는 어부들의 입장에서는 개양할미와 수성당이 현대의 등대와 같은 역할을 하게 된다.

한편, 개양할미설화에서 개양할미는 거인의 형상으로 바다를 자유자재로 다닌다. 개양할미설화 가운데 신으로서 보이는 무용담과 신이담을 통해서 바다를 누비는 개양할미의 역할을 직접적으로 표출하고 있다. 물론 이러한 행동도 개양할미가 거인이기에 가능한 것이다. 개양할미가 바다로 들어가는 데에는 일정한 목적을 지니고 있으며, 해신으로서의 역할을 담당하고 있다. 곧 어부들이 조업하기에 깊은 바다를 메우기 위해서 바다로 들어가고, 위험한 곳에는 표시를 해서 어부들의 생명을 보호한다. 때로는 고기 잡을 때를 미리 알려 주기도 하며, 수산물이 많이 있는 곳을 일러주기도 하고, 고기 잡으러 나간 어부들이 위험에 처해 있을 때 생명을 구해주기도 한다.

3) 자연 환경(바다)에 대한 인식

부안군 변산면 격포리는 해안선이 길고, 위도·왕등도·홍도 등 서해 도서와 연계되어 있는 해상 교통의 중심지이다. 또한 해안 전역에서 김 양식이 이루어지고 있다. 한국 3대 어장 가운데 한 곳이며, 조기를 비롯한 어족자원이 풍부한 칠산어장의 입항入港인 격포항이 위치해 있는 전형적인 어촌마을이다. 칠산어장에서는 동해안은 물론 일본에서 출항한 고깃배들도 와서 조업을 하였다. 특히 조기떼가 몰려들고 조기울음소리가 칠산바다를 덮을 때면 전국 각지의 고깃배와 장사꾼들이 칠산어장으로 몰려왔으며, 격포리 앞에 위치한 위도의 파장금항에서는 파시波市가 서기도 하였다.

'개양할미'는 키가 어찌나 크던지 굽나막신을 신고 **西海바다를 걸어다니며**

깊은 곳을 메우고 위험한 곳엔 표시를 하여 어부들의 생명을 보호하여 주고 고기도 많이 잡히게 하였는데 곰소[熊沼]앞 바다의 '계란여'라는 곳에 이르러 이 곳이 어찌나 깊던지 치맛자락이 조금 물에 젖었다고 한다.[45]

개양할미설화와 수성당제의 배경으로서의 자연 환경은 바다[海]이다. 바다는 어촌마을 사람들의 생활 터전이기도 하다. 개양할미설화에서는 이러한 점이 부각되고 있다. 어부들은 바다에서 고기를 잡아 생활한다. 한편, 바다라고 하는 곳은 "안개가 끼어 오도 가도 못하게 하는 곳"이라는 것처럼 생업 환경은 육지에 비해서 훨씬 불안정하고, 기상과 바람 등의 자연력에 의해서 변화가 예측할 수 없을 정도로 다양한 곳이다. 불안정한 환경에서 살아가야 하는 어부나 선원船員 또는 바다를 터전으로 살아가는 사람들에게 항상 불안정에서 벗어나고자 하는 심리적 열망을 지니게 한다. 곧 안정에 대한 희구와 갈망을 강렬하게 하고, 이러한 심리적인 특성이 그들로 하여금 개양할미와 같은 신에 의지하는 경향을 강화시킨다. 개양할미에게 항해의 안전과 수확물의 풍요를 빌며, 질병으로부터 벗어나려는 바다 사람들의 소원들이 신앙적인 면으로 표출된다. 따라서 바다는 개양할미가 활동할 수 있는 무대가 된다. 개양할미는 신으로서 다양한 무용담, 신이담을 남기며 바다를 자유자재로 다니게 되는 것이다.

---

45 전라북도, 『전설지』(대광출판사, 1990), 522~523쪽.

4. 산신형·해신형 여신설화의 전승 양상

산촌마을에서 전승하는 다자구할미설화와 어촌마을에서 전승하고 있는 개양할미설화를 신격, 직능, 자연환경(산, 바다)에 대해 설화 전승자의 입장에서 어떻게 인식하고 있는지를 나누어 살펴보았다. 일반적으로 마을의 신神으로 모셔지게 되었을 때는 그 이유가 분명히 존재한다. 물론 시간의 흐름으로 사람들의 기억 속에서 지워지기도 하고, 새롭게 형성되기도 한다. 그리고 해당 마을의 신이 좌정하게 된 연유를 비롯하여 어떠한 신격이며, 무슨 역할을 하고 있는지 등을 설화를 통해서 설명한다. 또한 설화 가운데서 신화가 지니고 있는 일류 보편적인 특징은 시대의 흐름에 따라 내용의 변화가 일어난다는 것이다. 고대의 신화일수록 생산성과 연계하여 풍요豊饒를 주된 내용으로 하고 있으며, 국가의 성립과 발을 맞춰서는 '국가건설', '왕의 명성', '국가 수호', '운명' 등의 내용을 담게 된다.

마을 유형 인식 대상	산촌마을	어촌마을
여성신화	다자구할미설화	개양할미설화
인물(신격)	인간 형상 국가수호신	거인 형상 해양수호신
사건(직능)	안전과 연계	생산성과 연계
배경(자연환경)	산과 고개 소극적 인식	바다 적극적 인식

산촌마을에서 전승하고 있는 다자구할미설화와 어촌마을에서 전승하고 있는 개양할미설화는 신격에서부터 차이를 보인다. 물론 '할머니'와 '여성'이라는 공통점을 지니고 있지만, 다자구할미는 도적 소탕이라는

현실적인 문제를 인간의 형상으로 해결하고, 죽령산신당에 좌정하는 과정에서는 적극적인 여신의 모습을 보인다. 또한 죽령 일대를 벗어나 국가를 수호하는 수호신으로 자리 잡는다. 한편, 개양할미는 거인의 형상을 하고 있으며, 창조신적인 존재로 인식된다. 각처 또는 인근 지역 섬에서 모시는 어머니이면서, 해양 및 어부들을 수호하는 신격이다. 산촌마을 신격으로 자리하고 있는 다자구할미보다 어촌마을의 신격으로 자리하고 있는 개양할미에서 풍요를 상징하는 고대의 여성신적 면모가 그대로 남아 있다. 이는 바다에서 생업활동을 하는 어민이나 선원들의 신앙의식이 산간마을에서 생업활동을 하는 산촌마을 사람들보다 더 절박한 경우가 많아서 고대적인 신앙형태를 후대까지 고수하고 있다고 보아야 할 것이다.

위와 같은 신격 인식의 차이는 직능과 배경에 대한 인식에도 영향을 미친다. 다자구할미는 인간의 모습으로 괴롭히는 도적을 물리치는 데 도움을 주고 있으며, 죽령산신당에 좌정하는 과정에서는 적극적인 여신으로 행동한다. 원래 산신이기도 한 다자구할미는 인간의 모습으로 인간의 문제를 해결하고 죽령산신으로 좌정하였으며, 죽령산신당과 죽령산신제의 형성을 스스로 이루어간다. 또한 다자구할미의 수호守護 범위가 죽령에 국한하지 않고, 국가로까지 확대된다. 다자구할미설화 전승 배경의 자연환경인 산은 다자구할미의 무용담의 배경일 뿐이고, 죽령산신당의 형성과 함께 다자구할미가 산신으로 좌정하는 곳이다. 특히 다자구할미는 창세신적인 면모를 확인 없기에 산을 신의 창조물로도 인식하고 있지도 않으며, 생업과 관련한 인식은 드러나지 않는다.

한편 개양할미는 독신獨身으로 여덟 명의 딸을 각처 혹은 인근 섬으로 시집을 보내 당신으로 좌정하게 하는 당신의 어머니로 기능한다. 특히 개양할미는 거인 형상의 노구老軀로, 칠산바다에서 물고기를 잡는 어부들을 수호한다. 바다 위를 걸어서 다니기도 하며, 깊은 곳은 메우고, 위험한 곳에는 표시를 해서 어부들의 생명을 보호해 준다. 때로는 조기잡이 선단을 안내하고 앞바다 깊이를 재면서 어부들을 이끌어 주기도 한다. 어부들의 무사귀환을 시켜주는 역할을 담당하고, 풍어를 이루게 해 준다. 곧 개양할미가 지니고 있는 신으로서의 직능은 생업과 직접적인 연관을 맺고 있다. 또한 바다가 어촌마을 사람들의 생활의 터전이며, 육지에 비해서 훨씬 불안정하고, 기상과 바람 등의 자연력에 의해서 변화가 예측할 수 없을 정도로 다양한 곳으로 인식하기에 창조신적인 개양할미는 다양한 무용담과 신이담을 남기는 장소가 되는 것이다.

5. 맺음말

이 글에서는 여성 신격을 주인공으로 하는 '다자구할미설화'와 '개양할미설화'를 대상으로 산촌마을과 어촌마을에서 어떻게 전승하고 있는지 살펴보려 하였다. 마을 유형에 따른 설화 전승을 검토하기 위해 설화를 구성하고 있는 요소인 인물(신격), 사건(직능), 배경(자연환경~산과 바다) 등으로 나누어 설화 전승자가 각기 어떻게 인식하고 있는지를 검토하였다.

산촌마을 신격으로 자리하고 있는 다자구할미보다 어촌마을의 신격으로 자리하고 있는 개양할미에서 풍요를 상징하는 고대의 여성신적 면모가 그대로 남아 있음을 확인하였다. 이는 바다에서 생업활동을 하는 어민이나 선원들의 신앙의식이 산간마을에서 생업활동을 하는 사람들보다 더 절박한 경우가 많아서 고대적인 신앙형태를 후대까지 고수하고 있다고 보아야 할 것이다. 또한 신격에 대한 인식의 차이는 직능과 배경에 대한 인식에도 영향을 주게 된다.

다자구할미는 인간의 형상으로 인간이 문제들을 해결해 주고, 스스로 죽령산신으로 좌정한다. 또한 다자구할미는 국가수호신의 역할을 담당한다. 산은 설화 속에서 다자구할미가 좌정하고 있는 곳이며, 도적들이 활동무대라고 하는 인식 외에 생업과 관련한 인식은 드러나지 않는다. 한편 개양할미는 독신獨身으로 여덟 명의 딸을 각처 혹은 인근 섬으로 시집을 보내 당신으로 좌정하게 한다. 특히 개양할미는 거인 형상의 노구老軀로, 칠산바다에서 물고기를 잡는 어부들을 수호하는 수호신이다. 개양할미가 지니고 있는 신으로서의 직능도 서해안 일대의 여느 신들처럼 철저하게 어업이라는 생업과 연관되어 있다. 또한 바다가 어촌마을 사람들의 생활의 터전이며, 육지에 비해서 훨씬 불안정하고, 기상과 바람 등의 자연력에 의해서 변화 예측할 수 없을 정도로 다양한 곳으로 인식하기에 창조신적인 개양할미는 다양한 무용담과 신이담을 남기는 장소가 된다.

머리말에서도 언급하였듯이 두 지역에서 전승하고 있는 여신설화가 전체의 산촌마을과 어촌마을에서 전승하고 있는 여신설화를 대변하는 것은 아니다. 또한 이들 여신설화가 지니는 특징이 산촌마을과 어촌마을 여신설화의 보편적인 특징이라고 추단하기에는 다소 무리가 있다. 앞으로 다른 사례들에 대한 검토가 더 요구된다.

참고문헌

동성마을과 각성마을의 '결속과 연대' 원리__ 김미영

김미영, 『日本・韓國における村落社會硏究 ~特に, 非同族村落を中心に』, 東洋大學 박사학위논문, 1994.
_____, 「동성마을」, 『安東市史』 3, 안동시사편찬위원회, 1999.
_____, 「동성마을 정착과정에 나타난 친족이념의 변천양상」, 『실천민속학』 11, 2008.
김일철 외, 『종족마을의 전통과 변화』, 백산서당, 1998.
김주희, 『품앗이와 정의 인간관계』, 집문당, 1992.
김택규, 「사회구조・관혼상제」, 고려대학교 민족문화연구소, 『한국민속대관』, 1982.
_____, 『씨족부락의 구조연구』, 일조각, 1979.
문옥표 외, 『조선양반의 생활세계』, 백산서당, 2004.
배영동 외, 「인생의 터미널 : 4대문이 열린 형국의 신사2리」, 『영양사람들의 삶과 문화』(『민속학연구』 제7집), 안동대학교 국학부 민속학전공, 2002.
양회수, 『한국농촌의 촌락구조』, 고려대학교출판부, 1967.
영남대학교 인문과학연구소, 『양좌동연구』, 영남대학교출판부, 1976.
임재해, 『민속마을 하회여행』, 밀알, 1994.
최재석, 『한국농촌사회연구』, 일지사, 1976.
末成道男, 「東浦の村と祭 ~韓國漁村調査報告~」, 『聖心女子大學論叢』 59, 1982.
善生永助, 『朝鮮の聚落』 後篇, 조선총독부, 1934.

鈴木榮太郞,「朝鮮のプマシに就いて」, 앞의 책, 1973.
_____,『朝鮮農村社會の硏究』(『鈴木鈴太郎著作集』 5), 東京 : 未來社, 1973.

마을의 입지유형별 비보풍수의 형태__ 이영진

경상북도 교육위원회,『경상북도마을지』, 1982.
김학범 외,『마을숲』, 열화당, 1994.
민족문화추진회 역,『산림경제』 4편, 민족문화문고간행회, 1985.
미르치아 엘리아데, 이동하 역,『성과 속 : 종교의 본질』, 서울 : 학민사, 1983.
이영진,「풍수지리설을 통해서 본 마을의 공간개념」(발표요지),『한국민속학』 17집, 한국민속학회, 1985.
_____,『공간과 문화』, 서울 : 민속원, 2007.
이필영,「마을공동체와 솟대신앙」,『손보기박사정년기념 고고인류학논총』, 서울 : 지식산업사, 1987.
_____,「행주형지세와 솟대」,『서의필선생 회갑기념논문집』, 1988.
이동화 역,『성과 속 : 종교의 본질』, 서울 : 학민사, 1983.
이익성 역,『擇里지』, 서울 : 을유문화사, 1971.
이종항,「풍수지리설의 성행원인과 그것이 우리 민족성에 미친 악영향에 관한 고찰」,『경대논문집(인문 사회)』, 경북대학교, 1971.
임충신,「母공간의 원형; 물과 向天的 흐름」,『대한건축학회지』 25권 103호, 대한건축학회, 1981.
최길성 역,『조선의 풍수』, 민음사, 1990.
최원석,『한국의 풍수와 비보』, 서울 : 민속원, 2004.

문경 산북면의 마을 공간구조와 전통가옥 평면에 대한 연구__ 정연상

문경시,『문경시』 상권, 2002.
안동대학교 민속학연구소,『반속과 민속이 함께 가는 현리마을』, 한국학술정보, 2003.
안동대학교 안동문화연구소,『문경 산북의 마을들』, 예문서원, 2009.

정연상, 「경기도 전통민가의 퇴에 관한 연구」, 『대한건축학회논문집』 20권 6호, 건축학회, 2004.
http://tour.gbmg.go.kr

서울지역 도시화된 마을의 전통문화__ 이건욱

김현경・이건욱, 『아현동 사람들 이야기 - 세상에 남의 일이란 없다』, 국립민속박물관, 2008.
_____, 『김종호・김복순 부부의 물건 이야기』, 국립민속박물관, 2008.
김현경・박성연・이건욱, 『변화, 공감, 소통』, 국립민속박물관, 2009.
이건욱, 「도시민속조사에 대한 경험의 공유」, 『민속학연구』 제23호, 국립민속박물관, 2009.
조한욱, 『문화로 보면 역사가 달라진다』, 책세상, 2008.
진중권, 『현대미학 강의 - 숭고와 시뮬라르크의 이중주』, 아트북스, 2003.
Daniel Miller, *The comfort of thungs*, Polity, 2008.

반촌마을 유교식 동제의 특징과 성격__ 강성복

강성복, 「19세기 청원 옥화리 산사계의 성립과 산신제 탑제」, 『민속학연구』 제11호, 국립민속박물관, 2002.
_____, 「조선후기 대전 무수동 동계와 동제의 성격」, 『충청민속문화론』, 민속원, 2005.
_____, 「제천시 화전촌 동제의 전승양상과 그 특징」, 『충북학』 제9집, 충북학연구소, 2007.
김미영, 「산신제에 수반되는 '마짐시루'의 의미와 성격」, 『어문연구』 61, 어문연구학회, 2009.
_____, 『朝鮮後期 忠淸地域의 洞祭 硏究』, 공주대학교 박사학위논문, 2009.
김지욱, 「경기지역 마을신앙의 전승현황」, 『2007년한국민속학자대회논문집』, 국립민속박물관, 2007.
나경수・박종익・서해숙, 『장흥 호계마을 사람들의 삶과 앎』, 심미안, 2004.

문무병, 『濟州道 堂信仰 硏究』, 제주대학교 박사학위논문, 1993.

박경하, 「朝鮮後期 儒敎祭儀와 土着信仰祭儀와의 關係」, 『역사민속학』 제7호, 한국역사민속학회, 1998.

박종익, 「무성산 산신제의 형성과 변천」, 『한국민속학』 제49호, 한국민속학회, 2009.

박호원, 『韓國 共同體信仰의 歷史的 硏究 - 洞祭의 形成 및 傳承과 관련하여』, 한국정신문화연구원 박사학위논문, 1997.

서영대, 「東濊社會의 虎神崇拜에 대하여」, 『역사민속학』 제2호, 역사민속학회, 1992.

이병도, 『韓國古代史硏究』, 박영사, 1976.

이용기, 「19세기 후반 - 20세기 중반 洞契와 마을 자치 - 전남 장흥군 용산면 어서리 사례를 중심으로 - 』, 서울대학교 박사학위논문, 2007.

이태진, 「士林派의 留鄕所 復立運動」, 『韓國社會史硏究』, 지식산업사, 1996.

이해준, 『조선시기 촌락사회사』, 민족문화사, 1996.

이해준·석대권, 『백제의 고을터 여술마을』, 문화관광부·한국향토사연구전국협의회, 1998.

임선빈, 「조선후기 동계조직과 촌락사회의 변화 - 공주 부전대동계를 중심으로」, 『동방학지』 80, 연세대 국학연구원, 1993.

정규식, 「부산지역 동제의 축문 연구」, 『2007 한국민속학자대회발표자대집』, 2007 한국민속학자대회조직위원회·국립민속박물관, 2007.

정승모, 「조선풍속과 民의 존재방식」, 『역사속의 민중과 민속』, 이론과실천, 1990.

_____, 『朝鮮後期 地域社會構造 硏究』, 한국학중앙연구원 박사학위논문, 2006.

許 穆, 『陟州誌』 下, 「置里諭父老文」.

충북학연구소·도안면지편찬위원회, 『道安面誌』, 2001.

禮山文化院, 『山神祭와 洞契』, 1993.

음성문화원, 『陰城民俗誌』, 2002.

『浮田大洞稧立議』

『無愁洞稧帖』

『後洞山祭節目』

『山祀稧重修座目』

『山饗稧座目』

『山祭笏記倂祝文』

『淸所洞稧』

『昆香山山神祭帳記』
『山祭座目』
『上細洞山享稧準則簿』
『東海洞山祭稧座目』
『東海里山享稧綴』
『芙谷大洞山祭祀祭禮與祝帖』
『朝鮮王朝實錄』

마을 유형별 별신굿의 특성__ 조정현

마실연구회,「마령동 별신제 현지조사 보고서」, 안동대 민속학과 마실연구회, 1988(미간행).
安東郡,『安東民俗資料誌』, 1981.
朝鮮總督府,『部落祭』, 1937.
권삼문,「東海 沿岸村落의 自治慣行」,『民俗研究』 4, 安東大學校 民俗學研究所, 1994.
김대길,『조선후기 장시연구』, 국학자료원, 1997.
김재호,「날씨 맞추기와 강변장 보기」,『까치구멍집 많고 도둑 없는 목현마을』, 안동대 민속학연구소, 한국학술정보, 2002.
김태우,「일제－70년대 "장별신" 연구－장별신과 장시와의 상관성을 중심으로－」,『비교문화연구』 9, 경희대 비교문화연구소, 2005.
이능화,「조선무속고」, 동문선, 1991(초판 : 1927).
이재하・홍순완,『한국의 장시』, 민음사, 1992
이창식,「南漢江 流域 別神祭의 分布와 意味－충주 목계별신제를 중심으로」,『藥城文化』, 社團法人 藥城文化研究會, 2002.
이필영 글・송봉화 사진,『은산별신제』, 화산문화, 2002.
임재해,「하회별신굿의 당제 시기와 낙동강 유역의 탈놀이 전파」,『안동문화』 15, 안동대부설 안동문화연구소, 1994.
정승모,『시장의 사회사』, 웅진, 1992.
조정현,「별신굿의 전승력과 축제적 연행의 원형」, 안동대 박사논문, 2007.

전북지역 마을 유형별 마을굿의 전승양상 __ 김월덕

강봉룡 외, 『섬과 바다 : 역사와 자연 그리고 관광』, 경인문화사, 2005.
강성복, 『조선후기 충청지역의 동제 연구』, 공주대 박사논문, 2009.
권삼문, 『동해안 어촌의 민속학적 이해』, 민속원, 2001.
김월덕, 「서남해의 갯제와 용왕신앙」, 『한국민속학』 제39호, 한국민속학회, 2004.
_____, 『전북지역 마을굿의 공연학적 연구』, 전북대 박사논문, 2003.
_____, 「한국민요에 반영된 삶의 의미 : 전북 동북부 산간지역의 전답작노동요를 중심으로 한 민족음악학적 시론」, 『역사민속학』 제6호, 역사민속학회, 1997.
_____, 「호남지역 농촌형과 어촌형 마을굿의 비교 연구」, 『도서문화』 제33집, 목포대학교 도서문화연구소, 2009.
_____, 「호남지역 마을굿의 분포 양상과 지역적 특징」, 『한국민속학』 제42집, 한국민속학회, 2005.
_____, 『광주·전남의 민속연구』, 민속원, 1998.
_____, 『섬과 바다 : 어촌생활과 어민』, 경인문화사, 2005.
_____, 『해양생태와 해양문화』, 경인문화사, 2007.
김익두, 「전북민요의 전반적 성격과 지역적 특성」, 『국어국문학』 제116호, 국어국문학회, 1996.
김재호, 「영등신앙의 제의적 특징과 생태학적 해석」, 『실천민속학연구』 제10호, 실천민속학회, 2007.
김종대, 『한반도 중부지방의 민간신앙』, 민속원, 2004.
김태곤, 『한국민간신앙연구』, 집문당, 1983.
김택규, 『한국농경세시의 연구』, 영남대학교출판부, 1985.
김형주, 「전북지방 당산의 지역적 특성」, 『전북지방 장승·솟대신앙』, 국립민속박물관·전라북도, 1994.
나경수, 「광주, 전남지역의 당산제 연구(3)」, 『한국민속학』 34집, 한국민속학회, 2001.
나승만 외, 『다도해 사람들 : 사회와 민속』, 경인문화사, 2003.
박순호, 「전북지역의 축제~5가지 민속놀이를 중심으로」, 『축제의 이론과 현장』, 서울 : 월인, 2000.
박종익, 「충남지역 동제의 성격과 제의구조 고찰」, 『어문연구』 60, 어문연구학회, 2009.
박현국, 「정읍지역 당산제 고찰」, 『한국민속학』 제27호, 민속학회, 1995.

서해숙, 「전북 해안지역 동제의 활용방안-고창·부안지역을 중심으로」, 『한국민속학』 제34호, 한국민속학회, 2001.

송화섭, 「전북의 당산제」, 『축제의 이론과 현장』, 서울 : 월인, 2000.

이경엽, 「도서지역 당제의 전승현황과 생태학적 적응」, 『역사민속학』 제10호, 한국역사민속학회, 2000.

이영금, 「전북지역 무당굿 연구 - 정읍 세습무 전금순 굿을 중심으로」, 전북대 박사논문, 2007.

이필영, 『마을신앙의 사회사』, 서울 : 웅진출판, 1994.

임재해, 「공동체 문화로서 마을 민속문화의 공유 가치」, 『실천민속학연구』 제11집, 실천민속학회, 2008.

정병호, 『農樂』, 서울 : 열화당, 1986.

주강현, 『굿의 사회사』, 웅진출판사, 1992.

최덕원, 『다도해의 당제』, 학문사, 1983.

표인주, 『공동체신앙과 당신화 연구』, 집문당, 1996.

하효길, 「서해안지방 풍어제의 형태와 특징 : 특히 위도지방을 중심으로」, 『중앙민속학』 제3호, 중앙대 한국민속학연구소, 1991.

한양명, 『龍과 여성, 달의 축제 - 영덕의 동제와 대동놀이』, 민속원, 2006.

홍석준, 「인류학적 관점에서 본 해양문화의 특징과 의미」, 『해양문화학』 창간호, 한국해양문화학회, 2005.

마을 유형에 따른 여신설화女神說話 전승 양상__ 최명환

국립전주박물관, 『부안 죽막동 제사유적』, 1994.

권태효, 『한국의 거인설화』, 역락, 2002.

단양향토사연구회, 『단양의 고을고을 그 역사 따라 향기 따라』, 1995.

동아시아고대학회, 『동아시아 여성신화』, 집문당, 2003.

부안문화원, 『부안 땅이름』, 밝, 2002.

서영대 외, 『한국 해양 신앙과 설화의 정체성 연구』, 해상왕장보고기념사업회, 2009.

손진태, 「조선 고대 산신의 성에 취하여」, 『진단학보』 1호, 진단학회, 1934.

송화섭, 「서해안 해신신앙 연구」, 『도서문화』 23집, 목포대학교 도서문화연구소, 2004.

신종원 외, 『한국 해양 및 도서 신앙의 민속과 설화』, 해상왕장보고기념사업회, 2006.
이준곤, 「한·중 해양민속의 비교연구」, 『논문집』 8집, 목포해양대학교, 2000.
이지영, 「직물신의 전승에 대한 시론적 연구」, 『구비문학연구』 14집, 한국구비문학회, 2002.
이창식 외, 『죽령국행제의 조사 연구』, 박이정, 2003.
전라북도, 『전설지』, 대광출판사, 1990.
주강현, 「동아세아 해양과 해양신앙」, 『도서문화』 27집, 목포대학교 도서문화연구소, 2006.
최명환, 「충북 북부지역 여성설화 연구」, 『충북학』 8, 2006.
_____, 「충청북도 마을신앙 현황과 당신화 전승 가능성」, 『고전문학연구』 33, 한국고전문학회, 2008.
_____, 「서해안 일대의 해신과 해신설화」, 『한국 민속제의 전승과 현장』, 새미, 2009.
최운식, 「죽령 산신당 당신화 다자구할머니와 죽령산신제」, 『한국민속학』 39, 한국민속학회, 2004.
한국문화상징사전편찬위원회, 『한국문화상징사전』 1·2, 동아출판, 1992.